U0604918

一代宗师马君武

郑公盾 编著

郑 维 整理

中国科学技术出版社

·北京·

图书在版编目（CIP）数据

一代宗师马君武 / 郑公盾编著；郑维整理 . —北京：中国科学技术出版社，2019.6

ISBN 978-7-5046-8120-1

Ⅰ. ①一… Ⅱ. ①郑… ②郑… Ⅲ. ①马君武（1881 – 1940）– 生平事迹 Ⅳ. ① K825.46

中国版本图书馆 CIP 数据核字（2019）第 100378 号

选题策划	苏 青 王晓义	
责任编辑	王晓义	
封面设计	孙雪骊	
责任校对	焦 宁	
责任印制	徐 飞	

出 版	中国科学技术出版社	
发 行	中国科学技术出版社有限公司发行部	
地 址	北京市海淀区中关村南大街 16 号	
邮 编	100081	
发行电话	010-62173865	
传 真	010-62179148	
网 址	http://www.cspbooks.com.cn	

开 本	720mm×1000mm 1/16	
字 数	330 千字	
印 张	21.75	
版 次	2019 年 6 月第 1 版	
印 次	2019 年 6 月第 1 次印刷	
印 刷	北京虎彩文化传播有限公司	

书 号	ISBN 978-7-5046-8120-1/K · 256	
定 价	88.00 元	

献给马君武校长的雕像

公　盾

公回桂林培桃李，大云出山应桑梓。

服务职责勤舌耕，沾彼膏泽润兰芷。

绛帐无日不春风，口浪接天如流水。

雀荇郊野惜时艰，凭眺四方烽火起。

广西子弟多志气，学海春深良有以。

杏花座上动琴音，时雨仰沾勉学子。

羡君讲学出函关，疑是当年老李耳。

"一代宗师"庆三元，"教泽在人"护蒲门。

一尊雕像凌空立，观桃赏李建校园。

《璧他利亚》与《地球》，科学诗篇刽泉源。

接连著名四十卷，诗歌科学写不完。

精通四国和文字，德法英日励外洋。

《德华字典》编三载，辛苦学成博士员。

认识领袖孙中山，"明日人物"齐登场。

诚心诚意闹革命，全身全力练栋梁。

利国利民叹双起，不遗余力干一场。

三临西大施新政，热爱家乡如愿偿。

序 一

真庐山面目 老震旦精神

奉郑公盾同学手书，令我作序，因年迈无法应命，谨以书代序，并请鉴诸。

我与君武先生是忘年交，他比我大 19 岁。辛亥革命后，他与蔡元培先生都从德国回来，蔡先生任教育部部长，他任实业部次长。那时，马相伯老先生已 72 岁，任江宁府尹（等于过去的京兆尹）。他们师生二人都是主张"实业救国"的（注：南京光复之初，诸将争功，各路都督都想做江苏都督，情势危急。马相伯老人用苦肉计，自掴面颊，并痛说太平天国的内讧火并以致灭亡的教训。全场慑服，遂奠定了辛亥革命龙盘虎踞的基业）。后来君武在上海江湾办起"中国公学"，主张"实事求是，卑无高论"。胡适就是他那时的学生，胡适写的字体也是学马校长的。后来，君武做了北京左卫街北京工业大学校长，如鱼得水。我回国后，与他曾在上海见过好几次面。抗战后，我从武汉退到桂林，又常在桂戏园中与他相遇，直到他再任广西大学校长。他一生对蔡元培先生非常钦佩，尤其对北京大学的学术自由、教授治校的校风非常服膺，要立志推行。因此，他约李四光先生同来找我，共同研讨如何在广西大学实施北京大学评议会制度。他又让龙志译（伯纯）来找我，要我教中国政治思想史、唐诗和国际政治 3 门功课，因我当时在蔡元培先生主持下的国际宣传委员会工作。那时的教授必须要教 3 门功课。我与龙、马二位先生都是康南海的门下，旧友重逢，朝夕相见，诗词唱和不绝。

我们的老师，一位是康南海，一位是马相伯，我们三人都是他们的学生。南海学于朱九江门下。九江先生乃广雅书院之创始人，张之洞任两广总督时礼聘而来任山长者。学海堂乃广雅书院之前身，乃先外高祖阮氏元

任总督时所创建。学海出自《法言·学行篇》"百川学海而至于海"，比喻学者犹如百川，日流不息，终于到海。学海堂的宗旨是"平实精详，实事求是，卑无高论，通经致用"。这种学风对于两广思潮如足适履。对以后岭南革命精神的启迪关系重大。

龙伯纯是清末状元龙启瑞的孙子。伯纯在广西中举之后去北京殿试。到了河南，不去北京，转道上海，进了马相伯先生创办的震旦学院。当时，于右任、邵力子、高平子等都是学生。君武同他的寡母也来上海。马老先生关照他们母子的生活。后来，他的母亲自力更生，为人洗衣，缝穷补破，供给君武一切学杂费用。再后来，震旦因耶稣教会挑起风潮，君武遂去日本，学习工艺化学。他在日本就参加了同盟会。日本的明治维新是先实行汉学的实事求是，由汉学进至科学。君武到日本时，对日本的明治维新有与众不同的看法。他以为日本学西洋是以德国为规范，所以，也染上了军国主义的色彩。最后，他觉得在日本学习不如去德国，因为他已经有了汉学的基础。他在辛亥革命时自德国学成归来，主张实业救国，先从教育入手，也有与众不同的建设。

君武的一生，以学术为主旨，对于政治生涯似乎不十分感兴趣。关于办教育，他做过上海江湾中国公学校长，又做过北京工业大学校长、广西大学校长，等等。我们对君武的评价，他是一位杰出的教育家，兼容并包的大教育家，开创了广西大学抗战时期的黄金时代。

最后，我有一些序后赘言：因在"文化大革命"时期，对于过去的人物不免有些吹毛求疵，捕风捉影，甚至指鹿为马。此与君武的功过得失毫无关系。例如，有人谓君武曾与西山会议派有瓜葛之牵缠，就属莫须有的冤案。成立西山会议派名单中不曾见有君武大名。我当时正在法国巴黎与郑延谷共同筹备勤工俭学联合会。郑延谷也是中国共产党党员，与各党各派的同学联系。所谓的西山会议派即国民党右翼三民派。他们的法国支部书记曹德三是我震旦同班同学，他从不曾提及马君武。如有君武其人，他必然会向我大吹大擂。还有越南华侨广西人马思齐，他的父亲是广西的老同盟会员，与雷殷、邓家彦、马君武齐名。他也没提马君武其人。据君武长子马保之回忆，当时君武寄居上海，隐居种菜及翻译工作。

又，我在广西大学时，君武曾收买康南海藏书，放在大埔，经我提议运回总图书馆开放。抗战初期，马相伯老先生全家由君武接到桂林，住在风洞山。长沙大火后，又送往越南谅山暂住。马相伯老先生百年大寿时，君武曾去祝寿。两个月后去世时又前往料理丧事。君武与马相伯老先生都是辛亥革命的元老，尤其对身系民国创业安危的马老更加敬仰，形如父子手足。当年在桂林开追悼大会时，君武写了沉痛的悼词。这是 1940 年的事。这一年他刚过 60 岁，卒于校长室，距马相伯老师丧葬不过半年。

师生之情是我们中华民族无上的美德。终以相伯仁师送我遗言为赞曰："真庐山面目　老震旦精神"。

广西大学教授　盛　成
1989 年 10 月

序 二

值得记住的"一代宗师"

出版郑公盾同志新作《一代宗师马君武》是很有意义的。这不是说马君武博士仅仅是属于广西大学（广西师范大学的前身）或广西的。但广西大学是马君武最后工作的地方，他把自己一生所积累的学识、经验最后献给了广西大学。所以，出版这本书，作为对这位"一代宗师"的纪念，具有特殊的意义。

马君武是政治家，同时也是一个多才多艺的学者。更为重要的是，他深知科学技术、教育在推动人类文明进步中的巨大作用，深切了解唯有科学昌明、教育繁荣才能使我们这个文明古国跻身近代文明国家的行列。为了在中国这块古老的土地上传播近代科学，马君武翻译、介绍了西方自然科学家的科学著作和科学思想。他是近代科学在我国的主要传播者之一。我国近代的一些科学家，他们在科学研究中可能没有新的发现，没有提供什么新的科学思想，但他们最早把近代科学介绍到中国来，他们在中国近代科学发展中的贡献同样是不可磨灭的。马君武博士是他们中间的一位。马君武同时又是一位杰出的教育家，是我国近代教育的伟大实践者。

实现现代化，科技是关键，教育是基础。"百年大计，教育为本"。马君武的经历，尤其是他献身科学和教育事业的实践，使我们得到许多有益的启示。在旧中国，马君武尚且能够努力去发现和培养人才，珍惜和爱护人才。在今天，为了把我们伟大的祖国建设成现代化的社会主义强国，我们应该在这方面做得更好，要更加"爱才如命"。这些年来，不少地区和单位为留不住人才所困扰。对于这种现象，我觉得不能责怪知识分子，也不能指责、埋怨别的地区、单位来"挖"自己的人才。事实上，有些地区、单位一方面说自己人才短缺，到处招聘人才；一方面对自己眼皮底下的人才却没有发现和很好使用，以致人才的作用没有能够发挥，有的甚至为

一套住房、一个家属户口而让十分需要、十分难得的人才流向别处。科技兴省也好，教育兴省也好，说到底是个人才问题，是我们所拥有的科学家（包括社会科学家）和工程师的数量和质量的问题，是我们劳动力的素质的问题。采取切实措施，大力发现和精心培育人才，关心和爱护人才，为人才的成长提供良好的社会环境，是我们振兴中华、实现现代化的关键。人才，包括拔尖人才，不是那么完美的，有的还有这样那样的怪脾气或者不那么听话。这样的人才同样非常珍贵，同样值得爱护。

从马君武这位在我国近代科学的发展中有过积极影响的人物中，使我联想到一个问题，就是广西壮族自治区属于国家级的各类人才太少了，更不用说世界级的科学文化人才了。这里有各种各样的原因，包括政治、经济、文化以及民俗等方面的原因。这是值得研究的一个问题。日本人就研究他们自己培养的科学家为什么很少获得诺贝尔奖这个问题，以便从中吸取教训。广西是多民族地区，少数民族占人口的很大比例。但从少数民族中涌现出的科学家、发明家以及各类专门人才实在是太少了，国家级的人才就更少。这种状况很不利于实现事实上的民族平等。如果能够像马君武那样，热心教育科学事业，晚年又热心广西的教育事业，上述状况将得到较快的改变，广西同样会出现一种人才辈出的局面。

中国太需要科学了。近代科学兴起以来的几百年中，中国先是紧闭国门，拒绝它。结果是近代文明把我们远远抛在后面。一百多年来，近代科学在中国的传播、生长、开花、结果经历了艰难曲折。今天，我们不仅要记住那些奋力追赶现代科学、站在科学前沿的科学家们，而且要记住那些近代科学的传播者、开拓者。马君武博士是值得我们记住的一位。

中央统战部研究室副研究员　林京耀

1989 年 12 月于北京毛家湾

附注："一代宗师"是周恩来同志于马君武校长逝世时送给他的唁电。

序 三
一本有特色的文集

公盾同志在我的同辈人中间，是很使我钦佩的一位同志。早在 20 世纪 40 年代，当我刚刚在文学创作的道路上学步时，我便注意到公盾同志在各报刊上发表的作品，也从一些师友的谈话中，例如从靳以师的一些不经意的谈话间，知道公盾同志的一些情况。但到了 50 年代中叶，公盾同志以《红旗》编辑部记者的身份来闽联系作者时，我才初次和他见面（我的友人中间，往往有 40 年代就有书信交往，而直到 80 年代才谋面的）。

在 20 世纪 40 年代，福建的永安、南平曾一度成为东南文化的中心，许多文化人、作家在闽工作。例如，以黎烈文先生为社长的改进出版社，就聚集了一批在我国很有声望的作家、学者和翻译家。改进出版社出版了不少有影响的文学书籍和学术书籍，并出版了《改进》《现代文艺》等多种期刊。《改进》有文艺栏；《现代文艺》先后由王西彦同志和靳以师主编，发表了大量的文学作品。公盾同志当时就在《现代文艺》等刊上发表文学评论文章。大概也因为这个缘故，他认识靳以师（当然还认识了许多其他文化人）。靳以师多次赞扬公盾同志，说他在政治上可靠，在文学写作方面作风扎实。

后来，我便比较理解靳以师对于公盾同志的私下评价。我以为，在当时我的同辈的年轻人中间，公盾同志在政治上比较早熟，他很早便服膺中国共产党的政治路线，实际参加党的工作；而在文学评论工作方面，他又有一种实事求是的研究态度；他的文学评论文章，我以为继承了"五四"以来我国一些著名学者的作风，他的文学评论成果，很早以来就是属于学者型的。

由于公盾同志年轻时就参加中共地下工作，他认识了许多进步的文化人和社会活动家。本书以朴实的文字，真挚的感情，从他多年的接触来往

一代宗师马君武

和观察中，描绘了马君武等革命家、作家的风范。这是一组文学作品，特别对于一般青年读者来说，将是使他们深切了解前一辈知识分子走上革命道路的生动教材。他的评述文章，写得朴实又很有文采并具有真知灼见，也可以作为文学作品看待。这些文章，学术性既强，但以散文的笔调加以处理，很有味道。总的看来，这是一册很有特色的散文集，又是一册具有一定学术性的文学评论集。

叨在友好，特为本书写了一点粗浅的话，谨就教于读者和公盾同志。

福建省文联主席　郭　风

1986 年 8 月 25 日于福州

目　录

马君武纪事

教育思想

我与马君武校长

尾　语

附录： 对马君武译作著作的评论

追 忆

"一代宗师""教泽在人"

——敬悼马君武校长

郑公盾

"一代宗师"进忠言，"教泽在人"信不差。

深入黄龙传捷径，俯看大地发奇花。

学习全凭苦用功，灯下辛勤奔急湍。

千古奇才今未葬，灵枢长满野草洼注。

1940 年 8 月 1 日，马君武校长逝世，许多人打来唁电，送来花圈和挽联。当时，最引人注意的是中国共产党中央领导人周恩来同志发来的唁电："一代宗师"；朱德、彭德怀两位十八集团军高级将领发来的唁电："教泽在人"。这两份唁电之所以引人注目，是这短短的 8 个字代表中国共产党人对马君武校长的评价，是对他一生全面的深刻的概括。

"一代宗师"，对马君武校长的评价是何等的崇高啊！凡是中国人民需要的科学知识，他都从国外引进，让国人了解它、学习它。当时，中国人受传统文化的束缚、相信命运、迷信鬼神。马君武校长花了不少精力，把达尔文的《进化论》翻译成中文，使人们相信，人类是从古生物进化而来的，从猿到人是一个真理。从低级生物逐渐进化成为高级生物，达尔文从人类的胎生的过程中间，就开始了这种进化过程的表述。在这方面，不仅达尔文作了十分正确和翔实的表述，而且达尔文的友人和学生海克尔在《宇宙之谜》一书里也有阐述。这本书在美、英、法等国进行了极为广泛的传播，无产阶级革命导师马克思、恩格斯都认为这是对他们所建立的理论体系的极大支持并起到巨大影响。作为现代自然科学和社会科学所引起的深远影响，绝不仅限于这两本书译成中文。同时，马君武还翻译了爱因斯坦的《实用哲学》，阮苏的《化学原理》《有机化学》，维也纳大学教授菲

力波维的《商业政策》《交通政策》《农业政策》《工业政策》《收入及恤救政策》，斯宾塞的《社会学原始》《自由论》，卢梭的《民约论》《微分方程式》，温特华斯的《平面几何》，渥斯温特的《立体几何》，等等。

马君武校长还十分重视自然科学中的基础科学，如数学、物理、化学、天文学、地理学、生物学、医学、工程以及一般自然科学原理。他在这方面不遗余力地进行了广泛的提倡和写作活动。远在1901年，他就编撰和出版了《代数学》一书。在德国留学期间，又翻译和编写了《平面几何学》《微分方程式》《矿物学》《动物学》《植物学》等重要科普著作。由于这些科普著作文字通畅、通俗易懂、深入浅出、引人入胜，因而博得了当时许多中学生和广大读者的喜好。他在第二次留学德国期间，又花费全部业余时间编了一部《德华辞典》，便于国人学习世界上进步的学术文化，可见其用心是十分良苦的。

马君武的著作与翻译，十分注重符合当时我国国情的需要。例如，他在广州无烟火药厂担任总工程师期间，花费了4年零两个月的时间，把维也纳大学菲力波维教授所著的《国计民生政策》译成中文，全书5册，每册都写了序言和详尽的介绍。该书是在我国辛亥革命后不久翻译的，所以有一定的现实意义和科学价值。

马君武校长从事翻译、写作的同时，他从官场生活中醒悟过来之日起，就开始重视"教泽在人"的伟大的教育事业。在这方面有"南马北蔡"的说法，即在发展教育工作方面，南方是马君武，北方是蔡元培。若从普及自然科学和工程原理方面来说，马君武远在蔡元培之上。

马君武校长从中年直到晚年，专心从事教育工作。1924年，他出任上海大夏大学校长，大力创办图书馆与实验室，提倡自然科学教育。大夏大学为了纪念他的劳绩，特别是他在中国化学史上的贡献，把化学馆改名为"君武化学馆"。1925年4月到北京任北京工业大学校长，创建了机械、电机、纺织和化学系。1926年，他又回到大夏大学，经常鼓励学生从事自然科学研究，亲自辅导并在经济上资助许多贫苦学生。1930年5月，他就任中国公学校长职务，亲自讲授《世界文化发展史》。在他的主持下，聘请了郑振铎、傅东华、陈望道、洪琛、何炳松等名人为教授，不断提高教学质量。这以后不久，马君武回到他的故乡广西，创办广西大学。时逢"九一八"事变发生的年代，马君武确立三项教育目标来建设广西大学。一是传授科学知识，以启迪青年学生的思想。二是传授各种操作技术，使青年学生学会专业本领。三是培养学生成为具有战斗性格的人。他号召"西大学生一致团结起来，拿书本，拿锄头，拿枪炮去救国"。由于白崇禧等地方军阀的排挤，马君武校长曾一度离开广西，直到1939年，由教育部任命，再次出任广西大学校长。

马君武不仅是个教育家，还是一位名实相符的科学家。在精通科学理论的同时，也非常熟悉生产技术。在德国，他曾任波恩化学工场工程师。1918年在广州兼任兵工厂无烟火药总工程师。在担任广西大学校长时，曾任梧州两广硫酸厂厂长，自制硫酸。他曾设法利用空气制造氮，发展化学肥料。广西大学植物研究所也是在他的支持下建立的。现存的植物研究所，马君武有开创之功。

抗日战争开始后，广西大学设在桂林郊区良丰西林公园里面。当时，中国科学院院长竺可桢、副院长李四光有把中国科学院迁往广西桂林雁山的建议[①]，马君武写信表示热烈欢迎。当中国科学院迁到良丰西林公园对角，他积极协助筹建楼房，亲自邀请李四光到广西大学讲演，还带头到会听讲。由于当时正是抗日战争时期，马君武校长教导我们，不能仅仅焕发抗日激情，还要进一步发展科学。他指出作战不只是组织、纪律、训练，还需要各种新式武器，飞机、大炮已成为民族生存的要素。他提倡"力学救国"。1940年6月10日，广西大学同学为马君武庆祝六十大寿时，他对我们做了一次长篇讲话，勉励在校青年要"清清白白地做事，堂堂正正地做人"。这也是他一生的写照。

1940年8月1日，马君武校长因积劳成疾，胃穿孔，医治无效，在桂

---

① 此处当为中央研究院气象所所长竺可桢、地质所所长李四光。中华人民共和国成立后，竺可桢、李四光为中国科学院副院长。P53亦同此——出版者注。

追忆

林良丰西林公园的教育岗位上逝世。除周恩来、朱德、彭德怀发来"一代宗师""教泽在人"唁电外，广西省议长李任仁送的挽联是

> 译著峙两雄，若论昌科学、植主权，收功应比又陵为伟；
> 国家攒多难，方赖造英才、匡正义，惜寿不及相伯之高。

诗人柳亚子也写悼亡诗纪念：

> 三十五年投赠诗，伤心垂睑泪涟涟。
> 论才黄叶终同调，人海红桑换旧枝。
> 晚岁喜能年少重，高名留遗大家知。
> 朱颜碧血牺牲泪，碑碣端应有怼词。

马君武校长对这些赞颂，是当之无愧的。

由于国民党时代生活得动荡不安，我在抗日战争时期读过 4 所大学，其间遇见 4 位校长，给我印象最深刻的是马君武校长。他虽然在德国得过博士，但在学校，对学生毫无大校长的架子。当时只有一位校长，他几乎每日花费几个小时同学生谈心，鼓舞我们努力学习，认真做学问，准备将来为人民做出更大的贡献。

啊！敬爱的马君武校长，你真是"一代宗师""教泽在人"，你将永远活在我们心间。

悼马君武校长

公　值

1940年8月1日下午的黄昏，多年积劳成疾，年仅60岁的马君武校长静静躺下了，躺在他故乡西林公园的家里。

3年前，他听到祖国北方传来的号角，看着被压迫的中华民族伸直脊梁，他兴奋了。他又鼓起勇气，不以年迈而甘居林下，乃又踏进高等学府，肩负起广西大学校长职务，让赤子之心，怀抱抚哺着年轻的一群。对于事业，对于祖国的前途，他正怀着无限憧憬，何期竟以5天的胃疾，拉着他抛下了许多未完的事业、未竟的心愿呢！

1年前，他从遥远的海滨来到这个山崖异乡的学府。因朝夕相处，我们瞻仰着老人风采，朝夕拾取他敦敦泽惠的箴音。他那一副瘦削的颜容，带着皱纹的微笑，说话时声音细小，满口诙谐。每次讲演，跟着他的话语是笑声和掌声，诙谐的话语蕴含着无限珍贵的教训和勉励。

60年风霜的磨炼，他老了，他的心却带着拜伦一样的火热呢。正当敌军进攻之下，南宁失守的前夜，有钱的纷纷退走，有的远去堪察加。某大学学生罢课，要求学校再次迁移。在"山雨欲来风满楼"的环境之中，广西大学不免有人提出学校迁移。当时，马君武校长用了两次校会的时间发表讲话，使我们感谢极了。这些讲话我们深深牢记，今天还响亮于我们的心里。

他看不惯那一些逃命不惶的，把自己的生命看得比一切都重要的。他气愤地说："中国人把自己看得太重了，只知有自己，不知有他人，更不知有国家，有民族，这是要不得的。敌人临近了，有些人慌张起来，说要搬到瑶山去。我主张无论如何不要迁到瑶山去。瑶山的疟疾和传染病很多。人生必有死。人是一堆复杂的有机化合物，大概是会还原的，像水、蛋白质、脂肪、氢、氮、碳的。你决不能死后保存你的尸体。与其平平常常地

死了，给几位血亲流几滴眼泪，何不做个与民族、国家的命运联系在一起的人，死后使更多的人为你下泪呢？"

"过去许多人，尤其是知识分子的青年，常常把自己的责任，推诿到没有知识的人身上，这是极错误的观念。我们不能说打仗不是大学生的本分，而是老百姓的事情，如果这样，我们就不用谈抗战了。新式的武器，需要有科学知识的人才能用。因而，现代的战争如果仅仅交给无知识的人们，有科学知识的人都跑到安全的后方去，那么国家的复兴也谈不到了。我们希望取得最后的胜利，可胜利不是坐等会来临的，要靠前线将士的浴血奋战。"

接着，他又说："我不能说人家的死是轻如鸿毛，我们的死重于泰山。试问，国土界摆在什么地方？能撤到南印度么？！做泰山的要经得起风吹雨打。我们也要坐而言，起而行，不应说天天都是空口念什么'勇为爱国之本'，而临战就想躲，学着老鼠一样钻洞。那有什么用呢？"

"假如柳州失掉，贵州也不安全，难道再搬到昆明，退到缅甸、暹罗去吗？"

最后，他用非常坚决肯定的态度说："因此，存着搬迁的心理是没有勇气的。我们大学生要知道对国家要负的责任是什么，不要因为战事吃紧，便想学老鼠，这个洞不安全，钻到那一个洞去。"

"所以，我今天要郑重声明，本校的宗旨是要照旧坚持下去，看战争发展到什么地步，学校不会轻易搬迁的。敌人进攻到这里，就只有和他拼命……"

校长的声音从高亢到和缓，以至轻微，全场笼罩着严肃无声的氛围，正如白居易所形容"此时无声胜有声"。台下千百颗心交汇在一起，我们发誓要实践马君武校长的教导，他那像金玉般的话语，其中的一字一句，都嵌注了我们的心。特别是最近以来，桂南的战局日趋紧张，不少人嚷着要搬家。

敬爱的马君武校长是旧中国民主革命的先辈。他紧紧跟随孙中山先生为国事奔走数十年，做过总理府的秘书长、实业部部长、广西省省长等职务，然后退到教育战线来，是中国公学创办人之一，然后三次回广西来创办广西大学，最后他出任国立广西大学校长。他为广西大学鞠躬尽瘁，而不想做高官显爵，独善其身。他的同辈和后辈，或升迁或沉沦，只有马校长却怀着永恒的崇高理想，把自己的后半生去从事青年的教育工作，同成千上万的年轻人同呼吸共命运。

马君武校长十分热爱青年，特别受家庭比较贫苦的青年的爱戴。他经常说："在青年身上多花点钱算什么？国民党的官僚动不动就抓到几百万、成千万，据为己有。我们即使在办学上为青年身上多花几千元也不为过。"他十分尊重学生的意见，凡是学生的提案，只要是合理的无不应允。家境贫寒的青年，凡是要求在课余找点工作做的，他总是想尽一切办法，满足学生的要求。他把全校学生看作家中的子弟一样。在马校长的引领之下，大家感受到了思想上、生活上的温暖。1940年，在教育部的压力之下，命令学校解雇了几位比较著名的教授。我们几个负责学生会工作的干事，曾在马君武校长家向他提出，要求上面能收回成命，并同马校长当面展开辩论。我们指出："马校长，蔡元培先生当时能够容纳鲁迅等左派教授，难道你就比不上蔡元培校长。"马校长微微笑了笑，说："广西大学过去容纳过李达、邓初民、施复亮等人，今天局面的确连过去都不如了。但是，你们一定要看到明天来的是什么人，是党棍呢，还是有真才实学的人。"接着，他叫我们安心，只要他在一天，总会把教育办好的。他对我们暗示，明年将物色一些我们认为真有学问的教师给我们授课。他说的话到下学期就兑现了。那就是聘请了董维健老师。董维健老师的确是个优秀的人才。马君武校长说话是算数的。

马君武校长经常同我们谈起他幼年家中生活清苦的往事，他连点灯的钱都没有，只好在马路路灯底下读书，就这样度过中学、大学直到留学。

马校长用非常刻苦的精神学习，加上他天资聪慧，世间上的大部分学问都为他所掌握。他几乎精通了多种外文，对日、德、英、法等国文字，他都很好地加以掌握。他的学问所涉及的面十分宽广，他不仅懂化学，也对生物地质、工程、数学、物理很精通。政治、经济、企业管理、法律等

方面，都有自己的著作。他对中国文学和欧洲文学也有自己的作品。他还是南社的著名诗人，是书法家，为南社刊物题过名。有时，还弹钢琴和拉小提琴。

1个月以前，正是马君武校长的60诞辰。他出席了同学们邀请的庆祝会，一口气讲演3个小时，勉励同学们努力学习。会后，举行了便宴和球赛。所有这些往事都记在我们心里，而我们的慈祥而有着大才气的好校长却被8月的罡风卷去了。他躺下了，在西林公园他的家里长眠了。

我个人十分感谢马君武校长。记得他在接待学生会代表之后，特意把我留了下来，提醒我要注意。说我的言论已受到某些人的注意，他们竟要学校予以除名，免除祸乱。他说："只要有我在，我一定保护你这样的学生。最近，我身体不大好，一旦有什么情况，你自己要加强警惕性，防止万一被国民党顽固派逮捕。"我点点头，感谢马校长以实相告。我紧紧握住他的手。其实，他也在握我的手。他还轻声细语对我说道："听说你写了不少文章，这一点说明你很用功。"他又说："据我了解，学校里有一部分人对你很有意见。有人说你思想'左倾'，这大概是实情。"我听了以后，默不作声。"你写的个别文章，像生活书店出版的《国民公论》上的两篇东西我看过，写得有些道理，说明你很有见解。我赞成你在读书期间学着写点东西……"马君武校长的一席话十分中肯，刻骨铭心。我再三向他道谢。

现在，抗日战争已进入新的阶段，时代的风雨更紧了！让我们节哀，鸣鼓，送老校长大行。我们不要悲伤，不要沮丧，这是我们的老校长不愿意看到的。我们一定要继承老校长的事业，完成他的遗愿，继续奋斗到底。

（1940年8月5日、6日于《救亡日报·文化岗位》特写的《追忆》）

悼一位典型的教育家

朱佛定

真像晴天的一个霹雳，继着马相伯老师，蔡孑民先生之后，马君武先生竟又与世长辞了！抗战三年以来，我们中国的教育学术界，竟丧失了这三位名闻中外的导师；这的确是一个重大的损失，是一件令人痛惜的事。

君武先生不但自然科学的研究很精深，把欧美的实用科学知识介绍到中国来，而且他的中国的学术的研究也极深邃，诗歌文章，都能令人钦佩，尤其是他提倡"科学救国"和介绍达尔文的进化论——影响到革命的思想，功真不小。所以，他这一生不仅在革命方面尽了最大的努力，而且在教育学术界的贡献尤多。

他可称为耿介之士，刚直、负责、严谨、朴素，到老还脱不了书生的本色。对事肯发表谠言正论，救国问题，尤肯大声疾呼，不屑为权利之争。他对下（尤其是学生）是非常的好；但对上，却不苟不阿。因此，他这一生的事业，遂遭到不少波折。平心而论，他的优点在此，而弱点也可说在此。

观他晚年办理广西大学的教育方针，要学生拿书、拿枪、拿锄头。所谓要有科学的智识，战斗的本领，生产的技能，真是教育的一大革命。广西大学的教育是成功的，是适合于抗战建国的要求的，从学生的一切工作的表现就可知道，这并不是过誉之词。

他因为留学德国的时间很久，对于德国复兴的历史知道很详，他很推崇普鲁士时代的德国教育家斐希特先生。他常说：德国的复兴在民族精神，民族精神启发的总枢纽却是普鲁士时代的斐希特先生，设不然，普鲁士当时早就被法国灭亡了。

关于大亚细亚主义的问题，现在日本的政客军阀不但曲解，而且是走向了相反的道路，弄到远东的整个和平秩序，破坏平安。马先生在"九一八"事变的时候，是表示非常痛心，对日寇的暴行，是常加痛斥的。他说日本

人真正知道正确的大亚细亚主义的只有桂太郎、犬养毅这几位先生，亦只有我们，总理继承尧、舜、禹、汤、文、武、周公、孔子的思想传统，才有讲大亚细亚主义的资格。他在广西大学时，就时常把当时追随总理身边所知道的情形，对学生作明确的解释。

我认识马先生是民国十四年（1925年）的春天，在王亮畴先生家里，一见面就谈了许多教育学术的问题。民国十九年（1930年）在上海各校长聚餐会中，亦不时晤面。迨民国二十五年（1936年），我负广西大学秘书长的职务，去梧州接收广西大学，又得聚晤，交代事毕，马先生就赶赴京沪了。我们本打算待抗战胜利之后，大家在教育界的工作再努力一番，孰料马先生今竟长逝了，这真像晴天的一个霹雳啊！

追念君武先生几件小故事

李四光

　　仿佛在年假的时候，日俄战争正在我们东三省剧烈地进行。有一天在街上遇着宋遁初先生（即宋教仁，后来改号渔父）。他笑嘻嘻地说："来，今天我要介绍一个朋友。"我们比肩而行，走到一座二层楼的下宿屋（即公寓），地点在日本东京神田区锦辉馆附近。随着遁初先生走到二层楼上一个六叠席（6个榻榻米大）的小房前，遁初先生推开门，便看见一位穿着洋服，身材和神气，现在追想起来，一半像马保之先生，一半像马卫之先生的人，正在清理书籍。我们相对微笑，点头，坐下，烤火，吃花生，闲谈。这便是我第一次遇见君武先生，那时候他大概有二十几岁。

　　在一个小饭馆吃晚饭，有一位朋友低声地说："孙先生已经到了，决定明天在赤坂区开会，你晓得吗？"这位朋友又说："好，我明天邀你一同去。"翌日，他如期而来，我们一同坐了很久的电车到赤坂区某处（详细地名未能记忆）一座日本式的小房子。我们脱鞋入室的时候，已经看见有二三十人在座。这房子前后有两大间，侧面有一二小间，中间有小花池，规规矩矩，是一个日本中等或中上等人家的布置。在座的除孙先生以外，还有黄克强（当时都呼为庆午）、宋遁初、田梓琴、居觉生、刘揆一、刘道一、曹亚伯诸先生。宫崎滔天和一位头发向左分的日本人（姓名未悉）也来与会，其余许多人中仿佛君武先生亦在其列。这一帮朋友大半已经脱离了这个世界，有的姓名尚可勉强记忆，有的简直姓名和面貌都一齐忘却了。这是同盟会成立的第一天。分为执行和组织两部。公推黄克强先生任执行部部长。孙先生领导同人，各个在小房间宣誓，并填发会员证书。誓约上有"岁次乙己……驱除鞑虏，恢复中华……平均地权……"等语，大家慷慨激昂，兴高采烈。经过大半天，会开完了。仿佛是同君武先生一同出门，一同到小饭馆吃饭。这是第二次和君武先生在一道的纪念。

经过了若干时候，同盟会开正式成立大会，地点又是在赤坂区。这次的会所，是一座木头做成的洋房，到会的至少有一百多人，其中许多生面孔。孙先生讲演，极为流畅，极为透彻，先生说："……什么是革命？就是造反，反者是反对满清政府（是"清廷""清朝"，不是"满清"，也不是"政府"，余同——出版者注），我们现在力量还不够，是要大家造出来的……"许多人相继发言，尤其极力诋斥当时渐渐萌芽的君主立宪议论。说到革命的实行，辩论更是纷纷，大有秀才造反之势，先生终是秉着和蔼沉默的风度，不赞一词。忽然有人提出质问，他问："我们是要排满革命，假如有满人要加入同盟会，我们怎么办？"一座为之哗然，都以为这位朋友说话太无意识。在嘻嘻哈哈嘲笑的时候，君武先生站起来直截了当地回答，他说："我们是反对卖国亡国的满洲政府，如果满人中有与我们志同道合的，我们当然欢迎。"全体鼓掌，孙先生也鼓掌。闭会后，我和君武先生一同出街，走在路上，不意遇着留学生监督李宝巽（汉军旗）。他开口便说："你们小孩子不读书，在外面干些什么我都知道，再不要胡闹！"我们转身便走，我和君武先生开了一个玩笑，我说："你去请他加入好不好？"君武先生："哈哈。"

日本政府的文部省（即教育部）要"取缔"中国留学生，闹出大风潮。留学生纷纷返国，君武先生、曹亚伯先生、余简斋先生等，都被选为回国纠察员。中国公学之产生就是这次风潮的结果。君武先生对中国公学，如何的热心；后来又到德国去留学，是大家都知道的事实，在此不必多述。

辛亥八月底，革命军在汉口打了败仗。黄克强先生在汉阳支持正吃力的时候，冯国璋用大炮隔江轰击都督府（即湖北咨议局）的某夜，宋遁初先生和我们几个朋友在咨议局旁冯某（当时都呼他为冯矮子，好像号少宙，是杀革命党杀红了顶子的一位先生）公馆闲谈。遁初先生说："汉阳恐怕难支持下去，不过不要紧，听说孙先生已经回了，南京已经到我们手中，我想明天到南京组织政府。程德荃的态度不错，不管他来不来，我想我们硬要他做内政部长，觉生做次长，主持其事；蔡鹤卿（当时称蔡子民先生为鹤卿）做教育部长；张季直不管他干不干，硬发表他做实业部长，不过还要找个次长来管事，你们想有什么人相宜？"我随便答道："孙先生果真回国了，君武必定也到了，我想最好是请君武；如果君武还没有到，请蘅青（石瑛先生）也是一样。"遁初先生立时说："我竟把君武忘却了，该死！好，得了孙先生的同意，我们就这样干。"

清室逊位，南北和议告成。黎宋卿先生要我和一位朋友到南京去接洽恢复武汉的市场。到了南京，最初看见觉生先生，翌日，到实业部去看君武先生，他穿着黑呢的德国式厚大衣，天气并不甚寒，我们握手以后，我感觉着他的手和冰一般的冷。虽然许多年不见，并无多少话可讲，我向君武先生说："你为什么这样的冷？"他答："昨晚译书译到两点多钟，今早起来，怎么不冷？"

项城野心暴露，孙先生的铁路事业自然干不下去，君武先生也就随着先生再负起革命的担子。吴淞炮台被我们拿来了，觉生先生在吴淞主持，君武先生和陈英士先生、钮铁生先生以及其他许多人，向各方奔走。一天，我们坐了手推车到吴淞去看觉生先生和君武先生，刚到炮台中一间小房坐下，外间炮声大作，炮台也还击，打了一阵，才发觉外间开炮的是一只德国兵船，他放的是入口时的礼炮。当时革命的武力，是何等样子，可想而知。觉生先生3天晚没有就寝，君武先生也无从找到，嗒焉而返。

力量不够，造反不成，一肚子的晦气，计算年龄还不太大，不如再读书十年，准备一分力量，承稽勋局得冯先生（名字现时不能记忆）不弃，公费送到英国读书。出发前，费了一整天的工夫，在虹口找君武先生谈谈过去和未来。虽然找着楼上楼下两间小房君武先生的寓所，不巧他没有在家，又是嗒焉而返。从此相隔半个地球，消息隔绝了。

有人请吃饭。在寒风飒飒的晚间，一间标准北平式的小房中一炉红光之旁，居然遇见了这多年不见的老朋友，穿着厚布棉袍，脚穿广西粗布鞋，并带着鞋带。这时候，他是北平工业大学的校长，他的神气虽然与昔日相似，可是他的面容上已经露出饱经风尘的样子。最初，他不多说话，他更不顾提起昔日的故事，也不顾说工业大学如何长短。吃了两杯以后，他只是穷诘："中国有没有泥盆纪的地层？""寒武纪的地层，在中国北方发展

到如何程度？""中生代以后，中国有无海水侵入？"他热心地质学，到这时候我才知道。

沈阳事变发生，举国沸腾，南京忍辱负重，一般人都相信应付不了广田三原则，战争终久是不可避的。战争爆发以后，要长期保守沿海及滨江的重镇，在事实上恐难办到。国际的形势如何，我们不能预测。将来长期抗战的根据地，定在内地，我们应该早到内地去做准备的工作。蒙李德邻先生赞许和君武先生的同意，议拟在梧州广西大学内设立一个科学实验馆，招纳技术人才，从事种种战时必需的物资器材的研究。议论未定，事变发生不久，君武先生几乎一病至于不起。

长江流域风云紧急，我们随着大群人马到了广西。多年不见的君武先生，又在一间小屋里会见了。见面的时候，没有俗套寒暄，远望着对河的峰林，他开口便问："这些石山是属于哪一个时代的？""广西地质图还差多少？"我简单地回答这些问题以后，便说："此来不是避乱，是要想旧话重提，在广西办一个科学馆，你还记得吗？""怎么不记得，走，我们去看黄主席和绍园他们。"我们立刻拿着帽子便走。黄旭初先生和省政府的诸位朋友，也即刻表示赞成，于是推君武先生为常务委员。

广西大学改成国立了。有一天下午，君武先生匆匆地跑到我的房间，因为房间坐着客人，他招我到院中谈话。他说："我要到广西大学去了，你看如何？"我便问："你大病以后，身体究竟怎样？非有一大堆人帮忙，恐怕够你吃苦。""有的学生望着我哭，我哪能不去？"君武先生自言自语。

虽然住得很近，大家都忙，见面的机会甚少。有一天听说君武先生生气，我便打电话问他为何生气。他答："李先生，我不生气，你看好不好？做了校长哪可以生气，我不生气，你看好不好？"我回答："阿弥陀佛，最好是不生气。"

夏天的早晨，我到他校长办公室里去。他拿出一包新买的土烟和一壶鹿洞茶。我们一面吸烟，一面闲谈。他说："到广西大学一年，我的胃病发了三次，每次痛得要死……有人当面骂我两个钟头，我总是赔不是……现在已经有了头绪……"他送我到门口，精神似乎不差。这一天大约是星期五，3天以后听说马先生又病了，晚间到他病房去探视，门前寂然，只有马卫之先生在家。他轻轻地说："家严的病状已经稍稍好些，不觉得十分痛苦，大约睡着了。"如此，大家安心。

谁料到第二天下午6点多钟的时候，时昭涵先生来报讯："马先生过了！……"从此将近40年来的旧事，和着眼泪在脑海中翻来覆去，既不能忘，不如藉此机会付诸笔墨。

1940 年 8 月 2 日

自　　述

一个苦学生的自述

马君武

有几个朋友劝我把从前求学的经验写出来，一个 9 岁丧父靠母亲做工抚养的孤儿能够侥幸至今存在，已算万幸，居然冒尽许多险，在外国读了 15 年书，且于祖国文化有些小的贡献（指我的翻译事业，或者还是不免自夸的话）。当然，我的经历有许多小说的趣味。但我不仅是一个不会写小说的人，并且是一个最不喜欢看小说的人；又想来未曾用白话写过文章，今以白话文写这篇自述，当然不会写得好。目前，给《万有文库》翻译的书已经译完，以后做什么书或翻译什么书，尚未决定，暂时利用我有余的时间，来写这篇自述，以报答我几个朋友的期望；同时，使一般穷苦的学生知道像我当时所处十分困难的环境，也还可以开步直向前走，没有饭吃的人，也可以在外国大学毕业，或者可以壮他们一点志气，也未可知。

4 岁以后的事

我是光绪七年（1881 年）六月二十二日在恭城县署生的。但是，父母离开恭城很早。4 岁的时候，父母带我到平南。平南的事，至今尚记得很清楚。

我记得平南是一个很小的城，我们住的是平南县衙门西北角上一间小屋，屋门前有一株大榕树，树上有许多合群同居的八哥鸟，每天清早和晚上，它们叫得非常高兴，也很好听。大榕树底下有一对蛤蚧，衙门里的人都说这一对蛤蚧年岁很老了，年年都在榕树底下叫蛤、叫蚧。出门向西走不多远，有一个水池，这水池到了夏天满开荷花，水池向南有一间小屋，一厅两房。我父亲的东家姓曾（名纪平，四川人），请一个姓阳的先生在这里教他的小儿子读书。我是我父母出生的第一个儿子，祖母把我当作宝贝，

自己抚养。父亲和祖母商量的结果，叫我附在阳先生馆里读书。

小孩子初次上学的时候，照例要经过"发蒙"礼式。和我发蒙的就是姓曾的县知事。寻常发蒙时要读《人之初》这一部书上4句，就是："上致君，下泽民，扬名声，显父母。"

我父亲以为这未免太俗，《人之初》一本书也全不要我读，他所指定要我读的是两部关于历史的书，就是《历朝鉴略》和《龙文鞭影》。《龙文鞭影》现在书坊尚有得卖，《历朝鉴略》一书现在很不容易见了。我记得书头4句是："粤自盘古，生于大荒，首出御世，肇开混茫。"

一般人认盘古好像犹太教《旧约》上开天辟地的上帝。最近，上海戏场竟编有《盘古开天地》一出戏。好胆大的优伶，你们想解答世界开辟的神秘么？我们且谈谈"盘古"的来历：

《太平御览·卷二》引徐整的《三五历记》说："天地混沌如鸡子，盘古生其中，万八千岁。天地开辟，阳清为天，阴浊为地。盘古在其中，一日九变，神于天，圣于地，天日高一丈，地日厚一尺，盘古日长一丈。如此万八千岁，天数极高，地数极深，盘古极长。"

活到一万八千岁的动物，且日长一丈，这真是任何动物家所梦想不到的。犹太说上帝无生无死，盘古却有生有死，还《述异记》说："死后头为四极，目为日月，脂膏为江海，毛发为草木。"

《绎史》引《五运历年记》所说，大概相同。但加了下几句："气为风云，声为雷霆，肌肉为田土，齿骨为金石，汗流为雨泽。"

凡稍有近代科学知识的人，都应该知道这些话为绝对不可能。大概中国人的始祖传说，历时愈久，追溯愈远。《商颂》说："洪水茫茫，禹敷下土方……帝立子生商。"《商颂》，据王国维考证，是西周中叶宋人所作的。中国人的始祖是禹，禹又同商国建立关系。到了《论语》说："尧舜其犹病诸。"始有尧舜。秦国一般方士出来，始有黄帝。战国时，许行出来，始有神农。易系辞出来，始有庖羲氏。到秦始皇统一六国后，李斯说："古者有天皇，有地皇，有泰皇，泰皇最贵。"始有三皇。最后到汉代，中国与苗族关系愈密切，苗族的祖宗——盘古——便变成了中国人的公共祖宗，变成了中国开天辟地的上帝。坐在三皇以前的第一把交椅了。

我们住屋后有一个花园，园内满地都是喇叭花。园旁围墙后是菜地。我记得围墙经大雨倒了，又没人去修理它，家里人却借此出入。祖母和母亲时常与附近种菜园的人来往，他们也时常送些新鲜菜蔬来。到年节的时候，送一两只鸡来，祖母也送些东西回敬他们。有一天，全衙门的人都非常惊慌，说是土匪要来围城。没多时，土匪居然来了；城门都关闭了。直到很夜深时候，父亲由县知事处回来，说："谢天谢地，土匪并不多，已经被团兵打散了。"我们住平南县大约一年，当时署理县知事大概是一年一任的，曾知事卸任，我们一家人都随着回到桂林。

我自从5岁离平南县，以后虽然坐船到南宁经过平南两三次，但从没有时间去看看我"发蒙"的地方。直到民国十一年（1922年）五月，我在贵县遇难后逃到平南县住一晚。发蒙读书的小屋子已不见痕迹了。我们曾经住过的一间屋，虽然存在，但是已破坏不堪。经过了36年，门前的一株大榕树尚巍然犹存啊！

我的家世

前清嘉庆末年，湖北蒲圻县有一个做豆腐买卖的夫妇二人，只生下一个儿子。他们虽然境遇很苦，却很愿意这儿子读书。这儿子也能体贴他父母的心事，读书分外用功。

他所从学的是一个姓吴的先生（我祖母告我此事，也忘记了这吴先生的名字），是蒲圻县很有名的一个教书先生。见这做豆腐人的儿子读书进步很快，甚是诧异。午饭放学的时候，他常常出去，不一会，就回到书馆里。吴先生问："你吃过午饭么？"他答应："吃过了。"吴先生终不相信他吃午饭这样快，侦察之后，方知这学生并未回家吃饭，不过将几文小钱买些便易糕饼，吃了之后，却赶紧又到书馆读书。吴先生很看得起这个学生，此后每天就留他在馆里吃饭。这学生后来考试中了道光××科进士，由主事留京任福建道监察御史。这个做豆腐买卖的是我的高祖云台公。这个没有

饭吃而苦读的是我曾祖郁斋公（名丽文）。

蒲圻县一带，至今许多人都知道这一位苦读成名且曾做好官的马丽文先生。前几年，我和朋友杨时杰君谈起我的家世，他说："我们沔阳地方，民间至今尚传唱马青天道情，就是纪念马丽文先生的。"可惜我当时未曾问得这道情的词句。

我幼时尚看见家中遗下的曾祖奏折草稿数通，写的是褚遂良字体，秀美可爱。我记得有一套奏折是参劾对鸦片烟战争误国的琦善，不幸己亥年我和母亲住在桂林凤凰街的时候，邻舍失火，瞬息间住屋被焚，我曾祖所遗下的奏稿、我祖父手写的诗稿（《短笛集》）和我父亲的许多字迹，通通烧完。至今，先人的遗墨便只字无存了。

我曾祖为奏劾一班误国的满洲大臣的缘故，结果是遭他们的嫌恶，不久外放做广东高州府知府。在高州时，有许多美政，颇为地方人爱戴。但是，一班满洲大臣以为尚不免便宜了他，更向远处迁谪。由高州调至广西思恩府。当时的思恩府与现今的思恩当然是远不相同，是一个有名的烟瘴地方。我曾祖到任不数月，便病故。我曾祖有两个儿子，大伯祖仍住蒲圻县未来，我曾父光吴公（祖母说："取这个名字，是纪念吴先生的。因为吴先生无子，曾祖欲将曾父过继吴姓，但是未能实行。"）随至任所。曾祖死后，家徒四壁，灵柩不能运回湖北，后来就葬在桂林北门外两湖义地。我祖父不能回到原籍，就流寓桂林了。

我幼时见一部近人笔记（仿佛是《金壶偶谈》，但记不清楚了），说我曾祖有一天与同僚会集，有人举我曾祖的名"马丽文"求对。在座的有一位"蔡振武"。一人说："蔡太守的名就对得很工整。"他一人说："丽文对振武固不错，可惜蔡字对不上马字。"那位先生说："你不记得《论语》上臧文仲居蔡之朱注么？"坐客大笑。从此，那位姓蔡的太守，便得一个"蔡大龟"的绰号。

我祖母常对我们说："你们切记不要忘记了你们曾祖的勤苦。家里虽然穷的常常没有饭吃，也会读书成名。"这是我们儿童时所受的深刻教训。

慈父严母

　　我祖父是一个人跟随曾祖父到广西来的。祖母雷太夫人在蒲圻县去世，父亲不过几岁。后来，祖父在桂林续娶吴太夫人；因父亲年纪太轻，便托同乡姓张的带到桂林，姓张的是时常往来汉口、桂林的商人。

　　祖父多病，流寓桂林十余年，干了些不紧要的差事。他一生穷愁的产物——《短笛集》，不幸于己亥年被火烧失。他10年左右在桂林所经历"穷"与"病"的生活，全靠吴太夫人安慰他。我父亲到桂林没有几时，祖父一病不起。家中一大部分人都在湖北。在桂林的，只有祖母和父亲。

　　"衡臣（我父亲的别字），你干点什么事好呢？捐官做没有钱，投考没有籍贯，你还是学《刑钱》吧。"这是吴太夫人和父亲商量的话。

　　我父亲这时不过20岁。我祖母是一个有本领善应酬的人，居然托熟人介绍得临桂县刑幕李申甫先生的许可，收了我父亲做门生。

　　我父亲就恭城县幕职好几次，由平南县回到桂林，又去恭城两年，但是家眷都没有同去。我父亲过年节时或回到桂林，在家住得最久的是年假，大概十二月底回家住到过了元宵又去恭城。

　　我6岁或7岁时从汤阴翘先生在盐道街关帝庙读书，初学做3个字对子。有一天汤先生出一副对，是"鸡唱午"3字，我想了一想，写了一副对，抄在小本子上交去，对的是"鸟鸣春"3字。我父亲恰好来看汤先生，汤先生把我对的打了双圈，给我父亲看，说："这小孩子很奇怪，如何对得出这三个字？"我那时弄得莫名其妙，心想这3个字有什么好，值得两位老前辈这样称赞。其后，我过了几年读韩昌黎文至"以鸟鸣春……"才知道汤先生和我父亲称赞的缘故。

　　我父亲每月馆修所得不过30余元，留几元零用，每月以30元寄予吴太夫人做家用。那时，我大伯父、大伯母和道隆哥、巧姐，都由湖北来了。伯祖的长孙道铨哥和二伯父杞臣也来了，但杞臣伯父是不常在家的，他去做他的把总老爷，常住南宁。我们住在义仓街姓萧的房子里，全家连男女仆役有10余口人。

　　我们所住义仓街的房子是三开间两进半，最前半进做书房和门房，中间一进祖母和伯母、巧姐住，最后一进母亲带弟妹和女仆住。每月房租5元。

　　那时的物价不及现今的1/10，米一千五六百文制钱一担（50千克），猪肉96文1斤（0.5千克），牛肉64文1斤，青菜豆芽每斤不过10余文，所以30元一个月的收入，十几个人吃饭（仆役的工资，每月不过600～1000文），居然绰有余裕。吴太夫人午餐要饮一小壶三熬酒。她非常好客，常来我们家里做客的有：吴家婆婆、李太师母——就是李申甫先生的夫人，和李九娘——就是李太师母的第九个女儿，拜给我祖母做干女的；李家九叔——是祖母义姊的儿子。每次父亲有家信回来，都请李家九叔来写回信。李家九叔是临桂县秀才。但是，他书桌上除了一部《小题正鹄》之外，并无一部他书。这是我们做小孩子的时候觉得很奇怪的事。

　　我自从在平南县与父亲同在一处之后，与父亲见面的时候，都在他年假回桂林的十几天。我父亲是非常慈善的人，对吴太夫人非常孝顺。吴太夫人酒后脾性不好，但虽甚怒之时，得父亲一言即解。吴太夫人最宝贝长孙，父亲却认为4个儿女都是他的宝贝。祖父去世时，父亲才十六七岁，已经写得一笔好颜字，仪表都雅。外舅祖（母亲的舅父）陈允庵先生最爱他。与东家相处，个个投契。所以，父亲自就幕以来，未曾闲过。父亲就馆的地方，或是荔浦，或是恭城，都距桂林很近。年假回家的时候，我和妹妹弟弟都围绕着他，他好不喜欢。他年假所带给我们的东西，不是荔浦芋头，就是恭城柚子或恭城柿饼，这都是我们熊孩子最爱吃的东西。

　　我一直到9岁未曾受父亲骂过一句，并且未见父亲有一次发气骂人。由父亲所听的都是和蔼的话和鼓励我们读书成材的话。母亲则大不相同。她说："铁不打不成好钢，孩子不打不成好人。"她教我们读书的时候，手中所拿的是一根粗重的大棍。或者我17岁时候所受的一次痛打，是最后一次吧。唉！现在父亲过去42年了。母亲过去1年多了。母亲过去前1个月，到杨行去看我的病，偶然说到小时挨打的事，母亲说："你不挨打，焉有今日？"我今日有什么半点成就？真辜负我的慈父和我的严母啊！

家庭的崩溃

十几口人吃饭的家庭，总不能不算一个大家庭。这样的家庭，靠一个人给养，这一个人一遇不测，如是全个家庭必然分崩离析，不可收拾。我们的家庭就是这样。

我父亲是光绪十六年（1890年）五月九日在马平县过去的。头一年到马平的时候，一个姓傅的朋友和我父亲说笑话，他说："马平二字于你不利，你不好去。"父亲头一年年假回家，祖母因为家眷未去，叫道铨哥跟去马平。

李九叔得我父亲的凶讯最早，有一天他来见我祖母，吞吞吐吐说道："听说三哥（父亲行三）在马平有病。"祖母说："他身体本来虚弱，容易得病。"李九叔又吞吞吐吐说道："听说他病很重。"祖母说："有道铨在那里，会招呼他。"李九叔便也不再说了。

有一天早上，祖母在门口买菜，我忽然跑到她身边说："叔叔今天动身回家。"祖母说："不要瞎说，五月节过去好几天了，你叔叔哪有工夫回来？"（因为二伯父未娶亲，一定要我过继他。所以，我叫父亲做叔叔，叫母亲做婶娘）后来，问起道铨哥，父亲的灵柩恰好是这天由马平起程回桂林。

又过了八九天，道铨哥回到家中，满身穿白，先到祖母面前跪下，叩了几个头，哭过不止。祖母看见发呆，说不出话，一家人集合到一处。道铨哥起来说我父过去的经过，说："病初起本不要紧，父亲想快快医好病回家过端午，吃药太杂。最后吃错了秦医生的药，服了什么牛黄，如是大泻不止，不过一二日便不可救了。现在灵柩停在万寿寺。"

祖母和母亲哭得死去活来，一家人都慌张无主。我们这一家是吃在口里，穿在身上的，一点储积都没有，眼前丧事就办不下来。

祖母把陈允庵外舅祖请了来，说一切请他作主。允庵先生是广西扶署的第一幕宾，平日穷亲戚靠他吃饭的不知多少。无论亲戚朋友有什么事求他，他无不尽力帮助。何况我母亲是他独一的外甥女，我父亲是他最爱的

外甥女婿呢。他好好地安慰了祖母和母亲一番，说："一切有我作主。"允庵先生和我父亲择日开吊，并且在我们家中请了一次客，向大家说了一番"衡臣不幸过去了，母老子幼，请大家帮忙！"的话。如是，几个至亲好友有认定一次帮助数十元的，有认定每月帮助一元或一两元的。除了办丧事之外，剩下一百元左右。每月由各亲戚帮助的总共不过五六元。

一个家庭由每月收入 30 元突然减到五元六元，是何等不了的事，当然要四分五裂了。大伯父死去多年，大伯母带了道隆哥和巧姐去依他的堂兄易小川先生。巧姐我记得非常美丽，又非常和蔼，我小时候最喜欢跟她。她不久嫁了小川先生的大儿子。易小川后来做容县知县，他们三人都同去。道隆哥和巧姐都死在容县，易小川先生也死在容县。大伯母病得很重，同易家表哥回到桂林，不久也死去了。

道铨哥已经有二十余岁了，看见这种局面不能不出去自寻生活。离开我们以后，真穷得不像样子。但不久也找到一种生活方法，做些手工艺，混到民国十年死在桂林。

一个月五六块钱，一家老小六七口人如何能过得去。舅父诸嵩生先生有一座祖遗房子，他就馆在外，叫我母亲去住他的一份。我祖母是一个素来骄傲的人，自然不愿意跟媳妇去住她外家的房子。于是，祖母和母亲分居两处。一弟两妹跟随母亲，我是自小跟惯祖母的，仍然同祖母住一处。

祖母和母亲都是读过书的人，祖母对于中国历史很熟悉。我从小跟祖母睡，她床头堆积的是《聊斋志异》《水浒传》《三国志演义》几部小说，看了又看。我这时才 10 岁，也跟住学看这几部书。我和祖母住在大白果巷伍家，伍家老太太是祖母的义姐，有几个孙子请一位先生教书。我也跟着他们读书。这位先生就是赵健卿先生，现今在广西大学做秘书。教过我小时读书的先生，现在只有赵健卿先生一个人了。

祖母住在伍家的时候，道诠哥在桂林下关做事，每个月送点钱来。不久，祖母为李九叔请到车井巷去住，在他的隔壁租了一个房，我就从李九叔读书。但是，祖母的光景实在为难！依了母亲的请求，把我交与母亲教养。我离开祖母的时候是 11 岁。

桂林的物价当时虽然很低，但是 5 块钱 1 个月，如何能维持大小 5 个人的生活？于是，母亲除了照顾两个儿子两个女儿之外，要向裁缝店领衣服来缝衣边，又向爆竹店领爆竹来插引线。我和大妹年纪稍长，每天有许多时候帮母亲缝衣边，插爆竹引线。母子 5 人吃一碟臭咸菜送饭，午后吃剩下的，晚饭再吃。

弟妹识字是母亲教的，把我送往通泉巷廖先生处读书，每天所读的书，晚上要背给母亲听。那时我 12 岁，读的是《书经》和《唐诗》，母亲在一个油灯下，一面缝衣服，一面监督我读书，旁边放有一条很粗的竹板子，背错了一个字，头上至少挨一板，我记得挨打最多的，是背《书经》中的《盘庚》或《唐诗》中的《李白：蜀道难》吧。

堕落与悔改

二妹当父亲过去的时候不过 1 岁，这时有 4 岁了。因为营养不良的缘故，得所谓"疾"病渐渐地瘦得不像样子。母亲哪里有钱去请医生，由这个亲戚和那个朋友得些方子去医她，医了两个多月不见效死去了！

我一直到 12 岁尚未见过母舅诸嵩生先生的面，他在陆川就馆很久，这一年才回桂林。母亲只兄妹二人，多年不见；他看见母亲这样光景，自然有许多话安慰他。同时想减轻些母亲的负担，就和母亲商量带我去阳朔读书。又带了跟随我父亲很久的仆人阳贵去，就叫他照顾我。

舅父说我的字写得好，所有一切批词和公文都叫我抄写。除了经书之外，教我看《雍正上谕》《东华录》《大清律例》等书，又教我抄写许多《例案》。我此时对于这些书可谓毫无趣味。我和阳贵住在后房，前房就是舅父的公事房。舅父到公事房是有一定时间的，只混到舅父离开公事房之后，我便开始我这时期的山上活动。

阳贵是年纪已老的人。我又未得有志向相同的朋友，所以我的活动是单独的。阳朔是山水很好的地方，我每天等到舅父离开公事房之后，就一个人去跑山。阳朔城内外的山，没有不跑到的，看见奇异的植物，就采集

回来。阳朔产的李子最佳，有紫色的，有黄色的，遇了李园，就随便吃李子，还带许多回家。好在那些园主人都知道我是诸师爷的外甥，遇见了不但不干涉，还和我说些客气的话。有一天，看见人家园里有许多很大的果子成熟，我很奇怪，何以没有人去摘来吃？摘了一个，开口便嚼，哪知又苦又涩，说不出的怪味。那主人却笑嘻嘻地向我说："这是油果，吃不得的!"

阳朔山下随处都是蟋蟀，我每等到天将黑的时候，便去捕蟋蟀。捕了许多，使它们相斗，非常得意。有一次已经天黑了，看见一个很大的蟋蟀用手急罩过去，却看见是一个蝎子，吓得赶快掷去，幸而没有蜇伤手呢!

阳朔的柚子是圆而苦的。舅父家眷住的屋后有一株柚子，却是沙田柚种。但是，他们不知道。我发现之后，也等不到十分成熟，一个一个摘来吃。舅父对此颇为担心，以为吃酸柚会生病，屡次责备，后来写与我母亲的信中，这偷食酸柚，也是我几大罪状之一。

阳朔附近的山我没有不上去过的。倦了就坐在山上或城边看漓江的河水下流，或仰看碧天上的行云浮动，欣赏那自然的美，幽然意远，自寻得一种乐趣。

十二三岁的人是喜欢结交朋友的。这时与我年纪相当的就是县衙里一般年幼仆人，我自然容易和他们玩在一处。到了晚上，我的自然界活动不能不停止了，如是就被这些年幼仆人同化，跟着他们一路去打天九或玩纸牌。

舅父已知道我的山上活动，斗蟋蟀，吃桐油果，已经很不愿意，况且又知道我去和一般年幼的听差打牌赌钱，于是忍不住勃然大怒，认为不可教诲，差阳贵伴我由阳朔送回桂林；同时，有一封长信给我母亲，列举我在阳朔的等等劣迹，要母亲严加管束。

这一次所挨的打，恐怕是这一世最厉害的吧。遍体都是伤痕，几天睡在床上不能行动，大妹和二弟年纪虽轻，都来说些话安慰我。大妹说："哥哥学好吧，这样使母亲怄气，成什么话？"我听了这些话益加流泪，此时便下一个很坚定的决心，就是"拼命读书"和"立志做人"。

十二表舅陈智捷（允庵先生第四个儿子）有一天向母亲说：他的亲戚张善庭家延有伍连城先生教书，西门街离五美塘不远，我可以去搭馆。我于13～14岁从伍连城先生读书，于是年完篇（就是能做整篇的八股）。把父亲遗下来的书，通通读完。每天上学和下学的时候，我并不虚费，手中拿着《袁了凡纲鉴》《圣武记》或其他的书，一边去街，一边读书。

九个第一

九个第一

致　平

1988 年 10 月，是广西大学建校六十周年。12 月 10 日，该校创办人、旧民主革命政治家、教育家、科学家、诗人马君武先生的全身立像，在西大校园中揭幕，以纪念他培养人才的功绩。

马君武于清光绪七年六月二十二日（1881 年 7 月 17 日）诞生在桂林，民国二十九年（1940 年）8 月 1 日逝世于广西大学校长任上，享年 60 岁。在他一生的事业成就中，有许多堪称是"第一"的。

广西第一个自费留学生

1894 年中日甲午战争中，老大的清帝国竟被刚实行"维新"20 多年的东邻小国日本打败了，面临"瓜分豆剖"的民族危机，引起了中国士大夫的反思。效法日本"变法维新"以挽救国家于危亡，便是以康有为为代表的一部分知识分子得出的结论。在这种思想的影响下，不少青年纷纷赴日留学，寻求救国救民的真理。

广西第一个自费赴日留学的，便是马君武。他 17 岁时（1897 年），康有为第二次到桂林讲学，他就接受了康"变法维新"的思想。第二年考取了唐景崧主讲的"体用学堂"，开始接触西方近代自然科学知识。20 岁那年，他远赴当时属英国殖民地的新加坡，去拜见避难该地的康有为。归来后不久，先进广州教会学校丕崇书院，后进上海震旦学院，学习法文及科学知识。在学习中，他深感要救国家于危亡，必须去那个不久之前还同清帝国一样受到强欺侮，而"维新"之后却能与列强并驾齐驱的东方邻国，学习一些救亡图存的学问。

1901年冬，他得到广东东莞县知县刘德恒资助50元大洋。于是，他怀着上述的志愿，起程前往日本。到日本后，他积极补习日语，1903年（光绪二十九年）7月，便考入了日本京都帝国大学，学习应用化学，成为广西第一个自费留日学生，时年23岁。

中国同盟会第一任广西支部长

马君武到日本之后，先是和梁启超过从甚密，但不久，他就认识了资产阶级民主革命派人章炳麟，受到了章的强烈的革命情绪的感染。1902年9月，他见到了自河内来横滨的孙中山，并对孙佩服之至，接受了孙的反清的革命主张。1903年春节，他根据孙中山的嘱咐，在留日学生新年团拜会上，发表了反清演说，标志着他与康有为、梁启超保皇维新派及其思想的彻底决裂。

光绪三十一年六月中旬（1905年7月下旬），孙中山自欧洲再到日本，意欲以兴中会和黄兴的华兴会为基础，联合蔡元培、陶成章的光复会，成立中国同盟会，以统一领导反清斗争。马君武极为拥护孙中山这一主张，

积极参加筹备工作，他和桂林人邓家彦，桂平人谭鸾翰、卢汝翼、朱金钟、兰德中、曾龙章等7人，最早签名宣誓入会，并同黄兴、蒋尊簋、汪兆铭（精卫）、陈天华、程家柽等6人被推起草会章。8月20日，中国同盟会在日本东京正式成立，孙中山被公推为总理。中山指定马君武、陈天华为书记科负责人（即秘书长），马君武当时正在日本京都帝国大学读书，未曾到职。

根据中国同盟会会章，各省建立支部

（分会），广西籍的同盟会会员公推马君武担任支部长（后称主盟）。故他是中国同盟会广西支部（分会）的第一位领导人。

中国第一个德国工学博士的获得者

辛亥革命后，1912年元旦，孙中山就任中华民国临时大总统，马君武任实业部次长。但不久，袁世凯篡夺了临时大总统的职务，并于翌年3月派人刺杀国民党人宋教仁；6月，又下令免国民党人安徽都督柏文蔚、江西都督李烈钧、广东都督胡汉民职。于是，"二次革命"战争爆发。在这次反袁战争中，马君武追随孙中山，奔走于江西、广西之间，策划起兵。

7月，马君武自天津乘太古公司轮船盛京号南下上海之时，在船上遇见了中华书局经理陆费逵，二人同船四天，交上了朋友。陆对马说："你的脾气（马个性率直天真——笔者）不宜做政治生活。"马也表示想去德国深造。

8月，"二次革命"宣告失败，马君武对国民党人的"人心涣散"及时局感到失望，便和中华书局签订了一个为期3年的译稿合同，每月向中华书局出版的刊物交译著4万字，由书局付给大洋200元。他凭着这笔稿费，于这年（1914年）冬天动身前往德国。

1914年秋，他进柏林大学研究院研究农业。两年期满，他以蚕丝7种元素之分析的毕业论文，获工学博士学位，为我国留德学生获此学衔的第一人。

德国大学学位的授予，比美、法等国素来要求严格，马君武获此学衔诚非易事。后来有人攻击他，诬蔑他为"皮蛋博士"，那完全是对他的造谣中伤。

中国人第一个编译《德华字典》者

马君武在德国柏林大学研究院学习期间，除研究农业之外，还编译了不少书籍，陆续交中华书局发表和出版，如 1913 年编译了《微分方程式》，1915 年编译了《实用主义植物学教科书》《实用主义动物学教科书》。1916年，翻译了《赫克尔（黑格尔）一元哲学》中的三章在陈独秀主编的《新青年》杂志发表。特别值得一提的是，他在回国之前，编译了《德华字典》。这部书于 1920 年 4 月在中华书局正式出版，成为中国人编译的第一部《德华字典》。

马君武的勤于编译，一方面当然是要藉此换取稿酬，维持他的学习费用；但另一方面，他还想通过这一工作，向国人介绍西方科学知识，促进祖国的现代化建设，达到其科学救国的目的。他在《德华字典》的序中说："予则以为亡命异域，所以报国者，在输进西欧文明。"在《微分方程式》序中也说："时论之一派，谓救国在拓植学术，鄙人亦赞和斯论者之一分子，故孜孜然以输入新学术为务。"《德华字典》的出版，对国人学习德文的科学知识提供了方便。

我国从法文原著翻译《民约论》的第一人

法国启蒙思想家卢梭，在 1762 年发表了他的政治名著《民约论》（现译为《社会契约论》），提出了"主权在民"的学说，对 1789 年法国资产阶级革命起了重大的推动作用。

马君武对卢梭"主权在民"的理论极为推崇，在 1906 年底出版的《民报》第二号上发表了《帝民说》的文章，介绍卢梭这一学说，高度评价卢梭此说一出"全欧效之，闻名世界，遂新始出现矣"。联系中国实际，他批评说："吾国旧政学家，谓天子为天之子，为至尊；人民为庶民，为小民，为下民。呜呼！渎亵至尊，犯上作乱，其罪盖不可胜诛也！"他还以向国人介绍此学说为己任，说"今之真知卢骚，输入其真理于方醒之中国者，乃自予始也"。

其实，最早向我国人介绍卢梭《民约论》的，还不是马君武。1898 年，上海同文译书局就出版了日本人中江笃介用中文翻译的《民约论》的第一卷（原书共 4 卷）名为《民约通义》。后来，1902 年，有杨廷栋者，又根据该书的日文译本译成中文出版，共 4 卷。但这两个译本，都有很多错误。1916 年冬天，马君武用了 80 天时间，直接依据卢梭法文原著，参照英文译本，译成中文，由上海中华书局出版，名为《卢梭民约论》。他在该书的《序》（写于民国五年除夕）中详细说明了上述情况。因此，可以说：他是我国从法文卢梭原著翻译《民约论》的第一人。

孙中山直接委派的第一任广西省省长

1911 年辛亥起义后，11 月 7 日（旧历九月十七日）广西宣布"独立"。自此起至马君武长桂之前，广西省的最高行政长官（开始称都督、民政长、巡按使，民国五年起称省长）是：沈秉堃、陆荣廷、韦绍皋、张鸣岐、田承斌、王祖同、陈炳焜、刘承恩、李庆澜、李静诚等，他们或者是清廷的旧臣，或者是旧桂系、北洋军阀的亲信。广西处在以陆荣廷为首的旧桂系军阀统治之下。

1921 年 5 月 5 日，孙中山在广州就任非常大总统，马君武为总统府秘书长。6 月，孙中山为了打倒勾结直系军阀、政学系政客，盘踞广西，维持封建统治的旧桂系军阀，派陈炯明为总司令，率军讨伐陆荣廷。7 月，任命马君武为广西省省长。8 月，陈炯明军占领南宁，陆荣廷通电下野。马君武到职。

马君武是孙中山直接委派的第一个革命党人的广西省省长，孙中山对他是很器重的。是年 10 月，孙中山率胡汉民溯西江来至南宁，在南宁商会大礼堂

的欢迎会上说："我派了一位不贪财，也不怕死，既能文又能建设的世界有名的工学博士来做你们的省长。"

马君武就任广西省省长后，雄心勃勃，本欲大有一番作为，制定了一套禁烟、禁赌、整顿金融、发展实业、修筑公路、兴办教育、澄清吏治、建立新军的计划，无奈广西军事大权掌握在陈炯明、刘震寰手中。陆荣廷旧部遍布全省各地，广西省政府政令不出省会南宁，马君武的计划也只能是一纸空文。

1922年4月，陈炯明粤军退出南宁，陆荣廷部卷土重来。马君武也只好在5月初离邕乘船东下，于贵县途中遭伏击，爱妻彭文蟾丧命，抵梧州后，22日向广州总统府呈递了辞职书。

上海大夏大学的第一任校长

1924年春，福建厦门大学发生学潮，部分学生离校到达上海，得到原厦门大学教授欧元怀等的帮助，在上海创办私立大夏大学。

马君武辞去广西省省长，到达广州，又遇上陈炯明叛变孙中山。这一连串事件，使他感到很痛心，表示以后不再从事政治生活了，便在上海宝山县杨行镇买了二十亩地，搞了个果园，命名忆文园，居住在这里。

私立大夏大学于1924年9月开学，校董会董事长王伯祥及教授欧元怀等，仰慕马君武的学问道德，再三邀请马君武担任该校校长。马君武在师生们的热忱敦请下，乃于11月24日就任该校第一任校长。

大夏大学初创，没有自己的校舍，马君武任校长后，用自己的私人住宅地契作抵押，向兴业银行借款修建了校舍，聘请了一批名教授，为大夏大学的发展奠定了基础。

1929年，由于粤桂战争，广西大学停办，马君武又到大夏大学执教。该年夏天，他与欧元怀、王祉伟二教授冒暑去到马来西亚，为建筑大夏大学新校舍进行募捐。后来，大夏大学为了纪念他建校的功绩，将该校的化学馆定名为"马君武化学馆"。

广西大学的第一位校长

1925 年秋，李宗仁、黄绍竑、白崇禧的新桂系统一了广西，黄绍竑主持省政。新桂系打着"建设广西、复兴中国"的旗帜，想把广西建成一个"模范省"。

1927 年，以黄绍竑为首的广西省政府决定创办广西大学，成立筹委会，黄自任委员长，请马君武回桂林任筹委会委员，具体负责筹建广西大学。

马君武想通过办教育培养人才，达到救国建国的目的，加上对故乡的关心与热爱，乃欣然回桂，进行筹建广西大学的工作。

经过一年左右时间的筹备，广西大学于 1928 年 10 月在梧州蝴蝶山开学，马君武担任第一任校长。

马君武为广西大学的建立与发展，付出了辛勤的劳动与满腔的热情，他制定了培养目标、系科设置，聘请了国内有名的教授，修建了校舍，购置了仪器图书，培育了良好的校风。

1929 年 5 月，粤桂战争爆发，粤军占领梧州，广西大学停办。1931 年 5 月，粤军退出梧州，广西省当局电请马君武回桂恢复广西大学。但后来又有人认为广西没有办大学的必要，省府又决定停办广西大学。马君武对此极为反对，他运用他的声望，亲自找李宗仁、黄旭初陈说，又在省府谈话会上反复力争，广西大学才得以继续办下去。

1939 年夏，国民党国民政府决定将广西大学改为国立，任命马君武为改国立后的第一任校长（1936 年时马已被广西当局排挤出了广西大学）。马君武利用当时全国文化人集中桂林的大好时机，使广西大学的教授阵营盛极一时。

马君武手书的校名

马君武前后任广西大学校长长达 8 年之久，为广西培养了大量人才，至今受到广西人民的怀念。

桂剧改革的第一个倡导者与组织者

桂剧是广西历史悠久的主要地方戏曲剧种。它在二百多年前已经形成，在广西北部、西北部、东北部及中部一带，深受群众的喜爱。它有丰富的传统剧目，甲午战争后从台湾归国的唐景崧闲居桂林时，曾将部分旧剧本进行删改润色，并编撰了一些新剧目，合编为《看棋亭杂剧》。

但真正开始对桂剧进行改革的，则马君武算是第一人。

1937 年，抗日战争爆发。前一年被解除了广西大学校长职务，闲居上海的马君武，回到了桂林。他认为桂剧应加以扶植改进，可作抗日宣传之用。是年年底，他便与白鹏飞、陈俊卿、孙仁林、焦菊隐等社会名人及戏剧家一起，组织了广西戏剧改进会（得广西省当局资助，系半官方机构）。马君武被推为会长。他又把留日时的老同学、著名戏剧家欧阳予倩请来，一同对桂剧进行改革。

在马君武的倡导、推动与组织下，广西戏剧改进会组建了桂剧实验剧团，筹建了剧场，收集、整理桂剧剧本，改进表演技术，开办成人教育班，提高艺人文化水平，还上演了欧阳予倩编的《梁红玉》等新剧。他还亲自将《抢伞》一剧加以修改，注入抗日内容，改名为《离乱婚姻》演出。

后来，欧阳予倩在桂剧改革上，取得了很大成绩。这与马君武的推荐、倡导与组织、推动是分不开的。

（来源：《桂海春秋·广西名人》，1989 年第 1 期，总第 18 期）

马君武纪事

身世及家庭

郑公盾　编

　　著名的科学家和教育家马君武，祖籍湖北。高曾祖以卖豆腐为生。曾祖刻苦读书，道光年间中了进士，为官时因奏劾某位误国大臣，被贬官至广西思恩府。后来，马君武的祖父随来广西任所。不数月，曾祖父病故，自此家世中落。曾祖灵柩不能运回湖北，厝于桂林北门外两湖义地。祖父不能返回原籍，便隶籍桂林。其父继承书香门第好学之风，十多岁就写得一笔好颜体字。他后来在恭城县官署从事文书工作。马君武就是在 1881 年 7 月 17 日在恭城县诞生的。4 岁时，马君武的父母带他到了平南县。父亲的东家姓曾，请一个姓阳的先生教他的儿子读书，马君武就附在阳先生馆里就读。

　　12 岁时，马君武跟随舅父到阳朔读书。当时，他因贪玩而常逃学去爬山，捉蟋蟀，甚至赌博。为此触怒了舅母，舅父一气之下把他驱逐回家，并写了长信给他母亲，要求严加管教。母亲见信气极了，把他打得遍体鳞伤，几天睡在床上不能行动。他从此悔改，发奋读书。

　　马君武 16 岁遇唐景崧（清朝翰林，桂林人）。唐免费收他在体用学堂读书，劝他攻读数学、英语。后来，他又到广州教会学校学法语，因贫穷常以烂芭蕉充饥，借路灯光学习功课。尔后到上海读书，兼教夜校以维持生活。1901 年，他凑了四十块银元赴日留学，毕业后由东京帝国大学保送到德国柏林工艺大学学习，成为中国第一个留德的工科博士。

　　马君武的家庭颇简单，一家四口。马夫人是地地道道的上海人。由于马夫人是一位虔诚的基督教徒，马君武的儿子命名都与《圣经》有关。长

子小名叫保罗，学名叫保之。次子叫大卫，读书用名卫之。长子保之，早年毕业于南京金陵大学农科，成绩优异，曾任广西大学助教，讲生物学。一年后，先赴美国康乃尔大学攻读，获农学博士学位。后再赴英国剑桥大学研究，返国后历任中央农业实验所技正，兼任广西农业试验场场长、农林部农业司司长。到台湾后，曾任农复会植物生产组组长、台湾大学农学院院长。后赴联合国粮农组织工作，派往非洲利比里亚创办农学院，在该国长驻十四年。现为台湾地区新竹市的食品工业发展研究所所长。

马君武的次子马卫之，早年在上海同济中学读书，后来在广东中山大学念医科，最后赴德国深造，攻读音乐，在德国一住七八年，返国后历任广西艺专学校校长，兼授钢琴，并在广西大学教授德文。

据陆续发表在广西大学校刊上的马君武自传，马君武幼年也很淘气。有一次他和邻居的孩子一同爬上一棵桐油树上去采桐果吃，当天晚上大泻不止。后来，他母亲知道了，把他痛打一顿，说："铁不打，不成钉，儿子不打不成人。"后来，马君武继承着这样严格的家教，所以两个儿子都成为有用的人才。

马夫人说一口上海话，其子保之、卫之不仅能讲极流利的上海话，还会说广东话、桂林话和普通话。马君武在内在外都说普通话，也会说一些广州话，不过，他的广州话没他的两个儿子流利。马老太太说的则是满口地道的桂林官话。

马君武在上海近郊吴淞杨行镇曾有一个不大的田园，与曾任司法院院长居正先生的别墅为邻。每逢周末，便乘长途汽车到地里劳动。连马太太也一并参加，往往做到日落西山才回家。围坐在桌旁吃香喷喷的红色糙米饭和几大碗粗菜。

马君武的客厅布置得很简单，通常挂两张名人字画，没有什么装潢及沙发。

马君武出入都爱穿长袍，最普通的是三色布袍，冷天还在裤脚上束带，脚上穿的是布鞋，头发剃光。在民国初年，一般摩登的青年，尤其是留过学的，几乎没有不是西装笔挺、锃亮的皮鞋出入亮相的。高大、光头、长袍和厚厚的近视眼镜，使人远远一望便认识是博学多才的马校长（这是我们平常对他的称呼）。

马君武在家事母甚孝，老年的马老太太虽非十分虚弱，行动略有不便，但马君武常常扶着她在花园庭院间散步。1930年，马老太太在上海病逝时，马君武曾亲自写了一副极感人的挽联，挂在客厅。联云：

吊母丧挽联

守寡逾三十年，以手杖教儿子读书，以工资给儿子吃饭，夜半且缝衣，且课读，往事历历如在目前，至今辜负慈恩，大罪此生莫可赎。

离乡廿九载，以祈祷祝国家兴盛，以悲哀叹国家危亡，年来益思乡，益念旧，天下滔滔未能归去，自有永生乐土，灵魂不死岂须招？

马君武买了一副漆光黑色的洋棺材，棺材前半镶有一块厚玻璃，可以透视里面的头部。葬母于基督教坟场，出殡时不少人参加送葬。

科学文化工作

郑公盾

四十年前为我师，科学科普皆入诗。
飘零三岛留德国，普度四方报国时。
追随孙文闹革命，名传遐迩谁不知。
荒村拜墓高风在，死者无言生者悲。

（一）翻译西方学说、编写《德华字典》

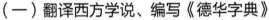

马君武是我国民主革命时期的自然科学家、科普作家、诗人，生于
1881年（清光绪七年）6月，名和，号君武，祖籍湖北省蒲圻县。祖父马
丽文在清朝当官，后谪居广西恩府（今广西武鸣县），去世后，次子光吴扶
灵到桂林，无力返回湖北，留居桂林。君武早年丧父，母诸淑贞织布为生。
君武少年入蒙馆，读经书和唐诗，爱好生物，捉蟋蟀，搜集植物标本；稍
长，始知励志读书，熟读了袁了凡的《纲鉴易知录》，通读了《史记》《汉

书》等史籍，在唐景崧处学习数学、英语。1900 年，同母亲迁往广州，并在丕崇书院学法语。1901 年，入法国人办的震旦学院读书，再次提高了法语水平。同年 12 月，到日本横滨，并在日本西京帝国大学学应用化学，博览欧洲社会政治经济名著，经常为《新民丛刊》撰写译文。当时，他以输入西欧文明为己任，此后数十年从未间断过输入外国科学文化。这里且不说他在社会科学方面介绍了弥勒·约翰的学说、唯心主义哲学家黑格尔的学说、卢梭的《民约论》《甘必大传》，激烈反对君权神授论，提倡天赋人权。尤其是他译的卢梭的《民约论》，是直接从法文翻译的，译文准确，文字清新，以至于 1918 年到 1930 年发行了 6 版。他把黑格尔的辩证法精神介绍过来，对推翻清朝、提倡民族思想是有一定贡献的。

1907 年，他到欧洲德国留学，入柏林工业大学读冶金专业，1911 年取得博士学位，是我国留德学生中取得博士学位的第一个人。1913 年，他第二次到德国留学，进柏林农科大学，专攻农业科学，并在化学工场任工程师；1916 年，他以个人的力量，夜以继日地编写了一部《德华字典》。他为什么要编撰《德华字典》呢？主要原因是因为当时德国自然科学最为发达，社会科学从费尔巴哈、黑格尔到后来的马克思、恩格斯都诞生在德国。为了促使国人向西方文化学习，他认为首先要向德国科学文化学习。就是说，他编撰《德华字典》，为的是便于国人向德国科学文化学习，向祖国输入西方的科学文化。

（二）做孙中山先生助手时从事科学科普工作

1903 年，马君武由日本友人宫崎民藏介绍认识了孙中山先生。从此之后一直追随孙中山从事民主革命运动。在此以前，他也曾追随过康有为、梁启超，但自从认识孙中山以后，他科学地断定："康梁者，过去之人物也；孙公者，则未来之人物也。"从此，他一面在日本学习化学，攻读自然科学，一面倾心于孙中山所领导的革命运动。1911 年辛亥革命成功时，孙中山误以为袁世凯可以胜任总统职务，自己则专心致力于建设铁路工作，在上海成立铁路总公司，马君武任秘书，参加铁路建设。1918 年，孙中山

从事《建国方略》的写作时，马君武是他的得力助手。1921年5月，孙中山任非常大总统时，又任命马君武为总统府秘书长。在孙中山看来，马君武是个不贪财也不惜死，能文也懂得理工的难得人才。1921年8月，他一度担任广西省省长，上任时励精图治，提出禁烟、禁赌、整顿金融发展实业，兴办教育，修筑公路（建筑了由南宁至邕宁县四塘一段公路），但不久就被迫离职了。到了1922年，马君武从广西来到上海，全家在上海宝山杨行镇住下，盖了五间平房，亲自种植25亩土地，种水稻、棉花、蔬菜，经营了果园，培育水蜜桃。当时，他全家都参加耕作。他因在德国时学过农，认为学农业的人要亲自到田间去，对桃李亲自剪枝，还养殖了二十多箱蜜蜂，取蜜分箱都十分考究科学方法、利用科学方法；他在农业实践中尽量避免病虫害，用自己的务农活动，影响周围的农民群众。后来，兴办广西大学农学院时也正是这样做的。在此期间，他还把全部业余时间致力于科研活动和科普的写作，这在下面还要详加介绍的。

（三）对达尔文进化论的竭诚介绍和写普及著作

马君武是我国最早对中国科学文化学术界介绍为马克思、恩格斯所敬重的19世纪伟大的唯物主义生物学家查理·达尔文及其伟大著作的人物之一。马克思、恩格斯曾把达尔文进化论学说看作19世纪自然科学三大发展之一。大家知道，1859年达尔文最初出版《物种起源》（或译为《物种原始》）一书，继之又发表了《动物和植物之家养下的变异》《人类起源及性的选择》等书。在中国，马君武最早把《物种原始》一书译成中文。在马君武看来，科学家必须有大胆的精神。他认为只有认真介绍达尔文的进化论，才能彻底摧毁骗人的神造论。这在当时是十分大胆的创举。马君武译的达尔文的进化论在19世纪初，就在日本横滨出版的《新民丛刊》上陆续刊出。1918年将该书译完，定名为《达尔文物种原始》，由中华书局出版；1930年又将达尔文的《人类原始及类择》译出，收入《万有文库》，在商务印书馆出版，从那时起直到1936年发行了12版之多；在此期间，他还用通俗笔调写了一部科普书籍《达尔文》，介绍达尔文的生平及其学术上的伟大成就。他把达尔文看作"科学界最良好之模范人物"。

大家知道，德国杰出的生物学家、达尔文主义者、自然科学唯物主义的代表、无神论者海格尔（1834—1919年），是极其著名的科普作家。马君武富有贡献地把这位达尔文的门徒海格尔的著作《一元哲学》（又称《宇宙之谜》）和《自然创造史》，在1936年左右翻译出版。可以说，马君武是我国最早热心于达尔文及其门徒著作翻译和传播的人。他的翻译精确，堪与严复相媲美，文章流畅完美，前无古人，胜于来者。因为他不仅精通中文，也熟悉日、英、德、法文字，他的每一本译书，不论是科学著作、科普作品，都是经过焚膏继晷加以精心译出的。也正因此，他的译书一成，就风行全国。

（四）基础科学的科普著作的撰著

马君武十分重视自然科学中的基础科学，如数、理、化、天、地、生物、医学、工程以及一般自然科学原理。在这方面，他不遗余力地进行了广泛的提倡和动手写作。远在1901年，他就编撰和出版了《代数学》一书。在留学德国期间，他又翻译和编写了《平面几何学》《微分方程式》《矿物学》《动物学》《植物学》等重要科普著作。由于他的文字通畅、通俗易懂，插图极其精美，文笔深入浅出，引人入胜，因而博得了当时许多中学生和广大读者的喜好。他的这些科学通俗读物，是当时最为流行的。尽管当时还没有"科普著作"这个词儿，而实际上它们是货真价实的科普作品，每种书出版后总是一版再版，在我国民间流传十分广泛。马君武作为我国科普作品的先驱，是当之无愧的。

（五）对菲里波维代表作《国计民生政策》的翻译与介绍

马君武的著作与翻译，总是符合当时我国人民生活中的需要。例如，他在广州无烟火药厂担任总工程师期间所翻译的维也纳菲力波维（Phili Ponich）教授所著《国计民生政策》全书，花费了他的4年零两个月工夫。他把这一名著译成中文，全书5册，每册都写了序言作详尽的介绍。它们是：一、《农业政策》，二、《工业政策》，三、《交通政策》，四、《商业政

策》、五、《收入及恤贫政策》。马君武在该书序言中猛烈抨击了帝国主义列强对中国经济侵略的种种罪行。他指出在帝国主义和封建恶势力的盘剥压迫之下，中国谈不上有现代化的交通运输，谈不上有什么自由通商和贸易。他批评清政府及北洋军阀把持下的卖国政府，连海关大权都拱手奉送外国人之手，弄得"吾国一事不得过问"（见马君武译《商业政策》序）。

当然，菲里波维的《国计民生政策》全书主要是宣扬西欧资本主义制度下的国计民生政策。但这在辛亥革命后不久翻译这样的书，还是有一定的现实意义和科学价值的。

马君武除了上述著作之外，还著有《中国历代生计政策的批评》《失业人及贫民救济政策》等重要论文，肯定了王安石变法，相当正确地评述了中国必须变法维新的道理。他在《失业人及贫民救济政策》中指出，只有"积极政策以图生产事业的发达，以提高人民的生活，中国社会才能走上正轨，才能有正确的积极意义"。当然，他在这里提倡建立的是资本主义社会，但在民主革命的当时看来，还是具有一定的科学价值的。

（六）晚年从事教育事业不忘科研科普工作

马君武 1924 年初掌上海大夏大学，大力创办图书馆与实验室，大力提倡自然科学教育。大夏大学为了纪念他的劳绩，特别是他在中国化学史上的贡献，把化学馆改名为"君武化学馆"；1925 年 4 月到北京任北京工业大学校长，特别是孙中山先生逝世之后，他更绝意仕进，专心从事教育工作。他在北京工业大学创建了机械、电机、纺织和化学等系，对学生演讲《一个苦学生的自述》《翻译之难》等亲身经历中的重大问题，使广大学生深受激励。1926 年，他一度南下回到大夏大学，经常鼓励学生从事自然科学研究，亲自辅导，并在经济上资助许多贫苦学生。1930 年 5 月，他就任中国公学校长职务，亲自讲授《世界文化发展史》，对理工科相当重视，购置了许多物理、化学仪器，向广大学生着重普及自然科学基础科学知识。在他的主持下，聘请了郑振铎、傅东华、陈望道、洪琛、何炳松等，以及科技界名流为教授，不断提高教学质量。这之后不久，马君武就回到广西建立广西大学，时值"九一八"事变发生的年代，马君武以确立三项教育目标来建设广西大学。一是传授科学知识，以启迪青年学生的思想；二是传授各种操作技术，使青年学生学会专业本领；三是培养学生成为具有战斗性格的人。他号召"西大学生一致团结起来，拿书本，拿锄头，拿枪炮去救国"。他多次强调，要具有科学知识和懂得新的生产方法，才可以提高工农业生产，才可以富国强兵。他强调学生要学会工作技能，要学习金工或木工，或造林或畜牧或种植，才能成为有出息的人。由于白崇禧等地方军阀的排挤，马君武曾一度离开广西大学。直到1939年，由国民政府教育部任命，他再任广西大学校长，重返广西大学。在此期间，同样重视自然科学实验，解决重要师资问题，聘请许多著名教授。他经常亲自辅导学生复习自然科学基础功课，并邀请学习特优的学生向全校作讲演。比如，现在在全国农会工作的华恕同志，就是很受马君武校长重视的一位学生，他至今完好地保存着马君武同他和另外几位学生合拍的照片。

马君武不仅是一位教育家，而且是一位名实相符的科学家。他在精通科学理论的同时，也非常精通生产实践技术。在德国时，他曾任波恩化学工场工程师；1918年，在广州兼任兵工厂无烟火药总工程师；在他担任广西大学校长时，曾兼任梧州两广硫酸厂厂长，自制硫酸；他曾设法利用空气制氮，从而制造肥料；在他的支持之下，成立广西大学植物研究所，研究所设在白鹤山山顶上。现在的广西植物研究所是同马君武的开创之功分不开的。

全国抗日战争开始后，广西大学设在桂林郊区良丰西林公园里面。当时，中国科学院院长竺可桢、副院长李四光有把中国科学院迁往广西桂林雁山的建议[①]，马君武写信表示热烈欢迎。当科学院迁到良丰西林公园对角，开始从事科学研究时，他为科学院建起楼房，待如上宾。他亲自邀约著名科学家李四光到广西大学讲演，时间大约是1940年春天。当时，李四光讲地质问题。马君武在李四光讲话后，起身向李四光先生表示敬意和感谢，接着说了一席有关科学文化无国界、到处传播流传的话。在他看来，中国

马君武纪事

————————————

① 见 P5——出版者注。

的"四大发明"经过阿拉伯商人之手传播到西方后，推动了西方的科学与文艺的复兴。他说："世界科学文化总是向西方传播，从中国向西方传到欧洲，又从欧洲加以发扬光大之后，又向西方传播到日本，最后又从日本发扬光大之后，再向西传到中国来。"他带着高兴的神情向我们说道："你看，连马克思主义不是也先传到日本，然后又向西传，传到中国来吗？我看，世界科学文化总是由东向西前进着的。"马君武校长说的话，已经四十来年，但在我心中像生了根一样，仍然在我的耳边回响。

由于当时正是抗日战争时期，马君武校长教导我们，不能仅仅焕发抗日精神，还要进一步发展科学。他指出作战不止是组织、纪律、训练，还需要各种新式武器，飞机、大炮等已成为民族生存的要素，我们还要"力学救国"。1940 年 6 月 10 日，广西大学同学为马君武庆祝六十大寿时，他对我们做了一次长篇讲话，表示自己一生并勉励在学青年要"堂堂正正地做人，清清白白地做事"。这是我最后听到的马君武校长的讲话，也是我永远不会忘记的讲话。

我国著名科学家、科普作家、著名教育家马君武因积劳成疾，患胃穿孔，不幸于 1940 年 8 月 1 日因医治无效在桂林良丰西林公园的教育岗位上逝世。当时，中国共产党人周恩来同志送来的挽词是"一代宗师"；朱德、彭德怀同志送的挽词是"教泽在人"。民国政府广西省李任仁议长送的挽联是："译著峙两雄，若论昌科学、植民权，收功应比又陵为伟；国家攒多难，方赖造英才、匡正义，惜寿不及相伯之高。"民主诗人柳亚子也写悼亡诗纪念："三十五年投赠诗，伤心垂睑泪涟面。论才黄叶终同调，人海红桑换旧枝。晚岁喜能年少重，高名留遗大家知。朱颜碧血牺牲泪，碑碣端应有怒词。"这些悼词，是科学家、科普作家和著名教育家马君武一生的写照，他是当之无愧的。马君武校长在文学、史学方面也有很高的成就，他的诗创作造诣也极高，由于非本文所论列，这里就不赘述了。

　　　　　　　　　　　　　　　1984 年 3 月 7 日写于地震招待所

在广西大学的二三事

郑公盾

1939 年秋天，我转到广西大学读书。当时，广西大学校址是在距桂林有二十多千米远的良丰西林公园，环境幽雅。由于校长马君武的名字，吸引了许多青年前来就学。马君武校长给人最深刻的印象，就是毫无校长的架子。他每天总是划出一定时间接待要同他面谈的学生，不但在他的办公室，还常常是在他家里，有时甚至是在晚上。与其说他是德高望重的校长，不如说是师生、员工的亲人。他虽然当过官，而且职务不低，但丝毫没有官僚习气或摆什么架子，说他是生活在学生、群众之中并不过分。他不但关心学生的学习，同时也很关心学生的生活。那时他年纪不到 60 岁，由于饱经风霜吧，却显得有点老态龙钟，脸上已有皱纹，说话声音不大。当时，许多学生因为战争的原因，家庭经济来源困难，甚至断绝，但在广西大学申请助学金却相当容易。因为马君武校长常常公开说："国民党官府人员贪污一笔就成百万元，我们即使在发放助学金方面手松些，多给学生又何妨呢？"正是基于这个观点，他对学生的请求援助几乎是有求必应。

那时，每周全校性的周会（又叫"纪念周"）差不多都由他自己来主持。"纪念周"举行得很别致。大家知道，当时，一般蒋管区都要举行"纪念周"，读《总理遗嘱》是由主持开会的人读一句，学生跟着读一句。马君武并不这样，他是自己读，边读边议，对着孙中山像发议论。有一回，他面对孙中山像，喃喃后大声说道："孙总理啊，你去世快 18 年了，你瞧我们中国还是这么混乱！哪儿是中华民国，是中华官国呀！"停了一下，他面对孙中山遗像又说："你死得太早了！"就这样，这个周会都由他发议论下去。他叫学生要用功，要学生用功可别像他的孩子一样，到德国读医学，结果却学音乐去了，他说中国现在这么乱，读什么音乐呢？

马君武不是马克思主义者，也不是"左倾"分子。但由于他本身是个

名副其实的科学家、学者，因此他喜欢一些有真才实学的人来任教。当时，他聘请了张志让（在"七君子事件"时任首席律师，当时的复旦大学教授，全国解放后任高等法院副院长，现已去世）、张铁生（当时在桂林国际新闻社和生活书店任职、德国留学生、国际问题专家，解放后在中央联络部任领导工作，已去世）、董维键（第一次国内革命战争时在湖南工作，曾被反动派关监狱多年，抗战开始后不久在郭沫若领导的第三厅工作，现已去世）等人来校任教。当时马君武受到各方面的冲击，要他解聘这些教授。针对上述情况，马君武公开提出"党团退出学校"。当然，他在这里指的是国民党、三青团应当退出学校，从而得到了当时学校广大进步师生的拥护。

当时，桂系派了成百个国民党军官来广西大学任军事教官，他们实际上是来监视学生思想行动的。当时广西大学在中共地下党的领导之下，左派学生力量占压倒优势。军事教官除了给一年级学生搞军训外，还要参加全校学生每天早晨举行的升旗"仪式"，每次都要点名唱"国歌"，但唱歌时下面总是鸦雀无声。军事教官的头儿很不满意，写了一张"呈文"要辞职，并把辞呈递交给马君武校长。在一个星期一的周会上，举行仪式后，马君武叫为首要辞职的军事教官到台上来，把辞职书交还他说："你先向学生们读一读辞职书吧！"这位军事教官只好向全体学生从头到尾念了一遍，大意无非是每天升旗都没有人唱"三民主义吾党所宗"的国歌，很苦恼等等，因此要辞职。他念完以后，马君武校长向学生们很诙谐而又很严肃地说："军事教官吃饱了饭，职务就是每天带你们升降旗的，你们体谅他，就唱国歌，你们能唱的就跟着唱唱吧！"学生哄堂大笑，有人甚至鼓了掌。接着，他又转向军事教官说道："他们不唱，你们也不唱吗？你们有几十个人也可以唱嘛，你们成百人唱起来不是也成了唱歌队吗！"下面学生又一次发出笑声。接着，马君武对教官像发命令地说："把辞职信拿回去吧！我交代学生帮你唱了。你瞧这事我算是给处理了，辞职信拿去。"那个军事教官的头儿不得不当众向马校长敬个礼，把辞职信接回去。他万万没有想到马君武会这样处理这件事，弄得他很尴尬。礼堂上有一阵哄堂的笑声和鼓掌声。

有一回，国民党教育部派了个督学来广西大学视察，要向全体教授、副教授、讲师、助教以及全体职员讲话。马君武同意，叫人布置，让全校教职员在一个大会议室参加这次会。他在会上给大家介绍：这位是教育部派来的 × 督学，现在就请他讲话吧。× 督学讲了不久，马君武就在主席台上打盹，后来又打起鼾来了。× 督学讲完话，旁边人就摇摇马校长的身子叫他醒过来。马君武从椅子上站起来，擦了擦眼皮，说道："× 督学想讲话，你讲完了吗？" × 督学点点头。马校长又问百来个听讲话的教职员："你们都听 × 督学的讲话了吗？"不等大家回答，他自问自答道："他爱讲，我不爱听，所以我就睡我的觉，他的讲话很像个催眠曲，让我好好地睡了一觉。"他停了一会又继续说道："你们想，这样的督学会讲出什么道理来呢，还不如睡个大觉好！因为他一定要讲话，我才叫你们来的，但我不想听，所以我就睡觉了。"最后他对 × 督学说："× 督学，你回教育部就说我说，赶快把经费拨来，否则学校维持不下去，就要关门了，闲话少说为好！这倒是正经要讲的话。"那位督学无可奈何地当天下午就灰溜溜地离开了广西大学。

马君武非常瞧不起那些抗战中的亡命派，当时抗战节节打败仗，眼看着广州、长沙等地先后沦陷。有一次在周会上，他气愤愤地说道："中国人特别是那些当官的，把自己看得太重要了，只知有自己，不知有他人，更不知有国家、有民族，这是要不得的。敌人近了，有些人慌张起来，说要把学校赶快搬到独山去，我主张无论如何都不搬迁。……人生自古谁无死，你决不能永远保存自己，与其平平庸庸地死了，不如轰轰烈烈地为民族牺牲。"他停了一下又说："过去许多人，尤其是知识分子，常常把抗战的责任推诿给一般老百姓，这是极端错误的观念。我们不能说打仗不是大学生的本分，而是老百姓的事情，如果这样，我们就用不着抗战了。因为新式武器需要有科学知识的人才能用。因而现代战争如果仅仅交给知识少的人去打，而有科学知识的人都搬到安全的地方去，那么抗战也就难于得到胜利，国家民族也就难得复兴了……"他停了一会又说："我们不能说人家的死是轻如鸿毛，我们的死重于泰山。做泰山更经得起风吹雨打。我们应坐

能言，起能行，不应天天都在空口念什么'忠勇为爱国之本'，而临难就想逃之夭夭，学老鼠那样钻洞。这样念那句真言有什么意思，有什么用处呢？"他越说越激动，又接下去说："假如柳州失掉，难道再搬到昆明，昆明失掉，再搬到缅甸不成？"最后，他用非常肯定的语气说道："因此存在搬迁的心理是没有骨气的，我们大学生要知道对国家所负的责任是什么，不要因战事影响，便想学老鼠，这一洞不安全，就钻到那一个洞去。……所以，我今天要郑重声明本校是照旧办下去，不管战事发展到怎样的地步，本校决不轻易迁移的，敌人来这里，只有和他拼命"。

全场都很肃静地听马君武校长讲话，他的声音从慷慨激昂到平静，全场的气氛很严肃。当时，桂南的战局很紧张，但学校局面很稳定。

1940年7月17日，是科学家兼广西大学校长马君武的六十寿辰，学生为了对自己富有科学与民主风度的校长表达真诚的热爱，学生会与学校当局商量为他祝寿。在祝寿会上，马君武作了长达3小时的讲话，再三勉励青年人要勤学苦练，从小打好基础，做一个对人类有用的人，做一个具有民主和科学头脑的人。这一天，学校里热闹非凡，广西大学分校、广西大学农学院也从柳州派学生代表来参加庆祝会。这一天西林公园喜气洋洋，那水榭、亭台、红豆院都显得格外光彩。

但就在1940年8月1日这一天，科学家马君武因胃病复发，下午就与世长辞了！当时，学生会通过驻桂林第十八集团军办事处，写信要求在重庆的中国共产党代表周恩来同志来电吊唁，果然周恩来同志用简明扼要的4个字电文"一代宗师"！（重点系引者所加）这种评价和概括，至今令人印象深刻，难以忘怀。我至今还依稀记得当时他的灵柩停在西林公园附近，全体学生列队送他到停灵之处。

由于马君武校长的去世，广西大学一时间乌云满天，黑暗的势力越来越猖狂，尤其是过了不久发生了"皖南事变"，进步学生走的走，被捕的被捕。虽然学生会多次率领队伍到马君武校长棺材边"哭灵"，对于已故校长表示永恒的悼念和怀想，但是死人是不能复活的。所以，到了抗战后期，广西大学的情况就有点每况愈下了。我在"皖南事变"时离开广西大学，因为党组织通知我，当时险恶的环境是待不下去了，不走就有被捕的危险，我什么东西都没有带，两手空空离开西林公园。但是，马君武的影像却永远活在我的心中。

爱护人才，发现人才，培育人才，是马君武校长在从事教育工作时的一个特点。他在广西大学期间，发现郑建宣，帮助他出国深造，就是他为广西大学储备人才之一例。

郑建宣同志是梧州市四中的高二教师，教学上有一套办法，1931 年暑假已经获得续聘。马君武校长从土木系主任初镜教授等人口中得知郑建宣是个人才，决定请他到广西大学任教，只是月薪 140 元，比四中的月薪 180 元少，但有一条，即在广西大学教书两年有成绩的，将保送到国外深造。郑建宣便退了四中的聘书，到广西大学任教。马君武同他聊天时得知他是宁明县人，说他认识的宁明县人都有才学，印象很深。

郑建宣在广西大学教数学、物理，成绩甚佳。1933 年暑假，赴英国曼彻斯特大学学习，在诺贝尔奖金获得者 W. L. 布雷格教授指导下攻读金相图。在 3 年学习期间，马君武每年都写一封信，鼓励他，顺带讲他家中的情况，让他安心学习。

1936 年，郑建宣回国，马上收到中山大学、武汉大学聘请任教的信件。当郑建宣征求马君武校长的意见时，马校长说："应在西大终生服务。"就这么一句话，郑建宣便在广西大学执教了 54 年。

郑建宣先生回忆，他刚归国，马校长一见到他，便双手紧紧捏住他的双臂，像父亲见了孩子一样，高兴地说："你很胖啊，净吃牛奶吧！"说着哈哈大笑起来。后来，还招待郑建宣等人，花了 5 元钱，这在当时是高消费了。席间，还当着郑建宣的妻子开玩笑地说："你很残忍啊！爱人生孩子不到 6 天，你便离开了她（指出国）。"郑建宣回答说："这是校长教导有方呀！"马校长听了哈哈大笑。

郑建宣先生说，马君武是伟大的科学家、文学家、教育家、爱国主义者。说他与苏曼殊过从甚密。苏曼殊常约马君武出游，说马君武十分健谈、爽朗、不摆架子，平易近人，不愧是"一代宗师"，受到广西大学师生的尊重。

教泽育人

郑公盾

马君武是个杰出的、伟大的教育家。他开始创建了中国公学，后来又创办了北京工业大学、上海的大夏大学，3次主持广西大学。他9岁丧父，靠他寡母用手杖教他读书。他的大半生过着贫苦的生活，即使他专心搞教育的后半生也不富裕。他被袁世凯变相排挤，连办教育也做不成，只好第二次赴德国深造，业余做工程师的工作，用了四五年的时间编纂了一部《德华字典》，用以表达他报效祖国的心愿。这些，只有今天的知识分子才能理解他，因为在当时，德国的科学文化首屈一指，不论工农业，还是其他方面都在世界上居于领先地位，所以马君武提出学习德国，是完全正确的，丝毫没有个人的偏见和什么片面思想的。

第一，马君武的办学精神从他的译著可见一斑。他的译著囊括文学、哲学、数学、科学、史地各方面，他精通英、德、法、日四国语言，译书妥帖。他的译著不仅有达尔文的《物种原始》《人类原始及类择》和赫克尔的《宇宙之谜》《自然创造史》及其他人的译作，也有植物学、矿物学、数学书籍，还有微积分等深奥的内容，可以看出他的学问渊博精深；加上他对《二十五史》的研究、文学诗歌等译作及与时代密切相关的著作，更证明他是前无古人的近世学者。

第二，他聘请讲师和教授都是经过仔细选择的。例如，他在大学考试中间就发现胡适颇有文采，就有意培养他，胡适一举成名，充分显示马君武的眼力。胡适后来成为马君武、吴元培的学生和挚友，关系相当密切。马君武总找一些学问根底比较厚又有特长的教授充实他的教学队伍。

第三，马君武比较注意完善学校的教学设备。在抗日战争期间，他动员竺可桢、李四光把一些仪器送到桂林广西大学本部，他给予妥善安置、专人保管，也供理工科学生使用。

第四，马君武大力增加图书馆的图书，改善图书馆的储书条件，购进一些具有马克思主义观点的新书，扩大了图书馆的信息量，便于学生们得到新知识。马君武校长认为："没有充裕的图书资料、完善的仪器设备，就办不好理工科大学。"广西大学图书馆于 1928 年秋建成，购置设备和图书资料颇费周折。1929 年春，第一批选购的各种图书刚由上海运到，稍具规模，后因粤桂战争，馆务随着校务停顿而中止。1931 年复校后，学校经费每年拨款两万元用以添购图书；又将原有馆址大加扩充，除办公室外，设有书库三间，参考阅览室一间，普通阅览室一间，报章杂志阅览室一间。

第五，马君武提倡学生们学术研究和自由讨论的风气，对学生们组织的活动从不横加干涉。学生可以自由结合组织出版社、图书会，邀请校外人士参加演出。例如，由欧阳予倩导演的夏衍同志的《心访》，这个话剧在广西大学礼堂演出 3 天。演出结束后，还邀请欧阳予倩到广西大学讲该剧的主题思想、演出的意义及成功之处。又如，邀请胡愈之同志到广西大学讲世界语的发展；请范长江同志讲战局的发展；请孟秋江同志参加时事座谈会。这些活动大大活跃了学生的思想发展。有的学生经张铁生教授的介绍到桂林《救亡日报》编辑部工作；有的学生在校内组织有一定影响的通讯会，写出有一定水平的通讯；邀请茅盾先生讲文艺与科学问题；参加鲁迅问题讨论会；听取郭沫若先生的报告；参加《新生代》月刊的发行，由生活书店代售，很快卖出两千本。这些事实说明，在马君武校长的领导下，广西大学的民主空气十分浓厚，学术活动比较活跃，因此产生巨大的影响，正是：

自由空气满西林，自由花开异样深。
青少年们追和赶，跃进情势务必成。

总而言之，在马君武进步的教育思想下，1938—1940 年广西大学学生思想不断跃进，左派势力不断增长，使三青团组织的备有茶点招待的会议也只有寥寥无几的人去参加。

《救亡日报》社论

马君武校长自1940年8月1日下午6时与世长辞。8月2日《救亡日报》在报道中说："噩耗传来，各方面沉痛，查马博士为我国文化界耆宿，生前对学术文化事业贡献殊多，而为西大之创建与培育厥功尤伟。现遽归道山，不仅为西大失一领导者，实为我学术界不可弥补之损失。"

8月3日，《救亡日报》发表社论《悼马君武先生》。当时，即将报纸文章剪存于下，不期今日成为可用文章。社论对先生作全面高度评价。全文如下。

社论：悼马君武先生

抗战中凋谢了不少老成硕学之士。马君武先生的急逝，不仅广西失一哲人，国家失一元老，也是学术文化界失去了一个硕果仅存的先辈。这损失，只能说无可补偿。

马先生早年从事革命，壬寅（光绪二十八年，1920年）三月，与章太炎、秦力山、吴稚晖诸先生在东京发起"亡国纪念会"，为留日学生组织革命集团之先导。嗣后，追随国父尽瘁国家，数十年来变乱频仍，而坚贞不改，亮节高风，可以称得上近代中国文化人中的一个可贵的典范。

作为一个政治家，马先生可以说是纯正而清廉；作为一个学者，他更是沈潜而渊博。西洋科学精神介绍到中国以来，已经1世纪以上了，但是直到今天，能够切实而正确地替中国文化界介绍一些西洋科学之精粹者，马先生依旧是最少数人中的最努力的一个，达尔文、赫格尔、密尔、斯宾诺莎、卢梭以及许多科学上的名著，都是由于他的努力，而在中国文化史上给予了永不磨灭的影响。在中西文化之交流，他是一座永生在民族精神上的津梁。

按：当时，中国共产党领导人周恩来的唁电"一代宗师"及中国第十八集团军领导人朱德、彭德怀发唁电"教泽在人"，尚未公布。故社论中未申述。

桂剧改革

马君武与桂剧改革

马君武（1881年7月17日至1940年8月1日），原名道凝，字厚山，17岁时改名同，19岁时又改名和，字君武。原籍湖北省蒲圻县，在广西恭城出生。他不仅是旧民主革命政治家，著名的教育家、科学家，也是桂剧改革的有功之臣。

桂剧是广西的主要地方剧种，在广西和湖南与广西毗邻地区很有影响。进入20世纪30年代之后，伴随着资本主义工商业在广西的不断发展，桂剧日渐被资本家所利用，逐步走上了商业化的道路。原来比较好的传统剧目，被"搭桥戏"（也叫打乔戏）、"赌戏"、"玩笑戏"所代替，它的内容多半腐败；封建思想、奴隶道德、迷信的宣传、淫谑的表现，占据了中心（见欧阳予倩《改革桂剧的步骤》）。过去历代桂剧艺人用血汗孕育而成的优秀传统艺术被丢弃了，庸俗下流的表演充斥舞台。桂剧处于奄奄一息的境地。就是在这种情况下，马博士（因马老是我国留学德国的第一位工学博士，大学都尊称他马博士）于1937年从上海回到广西战时省会桂林，经常到戏院看桂剧演出，和桂剧艺人频繁接触，并对桂剧有目的、有计划地进行考察。他通过考察发现，尽管桂剧在走下坡路，有"日趋没落"之势，但是，它在广大观众中已经深深地扎下了根，具有浓郁的地方色彩。他相信，只要对桂剧进行卓有成效的改革，还是可以振兴起来的。他当时曾对个别在社会上颇有身份的广西人不热心扶植桂剧，即去搞平剧（即京剧），大胆地提出了批评。"广西是生我养我的地方，我热爱广西，我要为我的家乡戏——桂戏的繁荣尽一份薄力！"马博士不止一次地跟我们桂剧艺人说起他这番心里话。在这种思想指导下，他不顾年高体弱，奔走于广西政界和文艺界的有识之士中间，为桂剧改革进行游说，广造舆论，收到了效果，得到了广西当局和社会各方面的支持。1937年秋，以改革桂剧为宗旨的广

西戏剧改进会（也有人叫桂剧改进会，通称改进会）在桂林正式成立。这个改进会得到了广西当局的资助，实际上是个半官方半民间的机构。

经过民主公议，马博士被推举为广西戏剧改进会的会长，程俊卿、白经天（即白鹏飞）为副会长，阚德轩主持剧务，岑有常主管场务。这些人当时在国内是"有最高地位的教育家、绅士兼学者"，还有那些改进会的会员，如焦菊隐、孙仁林等人，也都是戏剧界的名人和高级官吏。像改进会这样的组织，当时在全国可以说是独一无二的。

马博士不仅是桂剧改革的倡导者和组织者，也是桂剧改革的实践者，除了亲自参与搜集、整理、改编传统剧目（如将《抢伞》改编为《离乱姻缘》，由广西桂剧实验剧团首演），对表演（如主张用标准的桂林话演出等）音乐改革提出切实可行的方案之外，还对桂剧改革做了如下几项重要工作。

（一）筹建第一流的桂剧班子

马博士认为，要想真正改革好桂剧，达到预期的目的，必须挑选一批热心改革的优秀艺人，以及由这些艺人组成的具有一流水平的桂剧班子。当时，桂林有好几个桂剧班子。其中，位于正阳路的南华戏院桂剧班的基础比较好。于是，马博士就以"南华"为班底来进行桂剧改革。但当时个别有名望的桂剧艺人不在"南华"。为了把桂剧界的精英汇聚在一起，马博士亲自出马做西湖戏院老板的工作，把著名艺人谢玉军、小飞燕、白凤奎、李百岁、秦志精、刘万春等人，从"西湖"请进了"南华"，又从柳州把著名生行艺人王盈秋调来桂林，使"南华"成为首屈一指的桂剧班，演员阵营很强，有生行的王盈秋、贺炎、彭月楼、刘玉轩；旦行的谢玉君、小飞燕、金小梅和我（观众把我们四人称之为桂剧四大名旦，这当然是对我们的鼓励）；小生行的秦志精、刘少南、金凤仙；净行的白凤奎、肖仲达、何建章；丑行的李百岁、刘万春等。他们是1940年3月5日成立的广西桂剧实验剧团的主要演员。马博士亲自改编整理的传统剧目，以及欧阳予倩整理、改编、创作的《梁红玉》《桃花扇》《拾玉镯》《渔夫恨》《新玉堂春》《人面桃花》《广西娘子军》《搜庙反正》等戏，都是通过他们演出的。

他们真不愧是第一流的桂剧班，为桂剧改革立下了汗马功劳。其中，《梁红玉》连演了 28 个满场，《桃花扇》竟演了三十几个满场，轰动了桂林文化城，使桂剧舞台面貌焕然一新。

（二）提高艺人的文化水平和社会地位

在暗无天日的旧社会，我们这些唱戏的人被称为"下九流"。而干这种"下九流"事的人，十个有九个是逼上梁山的，家庭出身都很穷苦，读书识字与我们无缘，好多艺人都是大字墨墨黑，小字认不得。戏词主要靠师傅口传心授，死记硬背。马博士对我们艺人没有文化的处境甚是同情，他和改进会的董事们商量，以改进会的名义，在南华戏院开办艺人文化补习班，以此提高艺人的文化水平。通过提高艺人的文化水平来促进桂剧改革，提高桂剧艺术。文化补习班在马博士的直接关心下很快办了起来，王盈秋和贺炎被大家选为正、副班长。学习时间是每天上午 8 时至 10 时；学习的课目有国文、数学、常识、公民以及戏剧理论等；文化课请有专门的老师来教；戏剧理论课请田汉、金山、焦菊隐、欧阳予倩等专家来讲过课。有时，马博士自己也来给我们讲课。通过文化班学习，大家不再是光眼瞎子，可以自豪地说，在文化知识上，每个人都有不同程度的长进。就拿我个人来说，9 岁进小金女子科班学艺那时，一字不识，后来居然也能看书读剧本了。有的艺人通过文化班学习，不但会读会看，还学会了写文章，像我们的老班长王盈秋，就在报刊上发表过她创作的诗歌。从一字不识，到会读、会看、会写，对我们这些艺人来说，真是天翻地覆的变化。由于文化有了提高，对剧情和人物的理解也加深了。这对我们演好改良桂戏，确实起了很大作用。通过学习戏剧理论，我们懂得了为什么要演戏，怎样才能演好戏，改变了过去那种"唱戏吃饭""吃饭唱戏"的精神状态。

我们艺人在旧社会的社会地位是最低下的，只有艺名，连个堂堂正正的真名实姓都没有。马博士和欧阳予倩都一致认为，这是对女艺人人格的践踏。他们商定，要为女艺人正名。于是，将如意珠改为谢玉君、小飞燕改为方昭媛、金小梅改为李慧中、露凝香改为秦志精、庆丰年改为王盈

秋……我原来的艺名叫小金凤，后来改为尹羲。我们这些长期被人歧视、被压在社会最底层的女艺人，从此有了自己的真名实姓，我们都为自己在社会上享受到一点做人的权利而高兴，个个都从心底感谢马博士和欧阳予倩老师。

（三）聘请戏剧专家改革桂剧

马博士和改进会的董事们，虽有改革的热情，但光靠热情要改革好桂剧却是难于办到的，必须聘请戏剧专门家来具体帮助改革。马博士对这个问题有清醒的认识。他在广西新桂系首脑人物李宗仁、白崇禧和黄旭初的支持下，于1938年春电请戏剧大师到广西来帮助改革桂剧。当时，欧阳老师在上海因编导宣传爱国反抗侵略的《梁红玉》和《渔夫恨》，正受到敌寇和汉奸的威胁恐吓。接到马博士的电报后，他欣然应允，于是年4月12日离开上海，坐船转道香港经梧州、南宁、贵县、柳州等地来到桂林。

欧阳老师来到桂林后，受到广西政界和桂林文艺界的热烈欢迎。马博士在欧阳老师到达桂林的当天晚上，便在南华戏院对面的大华饭店举行宴会，为欧阳老师接风洗尘。参加宴会的除政府官员和社会名流之外，我和方昭媛、李慧中等青年桂剧艺人，也应邀前去作陪。宴会开始了，马博士笑容满面地从座位上站起来，举杯向欧阳老师祝酒，并发表热情洋溢的讲话：欧阳先生是我留日的老同学，他对戏剧造诣颇深，跟戏剧大师梅兰芳齐名，有"南欧北梅"之誉；欧阳先生不仅精通话剧、昆曲、平剧，而且对桂剧早有接触。他这次应邀来桂，主旨在帮助我们改革桂剧，使桂剧今后更好地服务国民，服务抗战。欧阳老师在马博士致词后也讲了话，谈了他对广西的向往和改革桂剧的设想。

我久仰欧阳老师的大名，但在这次宴会上才第一次见到他，兴奋之情溢于言表。在参加宴会的艺人当中，我年纪最小，又是马博士的义女。在宴会开始之前，马博士特地把我介绍给欧阳老师，希望他这位"名师"把我带成"高徒"。此后不久，我正式在榕荫路13号欧阳老师的寓所拜他为师，成为他的弟子。欧阳老师用了1个多月的时间，帮我们排出了第一出改良桂剧《梁红玉》，剧中主角梁红玉，由我们四大名旦轮流扮演，演出以后，得到舆论界和观众的好评。令人遗憾的是，欧阳老师编导的戏虽然在观众中引起强烈共鸣，但他本人却受到一些人的非议。于是，他这次来桂只待了3个月便离开了。1939年，马博士和白鹏飞教授联名邀请欧阳老师来广西改革桂剧。欧阳老师应邀再次来到桂林后，马博士这时已出任广西大学改为国立后的第一任校长。他把改进会会长的职务和改革桂剧的重任全交给了欧阳老师。我们在欧阳老师的具体领导和帮助下，踏踏实实地进行桂剧改革，时间长达7年之久，不仅出现了一批经过改良的好剧目，也培育出一大批优秀演员，使桂剧面貌发生了根本性的变化。欧阳老师为桂剧改革树立了一块功德无量的丰碑。欧阳老师改革桂剧所取得的丰功伟绩，与马博士为他打下的基础以及对他的大力支持是分不开的。用现在时髦的话来说，改革桂剧的功绩，有欧阳老师的一半，也有马博士的一半。

（四）组织艺人观摩学习

戏剧大师田汉在平剧和湘剧的改革上作了不少有益的尝试，为戏剧改革积累了丰富经验。1939年4月下旬，田汉率领国民政府军事委员会政治部平剧宣传队第一队（简称平宣队）一百余人，由长沙来到桂林演出。马博士认为这是组织桂剧艺人向平剧观摩学习的极好机会。4月27日下午2时，广西戏剧改进会假南华戏院举行招待会，欢迎田老和他率领的平宣队。马博士在招待会上代表东道主首先致词，他"希望每个艺员一定要赶着时代执行他的任务，他随时要求进步，从进步中使旧剧在形式和内容上不断改良，即帮助抗战的胜利"。接着，田老也发表了重要讲话。他指出，在抗战的今日，旧剧"有动员广大群众之任务"，"只要在形式上和内容上多加以改进……就可配合到抗战，为大众真正所要求的艺术"（见1939年4月28日《救亡日报》）。马博士和田老的讲话，不仅当时给我们桂剧艺人思想上开了窍，就是在今天，对我们桂剧和其他剧种的改革，也仍有现实意义。4月28日下午，马博士又组织我们桂剧艺人到新世界大戏院观摩田老改编、龚啸岚导演的改良平剧《新雁门关》。这出戏写明朝嘉靖年间外寇入

侵时，边关诸将奋勇杀敌的故事，不仅剧本改得好，在道具、剧场气氛各方面都让人耳目一新。过去演旧剧《雁门关》，舞台上的桌围布上是绣着两条蟠龙的，而演《新雁门关》，桌围布上那两条蟠龙不见了，上面绣的是田老亲笔书写的一首诗："演员四亿人，战线一万里，全球作观众，看我大史戏。"正身处抗战中的观众，一眼看到舞台上的这块桌围布，就很自然地感受到那浓重的抗战气氛。观众在剧院还可看到，原来贴在舞台两侧墙上的"龙凤和鸣，歌舞升平"的对联，被"为光明而舞蹈，为自由而歌唱"的口号所代替。在"入相""出相"两个门帘上，绣着8个醒目的大字——"抗战必胜""建国必成"。剧场里弥漫着一股火药味，演出给人一个强烈的感觉——只有团结起来抗击外国侵略者，才能免遭国破家亡。我们通过观摩改良平剧，对桂剧改革如何改，以及如何为抗战进行宣传，心里有了谱，也踏实多了。在此以后多年的桂剧改革中，我们在马博士的关切和欧阳老师的具体指导下，以平剧改革作为样板，对剧本、表演、音乐、化妆和舞台装置各个方面，都作了大胆的改革实践，取得了很大成绩。

田老从小就喜欢读马博士翻译的英国浪漫主义诗人拜伦的名诗《哀希腊》，并深受其影响，对马博士十分敬佩。他们在桂林彼此频繁的交往，切磋改革戏曲的大计，感情日深。田老对马博士"自归桂林，雅爱观剧，年末主持桂剧改进会，致意演员教育"，"推进革命文化，老而弥笃"，赞赏不已，曾写就这样一首诗赠与马博士：

> 等有心香礼拜仑，自由雄叫动星辰。
>
> 诗人老去豪情在，种出南华几树春。

诗中对马博士改革桂剧、培植桂剧演员，给予很高评价。

马博士在坐落于杉湖旁（即现在漓江饭处）的寓所大门两侧，自撰了这样一副对联：种树如培佳子弟，卜居恰对好湖山。官方为他加了"以彰有德"4个字作横额，以加褒扬。后来，有人口头上给马博士的对联加了8个字，成为：春满梨园，种树如培佳子弟；云深巫峡，卜居恰对好湖山。

其中的"春满梨园，种树如培佳子弟"，就是表彰马博士为桂剧改革呕心沥血，使桂剧新苗苗壮成长，新人辈出的。

（五）为桂剧艺人排忧解难

马博士历任孙中山总统府秘书长、国会议员、实业部代部长、交通部部长、司法部部长、教育总长、广西省省长，上海大夏大学、北平工业大学、上海中国公学、广西大学等校的校长，当时是广西省顾问，社会地位是很高的。但他一点架子也没有，非常平易近人，和我们桂剧艺人相处得很融洽。他经常邀请我们去他家里吃饭，和我们一起探讨桂剧改革。平时我们演戏，他只要有空，总是要来看的。他每次来看戏，总是先到后台来看我们，鼓励我们演好戏，争当名角。谁演戏有进步，他都给予表扬。他看了我主演的《刘发代首》《梁红玉》《木兰从军》《拾玉镯》等戏之后，感到很高兴，称赞我演的戏"百看不厌""刚健婀娜两擅长"。

马博士在跟桂剧艺人交往中，发现一般艺人的薪水很低，家庭生活很困难。他主动跟改进会的董事们商量，为艺人提高了薪水，解决了穿衣吃饭问题。这就为艺人参与桂剧改革解决了后顾之忧。

每当桂剧艺人碰到困难或有什么难以解决的问题，总喜欢去找马博士，而马博士对艺人的困难或问题，总是千方百计竭力帮助给予解决。就拿我来说吧，曾发生这么一件事，一天晚上，我正在后台化妆，突然闯进来一个兵痞，气势汹汹地问我要钱，我没有钱给他，他怒目而去。第二天早上，在我家门口发现一颗炸弹，仔细一看，原来是个炸弹壳，里面放着一封信，信上勒令我在什么时候以前到什么地方交出多少钱，否则小心脑袋，别想再登台。我一个妇道人家哪里经得起这种恶势力的冲击。为安全起见，我向戏院老板告假逃去亲戚家躲避风险。马博士见我没去唱戏，了解其原因是接到了恐吓信。他对此事十分气愤，亲自去找宪兵团，硬是把那个兵痞抓了起来。我这才又重新登台唱戏。

马博士热心于桂剧改革，受到大多数人的赞赏，但也遭到个别人的诽谤，说他改革桂剧是有野心的，要达到什么什么见不得人的目的。马博士虚怀若谷，对个别人的胡言乱语不屑一顾，嗤之以鼻。尽管他以后去广西大学当校长去了，改进会会长的职务也交给了欧阳老师，但他对桂剧改革仍一往情深，在忙完学校的事后，仍常来看我们演出，仍对我们艺人无微不至地关怀。

1940年7月17日，是马博士六十大寿。广西大学放假三日，全校师生为马校长举行隆重的祝寿活动。我们广西桂剧实验剧团，应马博士之邀到校园助兴，演出了《八仙贺寿》《打金枝》等跟贺寿有关的传统剧目。马博士在看演出时显得很兴奋，脸上堆满了笑容，尤其对我扮演的金枝女，鼓励有加。祝寿活动结束后不久，我们尊敬的马博士因患胃穿孔医治无效，于1940年8月1日与世长辞。周恩来副主席获悉马博士病逝后，发来唁电致哀，称他为"一代宗师"，朱德和彭德怀两位将军也赠送了"教泽在人"的挽词。我们桂剧界也和教育界、科技界人士一样，为失去马博士这样一位良师益友即悲痛欲绝，不少人题赠挽联寄托哀思之情。"抚我若亲生，慈父心肠，大人风度；献身而说法，桃花旧恨，木兰新词。"——这是我送给马博士的挽联，它是我心灵的写照。

马博士离开人世虽已近半个世纪了，然而，他改革桂剧的功绩永载戏剧史册，他为桂剧改革所做出的贡献，将为桂剧界代代传扬！

（尹曦，1990年2月12日于南宁）

马君武与桂剧革新运动

桂剧为本省独有之地方剧，其在文学上之价值及对于社会教育上之功效，已为一般所公认。吾省先贤从事于桂剧改进运动而获显著成效者，在逊清有唐景崧先生，民国以来，当推马君武先生为最力。唐先生晚年，息影家园，郁郁不得志，日以观剧及写作剧本为消遣，写成名剧本颇多，迄今尤流行于梨园。君武先生晚年，亦以从政余暇，致力于桂剧革新运动，使桂剧得以蒸蒸日上，不至随环境而没落毁灭。二人所用方法，虽不尽同，而其有功于桂剧，有助于社会教育，则无不同。关于唐先生提倡桂剧之事迹及流行之剧本，报章恒有论列；本篇所述，乃专记君武先生革新桂剧之经过及其成效。

先生从事桂剧革新运动，系由民国二十六年年底开始；在此以前，先生虽为一桂剧爱好者，究未尝从事于改进工作也。"七七事变"以来，各方人士，集结桂林，商业发达，市容繁盛，商人为迎合一般需要，乃先后开设电影院，并组平剧班，经常开演；同时，桂剧名伶亦多加习平腔，恒于桂剧之外，试演一二出平剧，以餍观众，遂致原居主要地位之桂剧，日趋没落，而平剧乃有取而代之之势。是年年底，先生恒与白经天、陈俊卿、邱毅吾诸先生及笔者谈及此事，认为桂剧在文学上确有其独特之地位与价值，且系用本地方言，唱流行曲调，而为一般民众所素习，其在本省社会教育上之作用，自较诸其他任何戏剧为普遍而有效，亟应积极改进，适合时代，以为施行政教之助，不宜任其没落而终至毁灭，因有成立广西戏剧改进会之议，并指定笔者起草章程。当时，在桂知名之士热心桂剧改进运动者，均被约参加，如白经天、阚德轩、邱毅吾、陈俊卿、焦菊隐诸先生均为社员，居觉先生亦为会员之一，且对此事赞助极为热心。会既组织成立，公举先生为会长。时先生职务较闲，乃以全副精神从事于此。其改进工作，大体可分为三部分。

第一，团集名角，组织班底。当改进会成立之始，即向各会员募集股本，计得桂钞三千余元。同时，邀集在桂优秀名角，择其可造者组成底班，经常上演，随时改进。唯无自建剧场，初借南华戏院，迨南华被焚，先后租用桂林戏院及国民大戏院出演，因角色齐全、技术改良，故卖座极盛，而盈余亦丰。迄今连股本计算，竟达桂钞十余万元，乃能择地自建剧场，近已落成，耗资法币五万余元，富丽堂皇，冠于全市。

第二，开办成人教育班，补充演员之智识。过去桂剧演员，知识至为幼稚，且大都不识文字，所演剧本，仅凭业师口传强记，对于剧词原意，既未深悉，唱做表情，自难期其真切，对于新编剧本，更无法使其练习上演。以此等毫无知识之人，担任戏剧演员，欲使其教育社会，感化民众，

又岂可得。先生有鉴于斯，在班底组成之后，即开办成人教育班，使各演员一律入班，先生躬自主持，谆谆教诲，并不时约邱毅吾、白经天诸先生及笔者等赴班训话。各演员因感于先生之热忱，亦复能刻苦攻读，为时未久，即多能阅读普通书籍及报纸，且除规定课本外，更多自动购置其他书籍阅读，成效之速，殊出意外。

第三，整理剧本，改进演术。前述组织底班及开办成人教育班，仅为革新桂剧之准备工作，迨准备工作既具基础，于是乃进而致力于桂剧本身之改进与革新。先生生平虽爱观桂剧，但对剧词，所知不多，各种曲调，更未谙习。自担任会长以后，为求桂剧之切实改进，除日间主持成人教育班外，每晚必往南华听剧，悉心研究，自始至终，细味不倦，先生理解力过人，记忆力尤健，历时未久，对于桂剧各种曲调，均能大体了解，因即开始为剧本之改良。其最成功者，为修正世隆《抢伞》一剧，将全部剧词，注入抗战内容，并更名为《离乱婚姻》，迭次上演，成绩极佳。迨二十八年由会聘请欧阳予倩先生担任顾问，而桂剧革新运动，乃益为开展。举凡关于上演技术之训练，流行恶习之革除，剧本之修改，鄙俗词句之删除，以及音乐曲调之配合，服装道具之使用，靡不研究改进，力求革新。欧阳先生新编剧本《梁红玉》《桃花扇》及《讨鱼税》等剧，每次上演，轰动全市，实开空前未有之盛况，为桂剧界放一异彩。此外，复搜集各种剧本，以备整理，计得数百种。先生并曾亲以正楷小字，抄录《梁红玉》全本，足见其兴趣之浓与用力之勤矣。

先生从事革新桂剧运动之经过，大略如斯。桂剧得有今日之发达与进步，先生之功为多，而其教育演员，提高其学识与社会上之地位，以及修改剧本，注入抗战精神，俾能适合时代需要。

（郑公盾）

桂剧改革的卓越成就

戏剧是社会教育的一种工具。可从前人们往往不把它作为社会教育形式。马先生以教育家从事于戏剧改革运动，是毫不奇怪的。不过，这个事看起来很简单，做起来也很麻烦。因为以前的科班，除了逼着小孩子死呆八板，记忆几出旧戏之外，什么都不教给他们。所以，演员们从小就都没有受过教育，并且从小就染了种种不良的习惯。以习惯不良的文盲来担负旧戏改革的责任，谁都知道是绝不可能的事。所以，改革旧戏必定要有强有力的领导者先从教导演员入手。马先生认定这一点，他便设法集合许多优秀的演员，一动手就组织一个成人补习班，对他们施以相当的教育。两年的时光，成绩最好的，能够写信，能够读剧本，还有的能够写简单的韵语。最不行的（或者年纪太大，或者有特别情形，不能按日上课的），也能写自己的名字。最难得的是旧时戏班子的习惯，也改善了许多。这样，排起新戏来才有办法，组织也才能一步一步严密。最重要的是要使演员们逐渐明白改革的意义，自动地参加这个运动。

其次，马先生以为演员们的生活不安定，改革的事便难以进行。所以他将营业收入提出一部分作为改进会的基金，使他们的眼睛向前看，保证演员们的生活，然后以相当时日的积累，把改革的事业建立起来。这是绝对正确的。

桂戏本来已趋于没落，经马先生极力提倡，才又渐渐恢复繁荣。自从改进会组成以后，桂戏的地位增高，演员们的社会地位也一天一天高了。而且，他们的生活是比较安定。改进会给桂戏的好处和利益实在不少——将要被遗弃的东西，拾起来加以爱护，并付与以新的生命，使之健全而获得新的地位；被人轻视的人们，扶植起来，使社会对他们渐加重视。这都不能忘却马先生的好意和努力。

改进会有个特点，就是会员们绝不以营利为目的。剧团每天表演，售券的收入，从没有当红利分过，除掉提取一部分奖给演员们作股而外，每一个钱都用在改革运动上面。因为南华戏院烧了以后，不能不有一个可供

自由运用的剧场，最近便又东拉西凑造了一个剧场。地是马先生预先买好的，建剧场的计划，也是马先生定的。如今马先生去世了，这个剧场也可作他一部分的纪念。

（郑公盾）

马君武和蔡元培

郑公盾

许多人对于曾做过北京大学校长的蔡元培相当熟悉，而对于曾做过国立北平工业大学校长、大夏大学校长、中国公学校长、三次出任广西大学校长的马君武则较为陌生。前些时候，我给某教育编辑部寄去一篇《纪念马君武校长》的文章被退，退稿信上写道："我们从未听见过马君武当过什么大学校长。"说起来，马君武不仅是蔡元培的同时代人，而且与蔡元培同年故去。蔡元培是 1940 年 5 月去世，马君武也是 1940 年，晚几个月，是 8 月 1 日。他们去世时，中国共产党都给予极大的关怀和惋惜。如对蔡元培之死，毛泽东同志认为他是"学界泰斗，人世楷模"；周恩来同志认为"从五四到人权同盟，先生之行民主自由"。对马君武之死，周恩来唁电称他为"一代宗师"；朱德、彭德怀称他为"教泽在人"。前边蔡元培去世有北京大学同学及送殡亲友步行相随，后者马君武去世有广西大学（当时南方的北京大学）学生和送殡亲友相送。而且马君武去世后，有不少人到墓地"哭灵"。两人致祭的规模都极为隆重。

1930 年高一涵、马君武、蔡元培、丁燮音、胡适（左至右）合影

马君武同蔡元培生前相当友好，都拥护"五四"运动，支持学生的"一二·九"运动。他们一生努力研究学术，对教育也鞠躬尽瘁，既得到学生的拥护，也得到中共领导人的赞扬。但从今天看来似乎马君武的名望稍逊于蔡元培。我以为他们遭际不完全一样。其实，马与蔡是可以相提并论，南马北蔡相得益彰。蔡从事民主运动，马公开提出国民党反动党、团必须退出学校，专门同学生在一起，反对军事教官，并对广大学生关怀、热爱。

马君武和蔡元培都曾著、译，学问渊博。蔡元培著有《哲学入门》，译有泡尔生的《伦理学原理》、日本井上园《妖怪学讲义》（第一卷，其他五卷未译出）。在著作方面尚有《石头记索引》《教授法原理》《中国伦理学史》《美育实施的方法》《华工学校讲义》等书。马君武所译的名著则过无不及，如达尔文的《进化论》《人类原始和类择》，赫克尔的《自然创造史》《宇宙之谜》，卢梭的《民约论》等受马克思、恩格斯、列宁所热烈赞扬的作品，是人们提倡民主自由的榜样。但是蔡元培逝世40周年，比起马君武逝世40周年的悼念情况，简直不可同日而语。前者有宋庆龄、胡愈之等人写文章专门纪念；后者则比较冷冷清清，除了在广西某报角落有些短文以外，则比较冷落。其中是有些客观原因的，这有些不公平，也是令人感到遗憾的事情。其主要原因之一，就是有人以捕风捉影的形式宣扬马君武是反苏反共的"西山会议派"的头目之一，这诚为盛成教授在序言中所正确指出的，是无中生有的谎言，是无端造谣的假话，是不可以置信的造谣胡乱传说。

马君武与康有为、梁启超

郑公盾

一、赴新加坡拜会康有为

经过两日的海上旅行，马君武一行七八人到达了新加坡，前往拜会康有为先生。登上有轨电车，东门站下车，转了一个弯，见到一座两层小楼，这就是康有为的住所。马君武眼尖，说道："师父家到了!"走到门边，用手敲门。佣人问明来意，向康有为先生通报后，康先生出迎。大家异口同声喊道："康师父，我们都来了!"康有为先生见有这么多弟子来看他，发自内心的高兴。马君武说道："高师兄也看您来了，只是大师兄梁启超没能来，他去日本国办报纸了。"

"他办的叫什么报?"康先生问道。

"叫《时务报》。"有位弟子答道。

弟子们说起前几年康老师在北京发起"公车上书"的事，又说起康广仁等"戊戌六君子"，有无数的感慨，有的眼含热泪。还有人说：

"老太婆（指慈禧太后）不死，真是万寿无疆!"

康先生听了以后也很感动，停了一下说道："大家明天到城里转转，看看这里的风景名胜。建议你们后天就返国，各尽所能来救国，来勤王，事在人为嘛!"

马君武同各位第二天游览了新加坡这一花园城市，在街上见到华人、马来人、印度人。这建国 20 年的城市，人口达 241 万，为东南亚的五大中心，即工业中心、贸易中心、金融中心、旅游中心和交通中心。政府重视绿化，空气清新。

第三天，马君武同各位返国。深秋，马君武回到桂林，途中写诗《归桂林途中》一首，抒发他忧国忧民的思想感情。

　　苍茫今天观天演，剧争存遍全地球。

　　匹马还乡怀故旧，孤灯深夜读离忧。

　　迷漫朝野真长夜，破碎山河又暮秋。

　　游罢南溟归故里，有亲白发欲盈头。

　　马君武回到桂林，听到唐才常被杀的消息，得到数十元资助，东渡日本，寻求革命道路去了！

二、马君武受康有为、梁启超的影响

　　康有为（1858—1927年），广东南海人，是比马君武校长长一辈的人。他于戊戌变法前两次到桂林讲学，特别是第二次桂林讲学期间，还创办了圣学会、广仁学堂，出版了《广西报》，认识了马君武，传播了他的带有革命性质的要求和改良主义思想。马君武在一定时期里面，成为康有为、梁启超的弟子与好友。马君武后来学习诗词创作，在他的《身家》一诗中可以看到康有为、梁启超对他的重要影响。"新世瑰奇异境生，更搜欧亚造新声。"这一康有为对欧美新兴资产阶级"造新声"的要求，实质上也是马君武的要求。

　　马君武大量写诗是在壬寅（1902年）、癸卯（1903年）之间，在民国二年（1903年）出版了《马君武诗稿》。马君武说"故壬癸间作文最多"。他当时正在日本留学。他和当时另一位特殊的思想家、活动家梁启超过从甚密，受到梁启超编撰的《新民丛报》上所宣扬的"诗界革命""小说界革命"和"文界革命"的影响甚深，甚至受到他的"洗礼"。使他也同样地用诗词创作来传播新的思想，介绍新的知识。梁启超诗中的"颇喜利用新名词以自表异"的做法，有着更为重要的影响。在一定时期里面，马君武就是按照康有为、梁启超思想为指南，并遵循他们的整治道路去做的。梁启超发表《饮冰室诗话》时公然宣称："革命者，当革其精神，非革其形式……若以堆积满纸新名词为革命，是又满洲政变变法维新之类也。能以旧风格含新意境，斯可以举革命之实矣。苟尔能之，则虽间杂一二新名词，亦不为病。"这对后来马君武诗歌的影响相当巨大，影响相当深刻。当然，在马君武诗歌中也强烈地反映出反对帝国主义侵略、反对民族压迫、反对封建主义的思想。"青出于蓝，而胜于蓝"。马君武后期所写的诗，不论在思想和艺术上都胜过康有为、梁启超的。自从他同孙中山先生结识之后，他就开始同民主立宪派的康有为、梁启超分道扬镳。他从资产阶级民主派转变成为激进的资产阶级民主革命者。他大胆地宣传民主革命的主张，尖锐地批判清廷丧权辱国和迫害民主爱国人士。"百里旅行辞祖国，百年戍祸哭伊川。""男儿生不兴黄祸，宁死沧浪作鬼还!"（见《去国行》第五首）像这样慷慨激昂的作品，是康有为、梁启超诗歌中所望尘莫及的。特别到了后期，他简直是把诗歌作为自己创作中的武器了。"栖栖为远远，时时思故乡。""天色空繁艳，人民久沛颠。"当他看到许多故人次第殉国，"不至投荒剩此身"；他写了像《地球》《壁他利亚》等科学诗，并用诗歌来热烈颂扬科学和民主。他的后期所写的诗流传甚广，甚至为广大民众所默诵。"卒使挥戈挠落日，激勤蓄电遣惊雷"。他的诗歌大有遣动惊雷的姿态，有武健勇猛的风格。

追随孙中山革命纪实

郑公盾

前　言

"他是一位革命家，一位诗人，又是一位科学家，性情坚硬、严格却又多情……"[1]，这是三十多年前秦道坚先生怀念其恩师马君武时，对马君武的概括描述。1981年，正值马君武的百年诞辰，将其革命生涯一并探讨阐扬，意义殊深。

马君武并没有显赫的家世，相反的出身极为凄惨。他9岁丧父，既无家产，兄弟姊妹又都早逝，全依仗慈母以女红抚养成人。他曾作一首五言诗，描写家庭的不幸遭遇，诗曰：

含涕别母去，出门何茫茫，国仇未能报，母恩未能忘；九岁阿爷死，教养赖阿娘，同胞凡五人，追忆恻肝肠，三弟命最短，七日葬北邙。次妹颇敏慧，得疾亦寻常，家贫无医药，坐视为鬼殇。长妹有暗疾，其命遂不长。次弟生九岁，……一夕得喉疾，哀哉医不良，倏忽为异物。……弟死后五年，阿兄适三方，弟墓无碑碣，践踏恐牛羊。[2]

览诗令人为之心酸！但是，凄凉的际遇并未摧残马君武上进之意。他苦读成名，一生以化学、工学见长，对国家社会贡献均大。

马君武，本名和，字君武，别号厚山。1881年生于广西恭城县，民国二十九年六月二十八日（1940年8月1日）因腹疾不治，逝世于国立广西大学校长任内，享年60岁。

---

① 秦道坚. 追念马君武先生 [N]. 扫荡报，1943-08-01.
② 《马君武诗稿》第13页。

马君武一生业绩是多方面的。无论教育、文化（译著、地方文献）、工业、政治等诸多方面，都有所建树。尤其自 1924 年以后，在办学上的成绩更为显著。本文谨就 1924 年以前他追随孙中山先生致力革命的事迹，予以陈述。

追随孙中山先生献身革命事业

1900 年的"庚子事变"，对于近代中国革命运动有极大的影响。这一年，不仅给予有志之士发动武装起义之良机，也促使清廷为自救而加强推行留学政策，此举造成青年学生群集日本的现象。1900 年，孙中山先生在惠州起义失败后，亦流亡日本，赖其丰富阅历以及高尚人格的感召力，赢得许多青年留学生的仰慕而渐趋革命之途。这两方面力量的汇流聚合，便造成极有利于革命的形势：革命不再被视为"大逆不道"，而是为生民立命的大业，革命信念在知识阶层逐渐萌芽、成长、壮大，形成了往后 5 年间的革命狂澜。

时年 21 岁的马君武，就在这革命狂澜乍起的 1901 年冬，得到广东东莞知县刘德恒 50 元赠金，到了日本横滨。当时，横滨和东京两地都是留学生的集中地，也是革命的摇篮。

马君武初至日本，为了维持生计，常借翻译文字来换取生活费，而与梁启超的关系甚为良善。时梁启超正在横滨办《清议报》。1902 年春，当梁启超将赴美洲之际，马君武所赋的一首送行诗，可以明了两者的密切关系。诗曰：

> 大地满秋气，中原多胡尘；
>
> 海水激飞轮，送君又东征。
>
> 春风别卢骚，秋雨病罗兰；
>
> 人事日蹉跎，怆恻摧心肝。
>
> 千古两箴言，四海几同道；
>
> 神州风云恶，祝君早归来。

> 抚剑惜青锋，剑饮冰疗热；
>
> 志士多苦心，临歧不能说。①

此诗除了反映出两人志同道合的交谊外，尚反映出两点：一是马君武的反清思想，已见端倪；二是马君武对西方近代思潮的研究，诗中提及卢骚（现译为卢梭——出版者注）和罗兰两思想家，便是例证。

马君武初到日本之所以与梁启超建立良好的友谊，和1900年赴新加坡见康有为、徐勤师生，共谋国是一事颇有关系，可能因此得康有为推荐而结交梁启超②。

梁启超离开日本后，马君武复得同情中国革命的日本志士宫崎民藏引荐往谒孙中山先生。孙中山先生自惠州起义失败即流亡日本横滨，并常往东京，与留学生接触频繁。马君武谒见孙中山先生，对他个人而言，产生了决定性影响。自此，他追随孙中山先生献身革命事业。他曾发表感想说："康梁者，过去之人物也；孙公则未来之人物也。"③明确地讲，他将孙中山和梁启超做了比较，也在革命与保皇之间做了明智抉择。由日后马君武的种种革命行径，即可以看出他受孙中山先生感召之深远。

同盟会成立以前，马君武的革命言行，可以从三方面加以说明：

（1）署名参加1902年章太炎发起的"华夏亡国二百四十二年纪念会"。章太炎是因上海张元国会事，被清吏悬赏通缉而亡命日本的。他认为欲鼓吹种族革命，非先振起世人之历史观念不可，故选择4月25日——明崇祯帝殉国忌日，举行大规模的纪念大会，借以觉醒留学生。由章太炎起草宣言书。署名发起者本有十几人，后来有反悔者，仅得十人：章太炎、秦力山、冯自由、朱菱溪、王家驹、陈犹龙、周宏业、王思诚、李群、马君武。

此纪念会后来虽因日本警察干涉，改为聚餐形式，然由其宣言书措词之激烈，深感其反清之大义。"自是以后，革命排满成为时之所趋，留学东

---

① 《马君武诗稿》第19页。

② 国民党党史委员会. 革命人物志（第4集）[M]. 中央文物供应社：103.

③ 秦道坚. 追念马君武先生 [N]. 扫荡报，1943-08-01.

界，断发以示革命决心者，大不乏人。"① 意义至为重大。

此事距马君武抵日不过数月之间，足见他与留日志士志趣相投，对革命环境之适应既速且强。

（2）受孙中山先生之命，在 1903 年 1 月 29 日（旧历元旦）留日学生新年团拜会上，演说排满革命。

先是孙中山先生在东京留学生杂志倡言革命，讳言排满。适留学生有举行新年团拜，并欢迎振贝子之议，孙中山先生欲把握机会，以振聋发聩，乃先召马君武、刘成禺至横滨告诉他们：

"吾感侪中有勇气毅力，莫如二子，余非依违两可，即临阵脱逃者。民族革命，要在排满；舍排满而言民族，其能唤起国内人民之清醒乎？今有一机会，且留学会团拜，欢迎振贝子，公使蔡钧，监督汪大燮，皆在开演说会，君武与禺生，能提出排满二字救中国，大放其辞，自能震动清廷，风靡全国。禺生楚人，君武原籍湖北蒲圻，亦楚人也。身家性命功名富贵之徒，不足与言亡秦之事矣。"②

届时，各省留学生集合东京骏河台留学生会馆，行新年团拜礼。礼毕，首由马君武登台演说排满革命，声泪俱下，成禺继之，激昂慷慨，满座鼓掌。清宗室长福起而驳之，为众呵斥而止。清吏无不惊慌失色。事后，刘成禺被开除成城学籍，并查抄其武昌家产。汪大燮惧事态扩大，与留学生会馆干事约，偿成禺六千，赴美留学。③

这一举动，更加证明马君武受孙中山先生感召之深。马君武由署名参加纪念会到演说排满革命，进展是相当快速的。

（3）寓革命情操于诗词之中，借以发抒其满怀的民族心声。谨以两首诗来表现。马君武在 1903 年尝赋诗一首，曰《自由》：

---

① 张玉法．清季的革命团体．256．
② 引自《黄克强先生年谱》。
③ 《黄克强先生年谱》，47～48 页。

西来黄帝胜蚩尤，莫向森林问自由。

圣地百年沦异族，夕阳独自韦神州。

为奴岂是先民志，纪事终遗后史羞。

太息英雄浪淘尽，大江呜咽水东流。[①]

　　这里将清廷比作蚩尤，即贬斥他们为化外民族，古所谓"夷狄"之属。它呈现出来的弦外之音有二：一是人民绝不能寄希望清政府给予自由；二是炎黄子孙沦落为异族奴隶的慨叹！从反面说，就是必要民族复兴，非推翻清政府，不足以享自由生活。这就是马君武的民族情操，也是当时多数留学生的心愿。

　　另一首是1904年所赋的《从军行》诗，对于沙俄侵侮中国发出了怒吼。此诗系留学生对沙俄借口占据东三省，又不履约撤兵而引发的"拒俄运动"有感而作。此一爱民族、爱国家的大运动，曾持续相当一段时间。诗云：

北狄寇那郡，飞电羽书急，

军人别慈母，整装赴前敌。

母亦无所恋，母亦无所愁，

生儿奉祖国，岂为家产谋。

儿父战死日，儿生未十年，

不辞教养劳，望儿成立贤。

教儿读历史，往事足歌泣，

祖国岂不美，世界昔第一。

教儿练身体，丈夫之本领，

周处杀三蛟，项籍力扛鼎。

教儿习射击，典钗买枪剑，

---

① 《马君武诗稿》第4页。

剌肌戒爱国，隐隐字可见。

儿今年二十，投身事戎行，

父志既已继，母愿亦已偿。

北狄吾世仇，膺惩今所急，

祖国尺寸地，不许今人失。

母亦无所愁，母亦无所恋，

不望儿生还，恐儿不力战。[①]

诗意很明显地是在叙说宋朝岳母教导岳飞"尽忠报国"的历史。以此影射当时清廷的处境。这首诗反映出留学生捍卫民族、抵御外侮的使命感。隐约之中，也含有鼓舞留学生起而反清的诗意。

加入同盟会后的革命活动

马君武 1901 年冬赴日，但直到 1903 年秋间，始进入日本西京大学，学工业化学，正是留学生革命风潮达到极盛的时期。所谓"读书不忘救国，救国不忘读书"，实为最好的写照。越两年，从西京大学毕业后，即返国。于此期间，马君武躬逢了中国革命史上的大盛会——中国同盟会组织成立。

中国同盟会，此一象征革命势力大结盟的组织，在 1905 年七八月间成立，马君武不仅加入了组织，还担任了行政职责，为革命效犬马之劳。

7 月 30 日的筹备会，马君武由冯自由通知到会。会中重要议题是决定"中国同盟会"的名称、誓词。议定后，由孙中山与与会个人举手宣誓入会。会后，马君武参加了会章起草工作。

8 月 20 日下午，同盟会正式成立大会召开。重要决议有：①采取三权分立制的同盟会章程。②选举孙中山为总理。③产生组织各部职员。④改《二十世纪之支那》杂志为同盟会机关报。

---

① 《马君武诗稿》第 11 页。

85

各部职员的产生采取两种方式：评议部和司法部由选举产生；而执行部，则由总理指派。执行部具体分庶务、书记、内务、外务、会计、经历六部门。马君武和陈天华被指派掌管书记部事务。惜马君武正在西京大学读书，未就职，由田桐接替。

于此，可顺便提及关于马君武的逸闻，以增加对他的了解。当同盟会召开筹备会时，孙中山讲话，之后各会员发言。忽然有一人提出质问：革命是要排满的，假如有满人要加入同盟会，该如何处理？一时座上为之哗然，议论纷纷。马君武乃从容起而答复："我们是反对卖国亡国的清政府，如果满人中有与我们志同道合的，我们当然欢迎。"[①]马君武的应答，获得大家的鼓掌欢迎。虽属轶事，却能说明马君武有智慧，有勇气，在留学生中有影响。

马君武虽未在书记部任职，但在同盟会机关报《民报》上撰文，鼓吹平等自由思想，倡导革命。写过两篇文章后，因大学毕业返国。就这两篇文章，试加分析。

第一篇《世界第一爱国者：法兰西共和国建造者甘必大传》，登载在《民报》第一号。该文主要内容：叙述1851年法国大革命时的布丁，为争取自由而奋斗牺牲的史迹。诚如文谓："布丁者，何人也？爱自由、爱国家流血之奇男子，而实当时法兰西皇帝路易拿破仑之仇人也。"颂扬甘必大为因布丁受牵连入狱之志士作辩护的英雄风范。甘必大后来成为倾覆路易拿破仑，开法兰西第三共和时期的革命党领袖。[②]

细考马君武的文章，在于引证法国近代革命史实，阐扬法国革命志士的革命精神，借此鼓舞读者的革命志节，灌输其革命思想。

第二篇《帝民说》，刊载于《民报》第二号。主要两个论点：①详述"帝"与"民"的真义。依其说法，帝权为个人之总体，个人为帝权之分子，故人民即帝王，帝王即人民，不可分离。这与孙中山"以四万万人民

① 秦道坚. 追念马君武先生 [N]. 扫荡报，1943-08-01.
② 《民报》第一册71～79页。

为皇帝"的民权解释的道理是相通的。②追溯帝民说的起源。由西洋近代提倡"主权在民"的卢骚，上推至古希腊的柏拉图。即在为帝民说找根据，以说服读者。该文的结论是：一个国家的主权必操于多数公民手中；民主建国的基础在使人人平等而重视个人自由。人人可以被选举为治国者。主治者管制被治者，被治者亦管制主治者，则人民永宁。①简言之，马君武直接间接地阐述了孙中山先生民权主义的理想和目标。

马君武于 1906 年夏归国，出任中国公学校长。该校是由一批不满日本政府在 1905 年 11 月颁布《关于许清国人入学之公私立学校规程》（被简称为《取缔规则》），愤而弃学归国的留学生在上海创办的。本身就富有革命色彩，当时的人都知道它是革命性学校。马君武出任该职，得以继续施展革命抱负。

他所作的《中国公学校歌》，就是很明显的例证。歌词是：

众学生，勿彷徨，以尔身为太阳照，尔祖国以尔光；尔一身先自强，修道德为坚垒，求智识为快枪。

众学生，勿彷徨，尔能处之地位，是大战场；尔祖父思羲黄，尔仇敌环尔旁，欲球尔祖国亡，尔先自强。②

当时，马君武假校园倡革命的作风，极受两江总督端方嫉视，设计欲加捕害。所幸，岑春煊惜爱广西人才，特电广西巡抚张鸣岐，公费保送马君武赴德留学。1907 年秋，马君武进入柏林工业大学，学冶金。

马君武虽待机会进修，但他革命救国的初衷未曾改变。他出国前后曾赋诗两首，以明其志，一首题为《去国辞》：

九天蒙气郁层层，无数沉冤厉鬼魂。
暗黦愁看天子气，蹉跎未报国民恩。

---

① 《民报》第一册，197～202 页。
② 《马君武诗稿》第 2 页。

屡闻朝市兴文祸，痛哭新亭碎酒樽。

行矣临流复一叹，泠泠哀瑟奏雍门。[1]

另一首是为《别中国公学学生》而作，诗曰：

群贤各自勉，容易水成冰，

合力救亡国，发心造远因。

素丝悲墨翟，中国待牛效，

莫说鹿儿鸟，西乡愧未能。[2]

他在中国公学短短一年，但他培育下的学生如胡适、任鸿隽、朱经农、杨杏佛等人，后来都有不凡成就，这也是他个人深以为慰的事。

民国初年的政治活动

马君武1907年赴德留学，1911年冬回国，正值武昌起义不久，得以参与临时政府组织成立的有关事宜。

武昌起义后，各省纷纷响应。因事起仓促，面临清廷的军事威胁，亟须组织成立一个事权统一的中枢机构，以统一步骤，发挥力量。在这一共同认识之下，各省都督府即派代表组织"联合会"，初会议于上海，二会议于武汉，终会议于南京，共同磋商制订临时政府组织大纲以及推选领袖事宜。

马君武因在上海居住，与雷奋、陈陶怡一起被推举为江苏代表，11月30日抵达武汉。赶上汉阳失守，武昌又处于炮火之下，各省代表借汉口英租界顺昌洋行集会。这次集会有三项决议：①决定会名为"各省都督府代表联合会"。②如袁世凯反清，当公举为大总统。③由马君武、雷奋、王正

---

① 《马君武诗稿》第5页。
② 《马君武诗稿》第14～15页。

廷起草临时政府组织大纲。该组织大纲有四章：临时大总统。参议员。行政部门分外交、内政、财物、军务、交通五部。附则。共二十一条，代表通过。至于领袖，则盘旋于大元帅、副元帅之间，迟而未决，及孙中山先生归国，迎刃而解。

孙中山先生在 1911 年 12 月 25 日抵达上海。次日即召开同盟会高级会议，讨论采取总统制还是内阁制。马君武参加了会议，赞成推选孙中山为大总统，并且"公言于《民立报》，唤起舆论"。[1] 正式的临时大总统选举会，29 日在南京举行，马君武自然出席了大会。选举孙中山为中华民国临时政府第一任大总统。

孙中山于 1912 年元旦在南京就职。3 日，组织内阁，任命临时政府各部总长。马君武担任实业部次长，总长是张謇。唯张謇仅一度就职，参列各部会议，即出居上海租界，实际上由马君武代理的时间较多。[2]

至此，中华民国临时政府始告完全成立。推其功，各省代表联合会实为中华民国之母。[3] 马君武始终参与了这里的活动。只是南京临时政府仅仅维持了 3 个月，时间短促，他的才能难以施展。不过，以马君武的柏林工业大学博士的学位，主持全国实业，可以说是实至名归。若时间长些，必能有所发挥。

在南京临时政府时期内，尚有可以记述的几件事：①参与起草《中华民国临时约法》，奠定了法制基础。②与胡汉民、黄兴、宋教仁、于右任等 97 人呈请设立"国史院"，期"刻日将我国成立始末，调查详彻，撰辑建国史，颁示海内，以垂法戒，而巩邦基"，并经总统批准，提交参议院表决。[4] ③与黄兴等 99 人呈请设立"中华民族大同会"，也经总统批准，准予立案。[5] 该会以联合汉满蒙回藏五大民族共同进化为目的，马君武是大同会

①《国父年谱》上册 406 页。
②《革命文献》第三辑 58 页。
③ 见郭芳美《居正与中国革命》158 页。
④《国父年谱》上册 457～458 页。
⑤《黄克强先生年谱》261 页。

实业部干事。

民国初年是政党政治的尝试时期，马君武在参与政党活动方面亦可以从以下三点加以说明。

（1）参加中国同盟会扩大改组工作。民国成立，同盟会由于时势推移，由秘密转为公开。一些惑于权势的投机分子乃纷纷加入同盟会，杂乱了同盟会的品质。另一方面，同盟会内部发生分化，章炳麟、孙武等人蓄意破坏，使同盟会陷于困境之中。有鉴于此，为了整顿会务，并扩大组织，特于1912年3月3日在南京举行会员大会，制定会纲，选举干部，改组本部，分为总理、协理、干事三级。马君武当选为干事。次日，孙中山主持干事会议，指派马君武和田桐为文书。

（2）参与国民党的成立。同盟会扩大公开后，实际上仍困难重重，孙武领导"民社"与之抗衡，袁世凯利用共和党专门对付同盟会，致使同盟会政治活动大受影响。为应付这一局面，同盟会在宋教仁策划下，联合其他政党：统一共和党、国民共进会、国民公党、共和实进会等，合并成一大政党——国民党。

8月25日，国民党成立大会在北京召开。会后，依据国民党规约第四章推定职员，理事9人，参议29人，各部干事三百余人。马君武被选为参议，其职责为"参议本党重要事件"。[①] 此外，还兼任上海交通部名誉总干事。

（3）参与组织"丙辰俱乐部"。这个政治团体成立于1916年8月。先是1913年1月，国会举行大选，马君武被选为参议院议员。2月，孙中山以筹办全国铁路全权名义赴日作友好访问，马君武和戴传贤、袁华选、何无炯、宋耀如5人一同随行。迄3月下旬，因宋教仁遇刺案返国。马君武即以参议员身份，在国会中从事反袁运动。"二次革命"失败后，再度赴欧洲，仍进入柏林工业大学深造，一方面也讲学。直到1915年获工学博士学位后归国。

这一期间，马君武寄身海外，虽未直接参与中华革命党的讨袁活动，

---

① 《民国初年之国民党史料》28页。

但他从事的活动，无一不符合中华革命党之要求。

丙辰俱乐部是马君武与部分同志共同组织的一个政治团体，是袁世凯死后，黎元洪以副总统依法继任，号称共和复活时代的产物。马君武曾两次致函孙中山报告组织经过。文函中说："二十四日至北京，即与同志着手于政党的组织。已于今日（三十一日）开会公决，定名丙辰俱乐部，会员以旧同盟人为中坚，如居觉生、田梓琴、叶夏声，皆主动之列。刘成禺一派已全体加入。本属同盟会员后被帝制嫌疑而罪名不大者，经同人审议，皆在收容之列。以后积极进行，欲办一杂志，今日开发起人（会），来集者四十余人，将来成立，不难得二三百人（会员以议员为限）。"

马君武等人组织这一俱乐部，实是鉴于北京主持党务者，一事不办，坐待灭亡，才号召一部分同志，先组成一坚固团体。简言之，是要结合部分同志，成为革命党的外围组织。因其立意大公无私，到了9月间，进步党人梁启超、汤化龙为削弱国民党势力，与段祺瑞妥协，再变其为"研究系"。形势不利于革命党时，丙辰俱乐部为谋求党内统一，即并入张继组成的"党政商榷会"，与"研究系"抗衡。由此可见，马君武组织丙辰俱乐部的用心所在。

反袁与护法运动

马君武对于违法乱纪之北洋政府，始终坚持反对态度，故无论是袁世凯，或是段祺瑞当政时期，都站在革命党的立场，加以挞伐。孙中山也深识其才器，常畀以行政上之重大责任。

先就其对袁世凯的态度来说，马君武在临时政府时期，孙中山让位袁世凯时，即以洞悉袁世凯为人，独以为不可。较此稍早，他们在南京讨论国家建制，宋教仁鼓吹内阁制，以为只要实行内阁制，虽袁世凯做总统，亦将无不利民国之理。对于宋教仁这种观念，马君武颇有责难，引起宋教仁不满，发生互殴的事。由此可以看出，马君武对于袁世凯早存戒心。以后事实的发展更证明马君武确能洞察先机。试从"宋案"及"大借款案"

发生时，马君武之言行反应加以说明。

宋教仁被袁世凯收买刺客刺杀致死，是在 1913 年 3 月 20 日。当时，宋代理国民党理事长，很有声望。宋案发生时，马君武正随同孙中山在日本访问。闻讯返国应变。4 月 13 日在上海举行宋教仁追悼大会，陈其美担任主席。马君武代表孙中山列席致祭，并发表演说："宋先生之死，实在于官僚派之手，官僚派无整顿中国之能力，见有能整顿中国者，辄以残忍卑劣之手段暗杀之。若国民一任其所为，民国将万无可望；故今后之竞争乃官僚与民党之竞争。宋先生死后，中华民国是否与之俱死，当视能否战胜官僚派为断。今当竭尽心力与官僚派竞争，坚执平民政治，以竟宋先生未竟之志。"

官僚派自然指着袁世凯。马君武毫不留情地痛斥袁氏之无能和卑劣，并决心与之竞争到底，充分显示马君武的反袁态度。

继宋案之后，4 月间即发生袁世凯违法借款案。谓其违法，因事先未征求国会同意，袁政府便擅自与外国银行团签订借款合同，违背了约法第十九条规定。马君武当时为参议员，对于袁世凯的违法采取了一连串的制裁措施。

4 月 29 日，参议院开会，讨论借款案。马君武乃和王正廷等联合提出反对大借款案。会议通过："对于政府所定中国政府善后借款合同，认为未经临时参议院议决，违法签字，当然无效。"

5 月 2 日，马君武又在《参议院对于大借款之质问书》上署名，向袁政府提出质询，限一日内由国务总理、外交总长、财务总长出席参议院，明白答复。

5 月 5 日，马君武、林森等通告全国，宣布袁政府违法借款始末及参议院否决案经过，略谓："议员见此次借款合同，确未经临时参议院通过，文卷具在，众目了然。政府当正式国会已成立之时，忽尔私自签字，对于立法机关视同无物，违约背法，莫此为甚。此种问题关系国家存亡及立法机关存亡，深恐政府一手掩尽天下耳目，特详举情形质诸全体国民。"

这一连串做法，显示出最大的意义，在于揭露袁政府的污点，指斥其失信全民的事实。马君武以参议员身份，借参议员力量制裁袁世凯，不失为最明智有效的途径。

袁世凯骑虎难下，专断自为，竟毫不理会国会决议，反而变本加厉，逐一罢免国民党籍的湘、赣、皖、粤四省都督。马君武转而奔走军事讨袁，奉孙中山之命，与张继、邵元冲、白逾恒4人，赴江西面见李烈钧，起兵讨伐袁世凯罪。1913年7月12日，李烈钧挟"誓诛民贼袁世凯"的志气，首先举兵讨袁。

自1917年6月，北京政府总统黎元洪被军阀迫令解散国会之时起，到1923年10月直系军阀曹锟贿选总统之时止，历时6年，是孙中山先生倡导护法的时期。此一时期的马君武和孙中山先生关系至为密切。

孙中山于1917年7月南下广州，号召护法。8月，国会举行非常会议于广州。9月，"中华民国军政府"组织成立，孙中山就任海陆军大元帅，并依照军政府组织大纲之规定，特任各部总长。马君武先任秘书处秘书，后署交通总长。

护法军政府维持约半年，因扼于桂系军人之专横，1918年5月改组，孙中山返回上海，从事著述。在上海居住的两年多时间，曾创刊《建设》杂志，并让马君武、廖仲恺、朱执信等人，将英文原著《实业计划》译成中文，分期刊载于《建设》杂志，以期唤醒民众。这时期，马君武则留在广东，从事译著工作；但与上海常保持联系，也为《建设》杂志撰文。由一封胡汉民致马君武的信中，可以了解到当上海方面每收到马君武的信和大作时，"都欢迎到了不得"的情形。

1920年10月粤军回粤，形势发生变化，孙中山重返广州，恢复了军政组织。并重开政务会议，任命各部部长。这一次，马君武被任命为秘书厅长。次年4月，军政府撤销，成立"中华民国政府"，便于对外交涉。孙中山被选为非常大总统，于5月5日就任，同时任命各部部长，组织政府。马君武仍任总统府秘书长，"承总统之命，总理本处事务，监督所属职员。"这个时期，马君武均以幕僚身份辅佐孙中山先生，共同致力于护法大业。

这一时期，另有两件事，可以看出马君武受孙中山信任的程度。

一是马君武辞职风波。在秘书长任内，秘书中有陈群等 3 人，是孙中山在上海的私人秘书，且为中华革命党党员。他们持此关系竟干涉马君武的用人。马君武不堪其扰，提出辞呈，辞呈中说："中华民国之总统，正宜开放门户，延揽人才，万不宜采取狭隘排斥之手段以自杀。"孙中山阅后，当即加以慰藉，并责令陆等即日出府，否则令宪兵拘捕。

二是任命马君武为广西省省长。当时护法基地在广东，广西则操于桂系军阀手中，常阻挠护法的进行。孙中山就任非常大总统后，决心讨平广西，曾下令陈炯明、李烈钧等分路讨伐。到 7 月间，军事进展至为顺利，桂系首领陈荣廷通电辞职。广西指日可底定。7 月 21 日，孙中山即任命马君武为省长，马君武于 8 月 11 日正式就任该职。

孙中山于 10 月、11 月间出巡广西，12 月初设大本营于桂林，可见马君武责任重大。为此，孙中山先生令其注意提防治安，整顿吏制，肃清土匪，约束士兵，勿使扰民。

马君武任广西省省长，前后 10 个月，至 1922 年 5 月 22 日辞职。

小　　结

马君武有一座右铭，谓："做好人必不可说诳话，无论大小事件，都不要说诳话；不说诳话是诚实，诚实才是君子。"本着诚实原则，以行革命，乃塑造出马君武贯彻始终的典范。孙中山先生赞扬他"办事勤勇"，未尝不是因此屡寄重托于马君武。

综合马君武的革命事迹，虽无惊天动地、轰轰烈烈的故事，但其较早接受革命启蒙，由海外到国内；由鼓吹思潮、标榜爱国主义，到加入同盟会、国民党；由参加组织临时政府到反袁、护法运动；由留学生、参议员到秘书长、省长，都是踏实而忠贞的革命历程。

1924 年以后的马君武，思及国家政治，力图革新。而教育为百年大计，科学为时代所需，乡土文献亟待搜辑，乃本其所学，创学校，译著新书。他接手过的学校有上海大夏大学、北平工业大学、上海中国公学以及广西大学。尤以对广西大学所费心力，不知几许。造福广西，尤为后人称善。抗日战争爆发后，复任最高国防会议参议、国民参议员，一生奔走国事，不辞劳瘁。

政治纪实

马君武

我怎样得识孙中山先生

当20世纪的头一年，就是1900年（庚子年），薛先生送来旅费30元，我便决意到外边去留学。那时候，先到了广州，再到了上海，经过许多困苦，又回到广州。得朋友的介绍，暂时去教英文夜馆，第二年辛丑年，东莞县刘县长要我去东莞中学教英文，我真有些怕，因为我对于英文只学了3个月的功夫，教小孩子还可以，中学是不行的。我和刘县长说，我想到日本留学，请他帮助。他送了40元路费。于是，我决定出香港，剪了辫子，买了一套很薄的洋服，搭三等舱到了横滨。时在冬季，横滨与香港天气相差太远，两手空空，简直冷得打战。横滨只认得一个汤觉顿先生（汤后在粤殉难）。他是在横滨大同学校教书，得他的招呼到学校去住，同时并介绍去见梁任公，从事译书工作。结果，因为经济困难，他们所已开的译书公司已经停顿，没有办法。汤先生再介绍我去认识他日本的朋友宫崎民藏，他们二兄弟和孙中山先生来往很亲密，同时也是认识中国、同情中国、最亲切的人，他弟弟寅藏所著的《三十三年落花梦》里边，就完全记载孙中山先生在日本多年的事情。宫崎民藏介绍我去见孙中山先生。当时，孙中山先生正是惠州革命失败后，亡命日本，住在横滨的一间小房子里，见面后，非常高兴。不过，我的广东话不行，而只学过3个月的英语，反给孙中山先生大大赞赏。他问我"你来干什么"？我当时即把想来求学以及经济困难情形告诉他，他接着便说："求学吗？容易得很，你可到东京，秦力山住的房子很宽，我介绍你到他那里去……"孙中山讲这一番话，给我万分兴奋，这是38年以前我得识孙中山先生和到东京留学的经过。

说一说康梁

刚才说过，梁任公他们在横滨，是想从事于译著工作的。那时留学生很少，与梁任公接近的，有蔡松坡、蒋百里、范源濂几个人。蔡、范都是梁的学生，康南海当时反对孙很厉害，所以他们当时只是和梁任公等往还最多，和孙中山先生很隔阂。因为那时可以说是分两大派，康南海、梁任公是立宪派，孙中山先生是革命派。但孙中山先生虽则是革命，与任公常有往还，私交甚好。梁任公到美国，孙中山给他写了介绍信。1910年以后，留学生的人数增加得很快，同时革命的思潮也较澎湃了。所以，新到日本的留学生，大多数都到孙中山先生那里，特别是湖南和广东去的一批生力军，如黄克强、朱执信、胡汉民、汪精卫。因此，我们的朋友便多起来。

同盟会是在欧洲发起的

在日本不久，孙中山先生便到欧洲去。那时欧洲的我国留学生已经很多，于是乎孙中山先生便发起组织同盟会。那时还有一个笑话，就是有很多留学生签名加入同盟会之后，有一个学生怕极了，怕由此会闯出大祸，他便偷偷地到孙中山先生住的旅店房间里，打开箱子把名册拿去报告中国驻德公使孙宝琦。因为外国旅馆是很随便的，只要你说来找某一个客人，他便给你进去，所以名册给他拿到了手。但那时候，孙宝琦是汪汪大度的，不想牵连多人，看也不看，一条洋火把名册烧光了。至1905年，孙中山先生便由欧洲回东京，在黑龙会会址成立同盟会，这时留学生等加入的已有几百人，不似以前那样的光景了。

同盟会会章的起草人，是陈天华、汪精卫和我三人。陈后来是在东京跳海死的，他是湖南新化人，因湖南运动革命事泄逃亡日本，平日面无笑容，喜欢写些白话小册子，如《猛回头》……内容都是反对清廷的。

坚决主张"土地公有"

同盟会成立后，革命声势日渐浩大，不但留日学生纷纷加入，南洋各埠的同盟会分会也到处成立了。那时候，同盟会有4个信条，就是"（一）驱除鞑虏，（二）恢复中华，（三）建立民国，（四）平均地权"。三民主义的名词还没有提出来，不过孙中山先生很坚决主张"土地公有"。他说："土地就等于空气一样，应该为大家公共享有，所以土地不能归诸私人，而应归之国家所有才对。"但过后经过好几次的讨论与修改，才由主张即刻公有改为限制办法，再由限制办法改为报价办法。即无论什么田地，都由地主自己估价报告政府，政府照价收税；同时，为防止"以多报少"的流弊，政府可以照价收买，以防"以少报多"，政府照报价抽一种地价税。孙中山先生认为这办法是最妥的。

喜欢看战史

孙中山先生的思想很高超，而这种思想的得来，完全由于他的努力读书。他可以说是个"手不释卷"的人。本来孙中山先生是习医的，在香港雅丽士医学院毕业后不久，便在澳门行医，至革命失败逃亡日本时，却绝口不再谈医，从事研究政治、经济、历史、地理，尤其喜欢看战史。在中国战史中，他很钦佩太平天国的大将李秀成的解南京之围那一役。因为照当时的情势看，是没有办法解围了的。后来，李秀成用一支兵打杭州，一路扫过去，势如破竹，再由杭州打回南京，终于解了南京之围。他说这仗真了不得。过后，孙中山先生也研究哲学。他因为生活流动的关系，把他看过的名著大都分送给我们。我得他很多的书籍，同时很珍贵地藏在上海吴淞的家里；这次敌人侵占上海，连我由勤苦学生起直到现在五十多岁的书籍，通通烧光了。

朱执信一讲就行

1906 年，我由日本回上海，在中国公学教书。那时候孙中山先生则由日本转到欧洲去。后来，我们在上海受端方的压迫，他声言要捉我和刘光汉。说到刘光汉，他读书特别聪明，看书不是和我们一样一行一行地看下去，而是一页一页地翻开来看，真所谓"一目十行"。可惜他的老婆不好，贪钱财，弄到后来袁世凯要废民国改"洪宪"时为六君子之一，至袁倒后两年便死了。当时，我把刘光汉送到日本去后，我便到德国去。当孙中山先生游欧道经德国时，我们还特地跑到那里去欢迎他。他那时的精神饱满极了。因为那时候革命的情势，在国内已经蓬蓬勃勃地展开，各国留学生更不是以前初发起组织的同盟会时那样的害怕。我们和孙中山先生盘桓了几天，大家才分别。此后几年，我都在德国求学，国内的革命的事情不大清楚。只是有一点要对各位说的，就是朱、胡、汪 3 人，可以说是孙中山先生手下最得力的干部。而这 3 人中，孙中山先生最信任朱执信，朱为人身材矮小，从外表看去，好像个弱不胜衣的书生，但人非常聪明，理想也很高，有什么事情商量的时候，孙中山先生和胡汉民时常还有争论，但孙中山先生对朱则不然，无论什么事，只要朱一讲就行。朱胆量也很好，他敢自己率领几百民众同志去攻打虎门炮台，同时也就那次在虎门壮烈殉难。

一天不忘记日本人

孙中山先生对于日本人，非常注意。他时常对我们说："中国要革新，首先要把日本人弄好……"他一天不忘记日本人，那时候日本党派对于他的国策斗争得很厉害，即一派主张"北进"，一派主张"南下"。孙中山先生子在日本游说，极力主张"南下"，一天鼓吹他们向南洋各地发展。这实在很有道理，因为"北进"的目的地满洲等地方气候是很冷的，日本人大部分是马来种，如果适居于寒地，那日本尽可以开辟北海道，而事实上，现

在日本北海道仍很少人居住。因为孙中山先生在日本的朋友很多，而且都是军政界的要人，如犬养毅、桂太郎、秋山正辅等，所以他的话的确有其效力。

欧战要爆发的时候，孙中山先生又极力主张日本不要加入协约国，而主张他们加入同盟国方面，以便乘势南下，席卷南洋各地。当时，日本正是桂太郎做内阁总理，他很赞同孙中山先生的主张，可惜这个问题还没有解决，桂太郎突然死了，后来弄得日本转加入协约国方面。不然，假使桂太郎不死，孙中山先生主张实现的话，战后的世界，当又是另一个局面，同时中日两国，又是另一个局面，那是毫无疑义的。

给袁世凯欺骗了

记得民国成立的时候，孙中山先生要让位给袁世凯，自己去办铁路……这件事胡、汪他们都说不要紧，只有我一个人反对。因为我看准了袁世凯是个坏人，但孙中山先生去意已决，而且我一个人反对也无济于事。我那时候担任实业部次长兼代部长，次长每月薪水是八十元，兼部长又是八十元，每月共收入一百六十元，来往京沪各地，都是搭三等车，所以从民国元年一月入京到四月止转跟孙中山先生出来，大家都是"一肩行李，两袖清风"。到了上海，便开始组织铁路公司，我又给孙中山先生派做秘书长。孙中山先生当时主张有两个政策，一个是"纸币政策"，一个是"铁路政策"。那时很多人对孙中山先生的这种政策不是笑，便是骂，以为行使纸币废止金银，简直是鬼话。但现在不但本国，而且全世界都在实行了。至于对于孙中山先生主张建筑1万千米铁路，都以为是"大炮"。其实，以中国这样广大的土地，1万千米铁路，又算什么一回事呢。

民国元年孙中山先生重到日本去，王亮畴、戴天仇和我一班人随侍前往。那时候日本人的欢迎者热烈极了，由东京新桥车站起，满街满道挂满了中日国旗，来欢迎的人们和车子，真使路为之塞。据说为日本欢迎外宾空前所未见。后来，孙中山先生回到长崎，才发觉了袁世凯靠不住。那时接到了宋教仁被害的电报，孙中山先生看了便问我们"到底是谁暗害"？我答是"袁世凯杀的"。当时，孙中山先生还不大相信。后来，经各方面调查所得证据，完全证明是出于袁世凯的阴谋毒害。因此，孙中山先生便决定二次革命，但他一点也不秘密，见人就说要讨伐袁世凯。于是乎先同我去澳门见陈炯明，陈答应起兵，我就到了广州。后来，二次革命失败又陪他去台湾，在台北认识了许崇智，介绍他见孙中山先生，大家矢志革命事业。不久蔡松坡由云南起义，全国响应，袁世凯终于倒台。

陈炯明叛变由失调而起

一提到陈炯明，就令人想到他的叛变，使革命不能顺利进展的事情。本来，孙中山先生对陈炯明，起初是很信爱的。同样，陈炯明对孙中山先生也是如此。后来，因为彼此间意见渐渐隔阂，同时，又有些人在旁边的挑拨离间，便渐渐发生裂痕。其实，这不是不能调和的，当孙中山先生民国十年要就非常大总统的职位时，陈起初很反对，但经我与他谈话二次之后，陈就很爽快地说请孙中山先生定期就职。于是，5月5日孙中山先生便举行就职大典了。当时，孙中山先生便要我回广西负省政府的责任。其实，我学的是化学工业和冶金，政治生活我本来无意去干的。不过，由于朋友的感情，孙中山先生的命令，而且又是服务桑梓，所以不敢回辞。但自从我回广西后，孙中山先生和陈炯明之间，可说是失了一个居间调和的力量，因之双方感情越弄越坏，等到双方要起冲突的时候，我回到广州极力斡旋，已来不及，由此便发生6月16日的事变。过后，我便不再过问政治，直到民国十三年孙中山先生北上，见了一面。那时他因为胃病已深，精神大减，可是他绕道过日本的时候，在神户还邀集许多日本友人公开演讲中日关系，到了北京便一病不起，时间就是3月12日。

世界上学医而做名政治家的人

世界上学医的人后来做名政治家的，孙中山先生之外，日本有个后藤，

做到台湾总督和国务员；法国有个克利孟梭，徽号称为猛虎，他手上就曾经推翻几百个内阁，死时的仪式也很特别，他吩咐要把他的棺材来直埋，因为老虎死了不倒威的。

孙中山先生的伟大

末了，我把孙中山先生有几点值得我们最敬佩的地方，报告各位：

（1）勤于求知。孙中山先生虽频年奔走革命，甚至每天忙于会客……但他稍有空间，便又阅览各种书报。晚年，报纸多由孙夫人宋庆龄读给他听。总之，他学问很渊博精深，比方经济学一类，由亚当·斯密到马克思，都有研究，而且记忆力很强；比方地理一类，在本国的沿海岸线，不但是每一个较大地方的名称他都清楚，就是那个地方水深多少，他也能原原本本说来。

（2）不记私仇。孙中山先生待人接物，都是"推心置腹"，这不但对一班朋友是如此，就是平日公开反对他的人，自表示服从之后，都是一样待遇。

（3）知人善任。孙中山先生对于用人，并无亲疏贵贱之分，他唯一的标准，就看你能够做什么事，他就给你做什么事。所以，当时革命志士，望风景从。

（4）富于理想。孙中山先生之富于理想，大概也由于他努力求知得来，你看如主张纸币和铁路两政策，以及全部主义政纲政策等，眼光多么远大。他平日著的书大概用演讲方式由同志笔记，或授意给同志们执笔的，只有知难行易那部学说，完全是孙中山先生亲自动笔，未曾假手于朋友。

（5）坚决实行。孙中山先生对于什么事，一经决定之后，便不顾一切，坚决实行，所以革命虽十次失败，终能再接再厉，推翻清廷，创造共和，成就伟大事业。

（李青　整理）

马君武的好学生胡适

1905 年夏，胡适报考中国公学。马君武担任考官，特别赏识他的才学，结成了不解之缘。在中国公学读书期间，胡适写的文章《言志》在校内广为流传，马君武看过后，称赞说，这个学生写得好。马君武长胡适 15 岁，但约为"忘年的"莫逆之交，有时以兄弟相称。

胡适提倡白话文，也得到马君武的支持。时胡适积极为《竞业日报》撰稿，表面上标榜"振兴教育、提倡民气、改良社会、主张白话"，骨子里拟将革命思想"传播于小学校之青年国民"。在《竞业日报·创刊号》上，15 岁的胡适写的《地理学》。有如下一段文字：

譬如一个人立在海边远远地望着来往的船只。哪来的船呢，一定是先看到它的桅顶，以后才能够看见它的风帆，它的船身一定在最后方可看见。那去的船呢，却恰恰与来的船相反，它的船身一定先看不见，然后看不见它的风帆，直到后来方不见它的桅杆顶。这是什么缘故呢？因为那地是圆的。所以来的船在低处慢慢行上来，我们看去自然先看那桅杆顶了。那去的船也是这个道理，不过同这个相反罢了。……诸君如再不相信，可捉一只蚂蚁放在苹果上，叫它从下面爬到上面来，可不正是看见它的头，然后再看它的脚么？

胡适在中国公学读书期间，看见生人就脸红，有时腼腆得如同羞涩的女孩子，还带有点土气。马君武专门找他谈话，鼓励他多与同学、多与社会接触，胡适心里明白，每每笑而不答。后来，胡适改变了仪表和气度，发起组织了学生会和自治会。

马君武是位书法家，同胡适接触过程中，教给他运笔，让他苦练，以至于胡适学写的毛笔字惟妙惟肖，几乎达到以假乱真的地步。

马君武的谈话往往富有哲理而且有幽默感。胡适把马君武的谈话都准确地记录下来，他的记录动人心弦，字里行间充满着对马君武的敬仰。

马君武与胡适一别数十年，当广西大学成立后，马上请胡适前来讲学，为他早年时期的学生做报告。

1911 年春写过《赠胡适》诗一首：

> 已与斯人约，今生为兄弟。
> 思君隔沧海，学校在红尘。
> 主义即宗教，艰难证性情。
> 相期作琨逖，舞剑趁鸡鸣。

胡适 1962 年死于台湾。

胡适的母亲在世时，马君武为其写祝寿词，歌颂她"七十古来多，几人能比贤母？教儿子成一国人师，承负了半生辛苦……"由此可见马君武同胡适的关系非同一般。

马校长的优秀学生叶振汉

讣　告

　　交通部集美航海专科学校原校长、中国航海学会理事、集美校友会理事长、集美学校首届侨联名誉主席叶振汉同志，因病医治无效，于1984年6月25日7时10分在集美逝世，终年64岁。定6月27日上午8—10时在厦门殡仪馆举行向叶振汉同志遗体告别仪式。叶振汉同志追悼会定于6月29日上午9时在集美学村福南堂举行。

叶振汉同志治丧委员会

1984年6月25日

追 往 昔

（叶振汉 遗作）

西林山头云欲立，李子园中风雷激。[1]

心有朝阳风华茂，横眉怒对妖雾逼。

风烟滚滚走大田，细雨蒙蒙回安溪。

激情满怀如泉涌，风云一变又转徙。

青春热情枉自多，东奔西走桂黔渝。

四月入党红烂漫，叛徒出卖避香港。

西提雾漫何所惧，阴森黑牢志不移。[2]

十七年遵党教导，辛勤耕耘育桃李。

突然平地起风波，三大罪名怎奈何？[3]

隔离苦斗三四载，可怜忠魂泪滂沱！

只盼红日染大地，抖擞精神争朝夕。

重当人民大众牛，鞠躬尽瘁死后已。

1969 年 9 月于集美中学隔离室

---

① 西林、李子园均为抗战时期广西大学校址。
② 受中共党组织派遣于越南西贡堤岸从事底下工作，遭反动当局逮捕。
③ 三大罪名即叛徒、特务、走资派。

回忆叶振汉

王于耕同志的回忆

　　叶飞副委员长的夫人、北京师范大学副校长王于耕同志，于1984年7月7日给厦门市教育局党委书记李永裕、集美师专党委书记兼校长谢高明写了一封长信。她在信中深情回忆叶振汉同志，抒发了她对叶振汉同志的深切悼念。

　　她在信中说："乍闻振汉同志不幸逝世的噩耗，我的悲痛你们是想得到的。在数天内，我总觉怅若所失而不能集中思想做事，振汉同志的音容笑貌总晃在我眼前。我总想找人好好谈谈他的一生、他的工作、他所经历的各种折磨，以致得此绝症盛年离世。今日周末，我得到空闲想到要同你们两位写信，我们就在一起谈天似的，抒发我们同振汉同志的友谊和对他去世的哀悼！

　　"想来你们都记得，在1955年秋初，福建的教育工作者从华东地区高考中受到一种刺激、一种启发。我们在一起商量，为什么福建教育落后？高考中暴露出来的问题是从小学到中学都落后。'落后'是动力，我同部分教育局局长、中学校长认真研究了这个问题，觉得不要掩盖这种落后，要把真情告诉大家，请广大教育工作者都来想办法，既要学习先进地区，又要根据我们自己的情况采取措施。叶振汉同志同其他同志一样，精神振奋，提出他自己要到外地参观（上海、江苏和北京），要看看人家先进到什么地方？我们落后在哪里？那时正是北方寒冬，几位校长带着我们共同心愿离省而去。后来真是没有白走一趟，他们带回来了大量材料，在我主持的会议上认真思考并分析了问题所在。1956年，我们就办了省、专、县两级或三级的教师进修学校（院），加强了视导员力量的配备，动员大家学会领导教学，把先进的骨干教师的经验集中起来，认真研究推广，具体措施相继实施。福建省教育落后的帽子甩掉了，这其中有广大教育工作者的努力，

而振汉同志是突出的一位。在全国规模最大的集美中学里，面对国内和国外归来的学生，他不仅深入教学第一线，而且在加强侨生思想教育工作方面都取得了显著的成绩。在所有的中学校长中，他是最辛苦操劳的一个。因为他日日夜夜的奋战，集美中学驰名中外，至今我仍怀着最大的敬佩心情。想着他在漫长的十七年里挑着重担，压力是大的。当时，人们唯恐集美那么多的毕业生会拖了全省高考成绩的后腿。他说'不会'，果然没有。他做了那么多的工作，特别在困难时期，他和师生同甘共苦。我曾几次去集美探望广大师生。的确，困难没有压倒全体师生，没有一个侨生因生活困难艰苦而出国。他的身体瘦弱，但在师生面前总是沉着微笑地说，'我们能吃苦，我们能度过困难'。他既率领师生，又生活在他们中间，使我放下心来。我说：'振汉同志挑得动这副担子，我们可以离开集美了。'然而，日夜辛劳使他患了病。对他那次生病，我总是怀着歉疚心情，我只看望了师生，怎么就没有关心到他呢？我不能算一个好领导，是个粗心大意的不关心干部的领导。我责备自己，如果那次他不患病（我记得是肝病，当时就怀疑到是癌，不得已才去上海就医），也许他至今还健在。他的死，我是何等悔恨，我只有自责，并把这个教训传之后人。"

"'文化大革命'中，他和我们大家一样，吃尽了苦头，严重地摧残了他的健康。当他获得工作机会后，他又全力以赴，恢复和扩建集美航海专科学校，他把自己的一生，全部献给了教育事业。振汉同志的精神永远活在我们心中！"

秦川的悼念

（建瓯三中校长秦川赋诗一首悼念叶振汉）

惊闻噩耗触心摧，两眼昏花老泪垂。
每忆西林尝胆志，更怀南越动风雷。
原知此病终难起，只盼传虚俱是非。
知否侨胞犹重托，九泉安息可思归？

骊　歌

——送好友叶振汉上路

郑公盾

啊！让我们离别握手！热烈地握手吧！

时光多么迅速地过去啊！我们共同生活在这个富有青春气息的校园里，早晨的号角声，震醒了我们依稀的梦境。它伴随着红豆院山顶上的朝雾，驱使我们到大操场去，锻炼身体，做体操，打球，随后就吃早餐，上课了！中午的阳光，照着西林公园，满目琳琅的青草，也照着我们年轻人的心。那碧浪湖，那红豆院，那桂花林，那水楼，那相思洞，这是"山水甲天下"里美好的景物呀；还有那读书声，欢笑声……你该留下明显的记忆吧？

而今，这些依恋的萍聚，将要被无情的流水冲散了！我用满怀风云的心，欢送你走出这一尊校门；也用着满怀冷苍凉的心，欢送你跨进这辽阔的人生战场上。

让我们向着这壮烈的烽火道谢吧：它把我们从海角天涯聚集于这一片南国温暖的土地上，让我们崇高的友情的火焰燃烧着，如今，四年的友情正在我们的心底放出芳香的花朵；但谁料又将剪断了离情！

一千句珍重，一万句珍重，让我们来祝福你罢。

可是，朋友，为什么你今夜这样无声，往昔你不是最爱开玩笑吗？你不是最调皮吗？你不是话最多吗？……那么，今夜在璀璨的灯光下，你为什么竟如此地沉默呢？

呀，我这样听着你说。你紧皱眉纹，迂缓而叹息着说："留在校里的人，不晓得离校人的痛楚呵！"有所余音的，但你没再说下去。

望着那苍蓝的天空，望着被烛光照红的友人的脸孔，我燃烧着热情，又不禁悠然而叹息了。原谅我，朋友，我固然爱用理智，但我又是这样满腔充溢着感情。今夜，我不能压抑了，我不能控制自己的感情。

　　我们在此地生活三年多了，我们该如何说自己是动乱中的安琪儿啊！三年中，我们过的生活依然是如此美丽，如此幽闲，如此豪华呦！万千的同胞浴在血泊里，在呻吟里；他们的家园被占领，面包和粮草被敌人掠夺……我们都安详地迁在后方，在绿荫深处最美丽的公园里，在这样轩昂而雄伟的学府里。我们惭愧吗？万千的学生们，为了这划时代的历史去流汗、流血，去卖尽自己的力气，把自己的青春交给劳苦人民，他们挑着那沉重的担子啊，他们踏过泥泞的道路，在微荡的雷雨中奔走；他们或是摔进这坑里，瞧着他们的奔走，瞧着他们开出的花儿，我们能不惭愧吗？我们真是时代的浪子啊！

　　不过，我们也不要妄自菲薄，虽然我们的进步是迂缓的，我们所尽的力量是微弱的，我们所发出的还不及萤火虫般的光芒，但是我们怀着热爱祖国的心是一样的。我们有万般纯洁的热情：我们努力学习，也努力工作；我们憧憬着民族的彻底解放，我们有崇伟而豪迈的远景……为了这远景；为了这美丽的理想，朋友，你不是曾经花去你散不尽的时光，去加紧训练你自己？你曾对我们说："为了建立新中国，我们应该趁今日充实自己？"于是，我们学习着、学习着；我们学习着去负担各种各样烦琐或艰苦的工作，我们倾出一己的热情到市郊去、到农村去，做抗日宣传工作，去做发动群众工作，办各种业余文化学校，我们立誓做起学校的明灯，做起社会的火把；我们加紧向着书本学习，我们研究新哲学，经济、政治、文艺、土木工程……我们说："我们应该有一个广大的学问基础呀，先要博而后专。念自然科学的朋友不应该没有基础的社会科学的修养；念社会科学的朋友也不应该一点不懂自然科学演变的法则。"于是，我们互相交流着需要的知识，我们的小教室里挂满了全国各地的大报纸，我们整天为着新知识的寻求与获取而弯着背子。于是，我们的心也感到愉悦与轻松呵！

　　朋友，别了，在落落的人海里，你更需要勇敢与谦和，你别做一只胆怯的银鸥呀；你有着双眼，应该睁大，看这人世的悲酸与欢乐，看清这前面分歧的道路，看着这真理的标杆啊！你有双手，你把有力的双手挥动起来吧，永远拿住推进的机柄；你有口，那么张开喉咙唱罢，唱起我们生命的进行曲，唱起我们伟大时代每一页的诗篇；你有宽阔的肩膀，那就挑起万斤重担；你有跋过万里的双腿，在人生的道路上勇往直前吧！

别瞧在战斗的时代里，我们没有忧郁，因为这正是你欢欣地实践你誓言的日子。你大胆地走出校门吧。我们没想做大官，我们也不去做大官：如果我们的才力也许还不够做大事，那么就让我们做些有益于国家、有益于人类的小事吧。我们既然不是金钱的俘虏，就不必斤斤于明天的"生活费"的多少。社会有我们的份，我们应该倔强地活下去。30年代的大男儿，送别不用眼泪的，我们都还年轻呢。

最后，让我唱着《西莫别大尼底歌》（冯雪峰译）赠给你：

"……

在苦恼与幽暗的国度里，

太阳永远地燃烧着，

不要退怯！

站起来啊！

不要退怯……"

1941年春刊于《救亡日报》

一寸丹心　八斗之才

——悼念好友叶振汉同志

科学普及出版社总编辑　郑公盾

收到集美航海专科学校发来的关于叶振汉同志不幸逝世的电报后，我立即发了唁电。随之，振汉同志的往事，一幕幕从我心坎深处翻了起来。

我与振汉同志曾一块就读于广西大学。他当时是我们左派学生中的首领之一，1939年被选为校学生会主席。当时，他的言论与行为都受到群众的景仰。他在毕业前数月里，曾连续以"震撼"的笔名写了《民族形式问题》等几篇长篇论著，发表在进步刊物上，颇为学术界所重视。1941年，他大学毕业后，回到抗战时内迁于福建安溪的集美中学和大田的集美商业学校任教，满腔热忱地组织抗日救国活动。后来，他又到越南从事地下工作，并开办陶行知式的学校。1949年8月，他在越南堤岸任福建中学校长时，被反动当局逮捕，并被驱出境。中华人民共和国成立后，他被组织派去接管我少年时代读过书的英华中学。当时，我听到这个消息是多么高兴啊！后来，又听说他调到集美中学任校长，并把这所全国规模最大的中学办得卓有成就，我又是何等的欢欣鼓舞啊！就是在"文化大革命"期间，我被迫害关禁在狱中时，仍然怀念着我们之间的友谊。我从监狱出来后不久，振汉同志出差来京时还专门来看望我。那时，他已到集美航专当校长了。

叶振汉同志不但对党的事业一寸丹心，而且具有八斗之才。我们在遥远的北方默默地悼念着他！他将永远活在我们的心坎里，永不衰败。

文艺界之友

郑公盾

中国文艺界领导人鲁迅与马君武校长同年，他们生平虽未过从，但在鲁迅的著作中曾直接为马君武辩诬。鲁迅曾认为马君武所译的《物种原始》一书所译之名并没有什么错误而且是相当正确的（见《鲁迅全集》第五卷）。

鲁迅的要好友人郁达夫寓家杭州。马君武游杭州时，曾去访问郁达夫。郁在便饭中请马公为其新建房子题字，马刻意写"风雨茅庐"，可惜至今不传。

马君武在任中国公学校长时，曾邀请当时左翼作家洪琛、陈望道等人参加教育活动。《救亡日报》迁往桂林的1939年，每周由胡愈之、张铁生、苏芗雨、盛成等人撰写特稿。该报举行两周纪念，由蒋中正题字"精诚团结"，朱德题词："坚持国共两党长期亲密合作，巩固与扩大抗日民族统一战线。"此外，尚有孙科、黄琪翔、李任仁等题词。接着，桂林文化界集会纪念《救亡日报》创办两周年，马君武、田汉及日本友人中山秦德、朝鲜义勇队韩志成与会，相继发言，希望《救亡日报》能更深入敌后、农村，加强教育工作及理论的指导，推动妇女和儿童工作。

马君武邀约戏剧家田汉会见。在此以前，马君武同左翼作家领导人之一的郁达夫相当友好。马君武在与田汉聚会时，互相赠诗纪盛。马君武称颂田汉为"湖南才子"。很可惜，马、田两位互赠的诗已经找不到了，是一件深感遗憾的事情。

当时，广西大学组织有世界语学会，郑智民同志为会长，胡愈之先生出席作报告。会后，郑智民给互相引荐，马君武校长对胡先生莅临本校传播世界语表示感谢，认为中国青年多认识一种外国语，就能更为开阔眼界。

由于改革桂剧的关系，马君武与欧阳予倩先生结下了良好的交情。他很尊重欧阳予倩的舞蹈艺术修养，很尊重他对戏剧艺术的独到见解。

马君武与柳亚子早在 1909 年参加南社时就比较熟悉了。马君武在德国留学时写的《劳登谷寄柳人权》抒发了马君武对祖国及柳亚子先生的怀念：

> 九年羁异国，万里隔家乡。
> 鲁酒难解渴，吴歌最断肠。
> 归期问流水，独立望斜阳。
> 寂寞劳登谷，临风记柳郎。

及至 1942 年 6 月 7 日，柳亚子由香港避居桂林。他听到马君武已经逝去，不胜悲怆，写诗四首。

> 其一：海内新文学，流传值刀钱。
> 　　　如何马君武，能念柳人权。
> 　　　抗手无时辈，推轮异昔贤。
> 　　　欧花兼米锦，哀怨杂鲜妍。

> 其二：忆昔匆匆别，于今又几春。
> 　　　江山非故国，身世感劳薪。
> 　　　意气能无恙，文章各有神。
> 　　　兰茵湖畔水，照汝后游人。

> 其三：三叠阳关曲，平生未见来。
> 　　　伊人真绝世，之子解怜才。
> 　　　萍絮俄相值，沧桑亦可哀。
> 　　　江南肠断句，惆怅贺方回。

其四：并世有刘三，轶群成两骖。

　　　　浮生各漂泊，吾道自艰难。

　　　　弦不期同响，才宜共一龛。

　　　　何时成会合，双剑郁龙蟠。

　　柳亚子先生写完这怀念马君武的四首诗，触景生情，禁不住眼泪夺眶而出。

任广西省长时的几件事

郑公盾

十月当官去，祸从四方来。
诗文遭浩劫，叹失女裙钗。
勇于为公死，何处留忠材。
真情满腔血，至性金石开。

1921 年 7 月，陆荣廷在广西辞职，退龙州进入越南，省长李静诚等随行。8 月，广东总统府任命马君武为广西省省长兼摄军务，开始了任职 10 个月的官场生活。

虽说马君武任省长兼摄军务，可对军队的事情却不能过问。军纪非常坏的粤军，霸占民房，掳掠财物，可以说是无恶不作。是年 9 月间，民军蜂起，称自治军司令的有几十人，财政、民政的权利均在军阀手中，面对这种混乱的状态，即使优于从政的人，恐怕也无计可施。马君武书生气十足，真是伤脑筋。1921 年冬，马君武任命梁世昌为贵县县长。由于事先没征得游击司令杨坤如的同意，他暴跳如雷，派兵准备逮捕梁世昌。由于梁世昌预先知道消息，才没有被抓住。

1922 年 5 月，马君武拟在梧州设立省长公署，乘船东下，有马君武的家眷、职员及卫队约 500 人，携有枪支及现款数万元。当晚到达李宗仁部署李石愚驻防的贵县，没想到他在第二天下午准备动身时遭到攻击，船上的卫队马上还击，双方枪战持续约 1 个小时，因无法抵御被迫停火。这次交火中，卫士死 10 余人，伤 30 余人。马君武的侧室文蟾及刚从德国留学归来的一位友人均遇难身死。李部将枪与财物接收。马君武被送到贵县借住天主堂，一位叫李化的教友，除照顾马君武，还替他料理了文蟾的丧葬。马君武后来专为文蟾写七律一首，诗云：

> 蓦地枪声四面来，一朝玉骨委尘埃。
>
> 十年始洒坟前泪，万事无如死别哀。
>
> 海不能填空有恨，人难再得始为佳。
>
> 雄心渐与年俱老，买得青山伴汝埋。

第二天，李宗仁赶到贵县向马君武赔礼，说事先不知道，等等。马君武说："事已至此，知与不知，何必再说。"

不久，马君武辞去省长职务，去了上海。到了上海，他说："政治生活，真是我所不能过的。种种危险，我倒不在意，可惜数千册书籍和诗文译稿全丢了，实在让人心疼。以后我再不从事政治生活了。"

少年轶事

　　君武少而歧嶷，及长，治举子业，雅非其好，从邑人龙泽厚、况仕任、龙应中等问学。三人者，南海康有为弟子，桂林圣学会会员也，由是识新旧之涂辙。会戊戌政变翌年，广西巡抚黄槐森奏设体用学堂于桂林，聘前台湾伯里玺天德唐景崧主教，君武投考，录前茅，是为学官弟子之始。时学课析为二，经史其一，次则英文、数学。唐公绅耆宿学，专授经史，或摭（lù，捞取）摭（zhí，拾取）时事相发明，而英文、数学则闽陈崇实、粤利文石分授之。从学诸生凡数百人。君武专攻数学，旁逮英文，间亦试经史，论议往往冠其曹，师友称道弗衰。君武益自厉，读书恒至夜分不休。尤耆读宋、元、明儒学案，服膺陆王之学，斋壁遮揭鬶格言以为常。同学少年，熏陶者众矣。君武尝叩之曰：学者尚志谓何？皆茫然；君武曰：学为圣贤而已。又曰：天下兴亡，匹夫有责。其遑踒如此。未几，负笈涉重瀛，邸新加坡，谒康有为，执弟子礼。是时，义和团蜂起，那拉氏夹载滗跳西安，有为以衣带诏号召天下勤王。唐才常既受命与义武汉，规取长江；徐勤避地澳门，阴图袭粤；独八桂始难者阙如。有为慨然以属君武，资遣返桂，待机大举，未至而武汉事败，君武韬迹故乡数月，乃游广州，复折节乡学，入丕崇书院，修法文，顾贫甚，箪瓢娄空，啖蕉果腹，泊如也。逾年，邸沪，入震旦学院，学愈进。适友人创编译社，君武乃译斯密氏《代数学》及《法兰西革命史》，生平以译著问世者，兹为嚆矢；而其革命思想，亦犹朝曦东升矣。壬寅渡扶桑，卖文《新民业报》，如康德、黑智儿（现译黑格尔——出版者注）等学说，移译纂著，戮力有加。读业报者，尤喜读君武之文，以是名益彰。然君武是时不徒宣导革命，尤重实践，虽与梁启超同社，而志趣绝异。尝语人曰：康梁者，过去之人物也，孙公则未来人物也。故与总理结识独早。时同盟会犹未萌芽，君武独附骥从衡旅东万千学子中，游扬翊赞之功，有足多者焉。甲辰入西京帝国大学，为选科生，攻应用化学，尝以夏令休假授爆药术。故清季狙击权贵事，其门徒率优为之，当世秘莫得知，而君武亦屏勿足道云。乙己入同盟会，被任秘书长及广西主盟，民报主笔，旋迫校课，悉辞去，自是殚精科学而已。会日本取缔中生事起，激于义者竞归国，顾辍学亦大非计，于是建立中国公学，聘郑孝胥为监督，君武任理化教授，其高材生如熊克武、但懋辛、胡适、任鸿隽等皆及门焉。其间什九属同盟会，以故中国公学不独为留学生自建之学府，抑亦革命党长江下游潜势力之所托也。其为清吏瞩目，夫何待言。未几，党人刘静庵、胡瑛幽絷武昌，孙毓筠、杨霖囚戮金陵，清廷畏党人如畏虎。侦骑四出，辞连君武，两江总督端方密令收捕之。君武闻变，以告孝胥，且述游德志愿，孝胥遂介之西林岑公，慨然电端方缓颊。复电广西巡抚张鸣岐资遣赴德，留学柏林工业高校，君武由是以学显于世云。

良风西林公园

陈缵汤

（原美中友好协会主席）

  50 年前，我见到马君武校长并当了他的学生。那时抗日战争已进入第三个年头。黄河平原、长江平原及珠江三角洲大部陷敌，中国的半壁江山皆在日军掌握之中。政府迁撤全西南大后方，经济、文化中心亦随前往。全国各地青年受政府号召奔赴西南参加大后方建设，准备反攻。我在卢沟桥战事爆发后第二年进入迁设在闽赣边境上长汀的厦门大学。山城闭塞，我不甘寂寞，一年后亦到大后方去，到了广西，见到了马君武校长，受他特准在西大（广西大学——出版者注）就学。

  我进西大是在 1939 年早秋，同进西大的尚有郑公盾（能瑞）同学。那一年夏天，我同 3 个厦门大学年轻同学从闽西穿过赣南、粤北、湘南取道广西想去战时临时首都重庆。当时，交通非常困难，我们到了柳州便无法前进。公共汽车候车人逾千，需要等两三个月。我们旅费就要花光，又不能自己背着行李越山过岭。举目无亲进退维谷之际绝处逢生，在西大沙塘农学院听到马君武先生新长西大，4 人中 3 人自柳州折返桂林良丰去拜见他。记得去良丰那一天适是西大校庆之日。西大师生欢迎马校长扩大庆祝校庆。我们原想早一些去赶上校庆，但买汽车票不容易，等了好几日。买到车票那一天一大早上车，又遇车行极慢，沿途停顿，到良丰时已夜色苍茫一片漆黑。幸当校庆，西林公园校内有灯光远望可见，门房传达亦未就寝，使我们能找人协助安置歇息地方。我们第二天便见到了马校长。

  去见马校长是由土木系代理主任尹政教授带领去的。校中有福建同乡给我们介绍了尹政教授。我们把经过说明，尹教授极富同情心，即报告校长。校长说要看我们的报告书，我们便各写了报告书去见他。当时见校长的情景时隔 50 年仍清楚可记。马校长在"九一八"日军进占东北三省的一首责备张学良不守土抗日的名诗，我在中学的国文与历史课上听老师介绍过，对他大名景仰久矣。可是，我去见他那一天很战战兢兢。我想象他必极有威仪或是一道貌岸然的人。但我所见与想象决然不同，进校长室那一刻我很惊疑。他在校长室一头坐着，身着灰布大褂，态度慈祥，一点不威猛，很像街坊或小巷里常会见到的无事的老头子，我一直不敢相信是他。他静静地看我走近他座椅之前，问我名字，看了我的报告书。端详我一下轻轻地说："年轻人不要乱跑！你不知打仗大乱吗？"随后转过头对尹政教授说："带他到系里看看，设法给他借读吧！"我表示感谢后走出校长室，松了一大口气，仍然奇怪这人就是马校长。

1942年我大学毕业，马校长在西大有许多建树。他到校不久即增聘许多教授，其中不少是知名学者。他的许多措施中以扩充理工学院的设备给我印象最深。他沿着雁山之麓在桂阳公路的北边盖造一系列的实习工厂与实验室。机械、电机、矿冶……一座继一座新房屋。因我是工程系学生故对此最感兴奋。新房子及内中的设备都极具规模。后来，我在内地见过一些大学，他们的房舍与设备是无法与西大相比的。通过良丰到阳朔的公路两侧风景多秀丽。好天气日子的傍昏时分，我经常在公路上散步，散步时爱察看房子建造的进度，计算一天里砖墙增高多少。

我当马校长的学生时间很短，我入学不及两年他便因胃溃疡症而作古。大家都知道校长身体一直不健。我记得一次广西省主席黄旭初和另一次名将白崇禧到校演讲，校长带客人上大礼堂，客人扶着校长上讲台。固然此乃出于客人表示尊敬，也显示校长体弱。这事实后来很使我深思。抗日战争是中华民族史上的大时代。马校长年轻时在前一个大时代里追随孙中山先生从事革命。到了高龄仍不甘人后出来育后人，二次肩起时代责任。

我在良丰有将近3年可羡年月。虽然直到如今仍以马校长不能有较长时间把西大培造成更壮大为憾，每想起良丰总是有甜蜜的回忆。良丰西林公园的优美环境和马校长给西大带来的风气会给人留下美好印象与回忆不足怪。西林公园的楼台水榭、曲桥流水和两座秀媚而中存岩洞的小岩山在各大学学府中算得绝无仅有。西林公园之外，四野奇特的岩石与紫黛透迤

的雁山更会扩人胸怀。许多地方留有我的足迹，难以忘却。名园用作学府，又由一位德高望重的人主持校政，两者相得益彰。由于校长声望的招引，校中经常有来客演讲——作家、记者、诗人、历史学家、科学家及战略家都有。讲的内容无所不包，给学生很大启迪。严肃的学术性演讲之外，音乐、戏剧、歌舞团体亦是常来之客。

学术活动影响青年人思想，增扩视线、丰富生活。我在 1942 年夏天毕业后离开良丰。弱冠之年是我接受教育最重要时期。毕业后走进社会，47 年已经过去，我仍常常检讨在校时期的学习与当时事物对我所生的影响。我学习土木工程，一生坚定忠于所学。40 年代世界进入原子时代，50 年代又进入电子计算器时代，从事技术的人都要面对巨大挑战。我在国外没有困难且能充分发挥我的能力，应感谢学校早年为我创造了良好条件。当时学校的蓬勃风气刺激我对专门知识的吸收能力，耳濡目染周围事物丰富了我各种知识。

良丰的回忆确是非常甜美的。现在，想起使我对那年代有美好回忆的重要因素应是当时的校长与教授们都以作育英才为己任。马校长更以身作则倡导爱护青年。我在校时常见一些同学成群到他家去看他。同学中有好嬉顽的。记得一次在纪念周会上，校长报告说宿舍里木架床长了木蚤（臭虫），有同学把之拆开烧了；又说有同学把热浴水用的热水锅当大浴缸在里面洗澡使别人无热水用。他只指出我们已是大学生，国难时期不知体念时艰而逞一时之快不顾后果，有失知识青年的责任。不见他为此动怒，也没有对学生惩罚。当时，许多同学感到校长太仁慈。他过世后不及一年，一次学校开除 38 名学生，我才感到马校长的伟大。马校长有他教育学生做人的方法。他的仁慈有他的用心。仁慈比声色俱厉好得多。我常常记得他教导我们做人的一次讲话。他说我们要摒弃明哲保身的古训。他指出中国人传统勇于私斗怯于公敌，重私情而不守法，以及不愿承担责任的习惯。他要青年人急公好义，嫉恶为仇。他讲的话与仁慈似相悖，但是目的是一致的。

"甲子重周转"，离开西大不觉将 60 年。听说马校长的灵柩至今仍保存在 1940 年的 8 月初建的桂林雁山底下的一间小居里，至今未葬。闻之不胜感伤。马君武校长是"一代才人"，精通四国文字，对中文、历史、工学各科，无论数学、物理、化学都精通。为什么像这样的人才迄今不能安葬？校长竟得不到安心之地，令人不解。我愿母校当局早日为其安葬，以释校内外有人之误会，会释多少人为马校长死得其所。这是我唯一惦记的事情，大约也是海内外校友共同悬挂的一件事情。

与李四光的答词

郑公盾 整理

　　李四光先生的讲话，很好，值得今天回味、思考。我觉得人类古老文化起源在中国。中国的火药、指南针、造纸、活字印刷共有四大发明。这四大发明，逐渐传播到西方去。例如，火药的发明，就根本上改变了西方的木土战术，根本改变了战争的方法；指南针的发明，根本上改变了人民生活的方法，使欧洲世界直接和间接地，特别是英、俄国家，在世界上寻找了许多被当作殖民地、半殖民地的国家；特别是纸张和活字印刷的发明（按：这些被阿拉伯人运用了数百年之久，以后才发展到欧洲来），传到欧洲以后，就引起了欧洲的文艺复兴（也叫作科学的复兴），就发生了欧洲极其巨大的变化。这一事物又引起了极其巨大的变化，这样，又引起巨大的变化叫作"西学东渐"，西方的风俗习惯又逐渐传到东方来，例如，最新的近代社会主义思想又逐渐传到东方来，虽然苏联的马克思主义思想逐渐传到东方来是最近不久的事，但一开始传播就是来自日本，像李达等先生就是从日本把马克思主义的思想传播到中国来的。日本现代马克思主义的著作逐渐传播以至于形成一个巨大的市场，现在我们学生中间也得到一种市场的交流。可以看出，这种人类互相市场交流，将世代不绝。或者有朝一日，中国又将成为文化交流市场的主宰者，在那时又将会回复到原始时代的那样，我们成为当代文化市场的主宰者。在这个市场中间，我们又将成为主角，各种先进科学文化将开始于中国，然后，又逐渐向西方传播出去。我们希望这样的一天能够及时极早地到来（全场鼓掌）！

　　　　　　　　　　（这是按君武校长的指示，略凭记忆所及作如上的叙述）

一段佳话

郑公盾

1927年广西大学复课后，马君武校长就提倡劳动生产教育的主张，主张集生产劳动于一身。马君武在国外留学多年，归国后连任中央要职，由于他崇尚节俭，处处以身作则，衣食住行都很简朴。他的头发既浓且多，但却一直剃光头。他做省长时也信步随便找一家理发店，用最快的速度，把头剃光。曾有一次，理发师仔细地为他修面，使马君武不耐烦了，他坐在椅子上一顿脚道：

"快点，怎么慢手慢脚的，我要回去办公了！"

这时，站在一旁的侍从也大声地发了话："快些，省长马上办公去了！"

理发师一听，他的这位性急的顾客竟是当今省长，不禁大吃一惊，三下五除二，赶紧把他的脸刮完了。毕恭毕敬地将他们送了出来。

衣着，常年一件长衫；一度居住于民房，室内除了一两幅字画，别无什么值钱物。闲来无事还陪夫人孩子一道去摘棉花，或是听她们弹钢琴。抗战时期，有时自己烧饭吃。他很少吃西餐，往往是吃红皮糙米饭，他说是有营养。

他晚年还在《大公报》上发表过一篇文章，历述近代各国开国元勋的嘉言懿行及其治国之道。这是他的少数历史著述之一，意味深长，发人猛省。

广西大学是马君武一手创办的，并树立了特殊的校风，使其成为国内著名学府，造就了大批人才。他自奉极俭，也要求学生养成勤劳节俭的好习惯，但是对于学校的各种设施，却不惜张罗经费，大笔花钱。广西大学校舍富丽堂皇，教授阵容也属一流，如胡适、白鹏飞，还有钢铁专家严治之、化学专家纪育沣，都曾在广西大学讲学或任教。有的教授，悉由马君武亲自到上海、北平，甚至国外礼聘而来，只要是学有专长的名师，他无

不千方百计地加以罗织，甚至连自己的儿子也要拉"差"。马君武有两位哲嗣，长子马保之，在金陵大学读书时成绩优秀，名噪一时。他一毕业便被马君武拉来担任助教，让他赴美深造推迟了一年。马保之入美国康奈尔大学获农学博士学位，曾任台湾大学农学院院长，并出任农复会植物生产组组长，对台湾农业发展有贡献。马君武的次子马卫之，留学德国，学习过音乐、美术，曾任广西艺专校长，也曾被马君武召到广西大学，担任音乐暨德文教授。一门彦俊，父子3人，同在广西大学任教，洵为广西大学教育史上的一段佳话。

马君武与《青年政治》

郑公盾

《青年政治》是广西大学学生会在广西《救亡日报》上办的定期刊物，每 10 天发刊一次，由公盾同志主编，每期发稿由公盾寄给该报总编辑夏衍，后改寄林林。马君武校长对这个刊物的出版表示欢迎，从来不阻止，也没有说什么不好的话。他认为青年学生既然能在校外办一个刊物，总不是坏事。从始至终，他一直关心着这个刊物的出版，从第一期起到第十三期，后由国民党当局勒令停刊；马校长一直保持欢迎态度，现将在《青年政治》发表过的文章目抄录于下。

1940 年 3 月 13 日第一期：①"青年政治"的诞生与希望（公盾）；②西线——仍见不到和平（谢刭）；③展开我们的宪政的研究工作（念文）；④宪政问题研究大纲。

3 月 23 日第二期：①苏芬和译与中国（一心）；②热烈展开农村的宪运（洛宁）；③英帝国主义者铁蹄下的印度（普绿译）；④知识青年当前的政治任务（公盾）。

4 月 3 日第三期：①提高外交的警觉性来展开反汪（谢刭）；②反汪反伪组织的号召中；③我们应趋的途径（公盾）；④汪逆的和平运动与伪组织（毛建奇）。

4 月 13 日第四期：①略论五权制度的优点（毛建奇）；②当前宪运的检讨（亚戈执笔）；③汪逆登台后国际之反响（伯秋）。

4 月 23 日第五期（缺）。

5 月 3 日第六期：①纪念五四，我们的自我检讨与努力——给 40 年代的青年朋友（公盾）；②中山先生是怎样重视学生（D-to）；③五四运动与青年学生（西）。

5 月 14 日第七期：①张伯伦泣别唐宁街（毛松涛）；②中国的民主革命

运动的两个环节（黄纶锦）；③当中国战胜的时候（张汉光节译）；④资本主义文明给人类遭受的痛苦（郑智民译）；⑤文艺与政治（郑能瑞）。

5月23日第八期：①英局发展与中国抗战（建民）；②中山先生——关于认识与实践的意思（亚戈）；③从实施宪政与实现三民主义，说到我们应有的努力（又容）。

6月3日第九期：①对于五五宪章中教育问题的意见（公盾）；②制定宪法实行宪政中，青年学生应要求些什么（毛建奇）；③人民权利的保障问题（蔡晞晞）。

6月13日第十期（缺）。

6月23日第十一期：①考试乎，考试乎？（莫等闲）；②中国抗战与欧战——胡适对合众社访谈片的质疑（谢冽）；③教育与自由（早立）；④汪精卫没有读过历史"随感一则"（群）。

7月3日第十二期（缺）。

8月3日第十三期：①论新时代与青年思想（亚戈）；②国父对团结问题的指示（艾科）；③读领导青年（洛林）；④关于做人（金刃）；⑤负起今天的使命（克基）；⑥祝省会青年宪政协进会的成立。

教育思想

马君武校长的治学和办学精神

郑公盾

马君武校长的治学精神，实在可以作为青年学生的楷模。他的治学非常认真仔细。他对我国古代比较著名的诗篇，几乎都能背诵；对于中国历朝代都清楚，如数家珍。他把理工科运用的仪器排列得整齐有序。他在德国读书期间，着手编译了《德华字典》。用他自己的话来说："余以民国二年冬季复避至德国，三年春入柏林农科大学，学科之暇，以著此书。其后入波鸿化学工场任工程师职，每日工作8点钟，稍有余暇，即续旧作。至四年秋初而毕。作此书时，以一人之力，每至夜深始罢。"这部《德华字典》厚达1100多页。德国友人为之赞叹不已。该书1916年由中华书局出版。在全国解放以后，诚然也出版较多的《德华字典》，可以说没有不以该书作为参考的。而在当时，几乎没有不用这本字典作为工具书的。马君武译著的目的，正如他在"序言"中说的："予则以为亡命异域所以报国者，在输进西欧文明，德国文化为世界冠，欲研究其文化，当先习其语言。"

1906，马君武在上海成立第一所民办的私立大学——中国公学。胡适就是这所民办大学的首届学生，他与马君武校长有着颇为深厚的友谊。胡适在美国写的日记常常提到马君武校长的诗词及言行。

广西大学是马君武校长一手创办的。1927年，马君武应广西省政府的邀请，毅然同知名学者凌鸿勋、雷沛鸿等在梧州蝴蝶山上筹办省立大学。1928年成立，招生学生数百人，设立预科。马君武担任第一任校长。他在办公余暇便译书。往往有些学生因交不上学费，前去请求他帮助解决工读。他把钢笔和书本放下，一般都讲："好好用功，看你期终考试成绩如何再定。"他停一下说："我一天还译一千字呢。"这样鼓励学生用功的校长是很少有的。

马君武校长经常在晚间提一盏马灯，拿着一本学生名册，到学生宿舍

查房。马校长以其惊人的记忆力，记住了大多数学生的名字，知道谁是好学生，谁常外出，谁爱串门聊天，谁爱看小说。好学生余克缙年近30岁，辞去一个邮局支局长在广西大学预科读书的，成绩优秀。死用功年仅二十几岁的王东铭，是从福州来的。他父亲做医生，家境宽裕。他是国民党三青团团员，常常说某人是"左倾分子"。针对他的说法，马君武校长提出学校学术自由，学生的言论也要有自由。

我在《救亡日报》编辑副刊《青年政治》时第四期发表了声讨汪精卫投敌的文章。马君武校长看了以后很高兴。说："你们学生很敏感，应该声讨汪精卫投敌的叛变行径。"

我的同班并排坐的同学陆榕树因病吐了血。我们向马君武校长报告，并说他是怎样努力学习英语。马君武校长立即拿出五百多元让他回家养病，康复后返校。他现在是中国致公党中央副主席，全国人大代表，全国政协委员。

马君武担任广西大学校长时，曾花大量的经费购置各种科学仪器。同时礼聘名教授到校执教。例如，严冶之、纪育沣、胡适之、白鹏飞都曾到广西大学讲学。

在教育行政方面，马君武校长一向采取简化而实际的做法，可以用"精""速""简""省"4个字概括起来。当时，学校里所出的布告和对外的公文，一概没有"之""乎""者""也"。要办的事马上去办，要买的东西马上去买。这种热诚办学的方法，当然有时会得罪人，但赢得了广西大学上上下下的一致拥护和爱戴。白崇禧来校视察时，他时常对白总长喊道："白总长，我们学校经济太困难了！""巧媳妇难做无米之炊，我们连米下锅都不足，怎么能烧成饭让学生吃呢？"他又对学生会干部说道："公家办事非常阔气，它们花费一个尾数，就够我们同学一学期助学金的费用。"马校长总是这样为全体同学精打细算的。

民族胜利三要素：道德、知识、身体

诸位先生！诸位同学！华中大学的声誉，已经听得很久了，可惜我到武汉，机会不多，没有早来参观贵校。辛亥革命的时候，我到过武昌，担任起草临时政府大纲的事，然而在那里只住了 5 天；民国十六年，到过武昌一次，可是住在船上，很少上岸游玩的机会；去年国军从南京退出，我在武昌住了两天，以后参政会在汉口开会，我又去武昌两次，可惜的是几次短时的勾留，没有来贵校参观过。这次抗战期中贵校搬到桂林，桂林是我生长的地方，今日能与诸位在此见面，我谨代表桂林地方的人，向诸位表示欢迎！

桂林是向来没有大学的，民国十七年，广西大学成立，地址不在桂林。当西大开始成立的时候，大家以为广西地方很穷，一切的天然物产，都没有开发，学校应该侧重在应用科学方面，所以广西大学，当时分为理、农、工三学院，西大的文法学院，是民国廿五年后，设立于桂林的，我也在那年告退了，理工学院设在梧州，农学院设在柳州，这三个地方的学院组成了今日的广西大学！

近代有些人，对于大学有些错误的观念，以为大学须躲开速成班，一二年修学就够了，何苦须读四年呢？实际上一二年的光阴，很难研究学问，像采矿冶金等的课程，两年是难有成就的。西大的速成班，现在已少开了。对于学问，我们不能抱速成的眼光，它一定要经过相当年限与努力的！学校是把人造成一把钥匙，将它磨到一定程度，去开社会的门的，一定要经过相当的琢磨工夫。近代的国家，是建筑在高深学问上面，教育是应该提倡到一定的水准的。比利时是欧洲的小国，面积不过如中国的一省一县，然而大学却是很多；邻近中国的日本，三十多年前，大学不过是少数，然而近三十多年来，进步已很有可观了。1900～1905 年，我在日本念书，看见晚间沿街货摊做买卖的人，个个读报章杂志，人家热心求学的精神，是何等的普遍了。

现在，中日战争已经爆发了。实际上一个国家对于战争，是不能免的！自有史以来，每年都有战争，因为人口增加，而物产却是有限，我们要成立一个国家，一定要预备战争。过去，我们太避免对外战争了，然而几十年来的内战损失，却不亚于一次外战。可是，内战是没有进步的，对外的抗战，才能于比较中看清自己的弱点，晓得自己的民族缺乏是什么，我们几十年来的内战，结果是不能认清人家，久用陈腐步枪大刀，不能与人家的新兵器相抗衡。这次抗战中牺牲的人，是不知若干了！大家都知道，广西在这次抗战中，出了40万人的军队，去年10月，在汉口看见由广西出发的兵士，脚上是草鞋赤脚，肩上背着一杆步枪，身上穿的是单衣。我们穿着袍子还冷，而他们却穿着单衣，终日在风雪中行走，我心中是难过极了！

我们广西，提倡四大建设：军事、政治、经济、文化。这四个纲领，正像一个凳子的四只脚一样，应该建造得一样齐的，才能将凳子放好。可是，过去这四只脚发展得太不平均，成了一个四脚不齐的凳子，不然，40万人的效命疆场，成绩是一定更有可观的！

今后我们要努力生产，挽回经济上不良现象，培植适当的人才。现在举淘金做个例子吧：淘金在广西用冲洗法，一步一步地将砂洗去，可是方法太旧了，冶金用盘子洗，据冶金学家说，这样的老法，只能够得到15%的金子，其余的85%是抛弃了；广西年产3000万两金子，内中所失去的85%的金子，是多么大的一个数目！广西何得不贫呢？各位今日到桂林来，将来给广西一个好印象，晓得学问靠速成是不行的，人才是紧要的，将来大家认识大学研究是个什么东西，所给予社会的研究是什么？现在除了华中外，交通大学、唐山学院、浙江大学、同济大学都搬来了，大家将来所受的赐予，一定是很大的。

对于抗战，我认为：一个优秀胜利的民族，须得具备3种要素：道德，知识，身体。

一、道德——中国人对于道德，有的太低落了，贪赃枉法的事，是多极了。从前的汉阳铁厂与日本的小幡铁厂，中国的招商局与日本的邮船会社，都是同时发起的，可是，因为中国方面贪污很厉害，弄得到了今日，已不能与人并美了！中国的空军，建立也有很多年了，假使自始至终，没有贪污的人，到今日，不会受人家这样的残害了，广西向来惩办贪污很严，湖南的省主席张治中，到任后就检举贪污。这实在是一个救国的好道路，中国全国都应当如此做——每个国民更应当建造好的道德，才能助政府完成复兴民族的希望！

二、知识——社会上每每看重知识是青年的专有品，却时常使知识与实际生活分离。各处组织学生军，出发前方，仅仅担任宣传的事，他们以为大学生只能做做宣传工作，不能在疆场上与敌人相争。这种事实的结果，使得需要理工人才的机械化部队，给无知识的士兵管理，因此时常闹出些笑话，像士兵认不得大炮表尺，坦克车不能好好运用，使国家蒙受重大的损失。今后我们要认清，教授学生都是国民的一分子，都应该替国家做事，国民都是站在同一的战线上，不会有什么特殊的地方！

三、身体——我从前在外国读书，看见外国学生在铁厂工作，拉风烧炉，做得很好，然而一些中国学生，却做不来了！前方打仗，是在泥水中过生活，没有好的身体，就不行了！大家要各自保养自己的身体，保养中，应当注意的是营养、练习。在今日的国难中，我们应当吃富有营养而价钱便宜的食品，每天吃的糙米就是其中之一。德国的黑面包是平日的食料，吃得下都是长得很好的。还有人以为糙米不易消化，实际上糙米是比白米容易消化的，更厉害的是白米容易发生脚气病，我们应当每天吃糙米。在广西山地很多，桂林的门前，即有很多的山。大家多走走山路，还可以练习身体。各位可自组织起来，练习自己，做一个复兴中华的勇士。中国四万万五千万人口，在整个世界人口十六万万的数目中，大家能振兴起来，不强盛是没有天理的！田中义一要拿日本去征服世界是假的，只有我们才是真的！

（马君武于民国廿六年五月在华中大学讲演）

战争知识和战争精神

国内大学自实行军训以后，我们随处都听到学生和军训教官的冲突，把冲突的原因详细分析起来，可得下列3种：

（一）中国虽将书院制改学校制已经有卅多年，但是书院制行之既久，读书人脱不了浪漫放纵的积习，崇尚名士派，一旦以军法部勒，饮食起居，都要整齐严厉，便以为受苦不过。

（二）重文轻武的成见太深，以为读书人是治国治民的，或者是做工程师、教育家、农商业专家的，不服武人用军法来管理。

（三）与第二种原因有密切关系，以为我们是大学生，你们这些军官，程度不够，不配来管我们。

我们要知道和平大同是离现在极远的事（据优胜劣败的生物学说，这是永远不会有的事）。自从人类有历史至现在，国家与国家、民族与民族，常有不断的战争，石器时代用石器战争，铁器时代用铁器战争，现在飞机、坦克车时代用飞机、坦克车战争，过去与现在如此，将来亦必如此。战争的知识要极新，战争的精神要极强，这种民族才不至于灭亡。

整个民族与一个人相似，要随时提心吊胆，振作精神。李存勖苦战十年，遂灭汴梁，其后做了几年舒服的皇帝，养成骄惰的习惯，遂不免死于伶官之手。李从珂随其养父李嗣源身经百战，遍体金疮，其后做了几年皇帝，勇气全失，不敢身临前敌，卒至举族自焚。整个民族也是这样，远之罗马，近之法兰西，战斗精神一旦消失，就不免于不可救药的失败。唐太宗几乎征服整个亚细亚，到了300年后他的子孙僖宗、昭宗，被黄巢、朱温等赶得东奔西走，国破家亡。成吉思汗几乎征服整个世界，到了100年后，他的子孙元顺帝被徐达赶出北京，身死漠河，都是为承平安逸所误，战斗精神消失的缘故。

儒教本来是很柔弱的，但经孔子改革之后，变为强健了。他提出"衽金革，死而不厌""有杀身以成仁，无求生以害仁""执干戈，卫社稷"等重要教训，以鼓励读书人的战斗精神。

有了战斗精神，就要有战斗知识和战斗本领，所以要全民族服兵役，大学生也不能例外。

现在，大学生所受的军训都是初级的新兵训练，根本上用不着学识优良的军官来做教官。在德国司初级新兵训练的人，叫作 Unteroffizier，大半是孤儿院出身的，终身不许进军事学校，不许做官长，作战时是最重要分子所指挥者，不过十余人。年纪大了，大半改充警察。但是，无论大学教授或大学生受新兵训练之时，都是归他们教练。他们手执皮鞭，不服教令者就用皮鞭鞭打，并不因为新兵是大学教授或是大学生而稍存客气。

不但德国如此，凡行征兵制的国家莫不如此，做新兵的只要服从纪律，顺受命令，大学教授、大学生和苦力工人毫无分别。大学教授、大学生的头衔和履历，到了做新兵的时候，都是一概收藏起来，此时只有纪律和命令，没有学问程度。

拿教育来说，墨索里尼不过初中毕业，希特勒高小还未毕业，斯大林曾做过强盗，抢银行钞票来用于革命。但是意国、德国和苏俄全国许多有学问的人都一致服从他们三个，并不因为他们三人学问程度不高说他们三人不配做领袖。

严格的军事训练要把新兵训练成机械一样。1932 年我到柏林，看见好几万国社党党员在柏林公共体育场欢迎希特勒。希特勒坐飞机准时到临，几万人同时举右手致敬之后，排成队伍，倒在地上，排成 Hitler 六个字母，不久复起立，仍旧队伍整齐，毫不错乱。

我们要认清我们四万万七千万人是世界伟大民族，不是倭奴所能毁灭的。但是我们读书人过去太落伍了，科学知识比现代水准差得太远。我们读书人过去太浪漫放纵了，以服从命令为耻辱，以严守纪律为拘束。果报不爽，大难临头，现在所受种种灾难，都是过去读书人落伍，浪漫放纵的自然结果。振作精神，痛改前非，光明的前途，伟大的将来，我远远的已经看得很清楚了。

（《星期专论》载民国廿六年六月《广西日报》）

建设广西与基础教育

　　本省四大建设，好像桌子的四个脚，一个桌子，一定要四个脚都同样长，这个桌子才能够站得稳，四大建设也是这样。但几年来本省四大建设的成绩却没有平衡地发展，军事建设发展得最长，政治建设次之，文化经济两大建设则最短。这可说是军人对军事建设所做的工夫，做得最大，而读书人对于文化建设和经济建设所做的工夫，做得最不够。因此，外省人常常到广西来考察，只是考察军事政治建设，而文化建设尤其是经济建设却没有什么东西可供人家考察。这实在是本省建设一个很大的缺陷。因为经济为一切事业的根本，军事政治教育均受制于经济。倘经济建设没有办法，则影响到军事政治教育的发展，这是很明显的道理。譬如本省文化落后，教育事业及出版事业均不发达。全省报纸仅有几家，大学仅有一所，而且还分在三处设立。比之欧洲各国实相差甚远。即使像瑞士、比利时那样小小的国家，就有很多大学专门的学校，各种文化事业都很发达。为什么本省教育及其他文化事业这样落后呢？这是因为经费缺乏的缘故。所以，从前本省四大建设，是以军事为骨干，今后应该注意经济建设，经济建设有了办法，那么，军事政治教育都可以顺利地发展了。

　　我从前奉命办理广西大学，关于课程，注重科学，尤其是应用科学，其目的在求造就科学人才，使之成为生产队伍的长官，以谋发展农工业生产。但，西大经无数波折，终于于民国二十五年改组，增设文法学院于桂林，一校三个学院分开三处很不经济。幸由民国廿四年起梧州西大已有毕业生，以后每年如此。现在，各中学、各农场、各工场、各矿场都有西大毕业生在服务着，这对于本省经济建设，当有不少贡献。

　　十月革命前的俄国，是一个经济落后的国家，自革命后，先后实行二次五年计划成功后，便一跃而变为工业化的头等强国。现第二次五年计划正在进行中。回忆欧洲大战时，俄国军事建设落后得很，因此，俄军在丹伦堡之役，被敌军俘虏二十多万人。可是，苏联自经两次五年计划后，经济建设有了惊人的成功。从而军事建设亦随之而有飞跃的发展，现在苏联的飞机，无论在数量上或质量上，均较任何国家为优越。在以前，苏联是不能自制汽车和机器的，现在却能大量出产汽车和机器了。所以，经济建设是军事建设的基础，而机械化工业化又为经济建设必需的条件。

40年前的桂林，科举非常发达，所谓"一县三进士同胞三翰林"可见读书人之多了。因此，桂林人至今尚以此自豪。实则那时候的读书状态是很可笑的。所谓皓首穷经所读的不过是几本八股旧书而已，虽间有藏书较多的，也不过是装饰门面，根本就没有看。反观外国，不但大学有大规模的图书馆，而且乡间也有或大或小的图书馆之设立，一般国民都很喜欢看书。国民有无读书风气，此事直接关系于民智开通、文化进步，间接关系于国家民族的存亡至为重大。我们不可不加以深切地注意，现在桂林虽有图书馆，但据统计，每天前往阅读的，多属公务人员，普通人却很少去看，可见，桂林到现在还没有养成读书的风气。所以，国民基础学校，今后应注意下列诸点。

第一，提倡读书的风气。近几十年来，中国日趋于没落之途，广西亦随之而没落，人民都不好读书而好赌博。曾经有人这样问我："你会打纸牌吗？"我说："不会。"他说："桂林人不会打纸牌？"可见桂林人都会打纸牌。不但桂林如此，汉口、广东各处的赌风也同样的盛行。外国人利用剩余的时间、金钱用之于读书，而中国人却用之于赌博，说起来真令人痛心！所以，国民基础学校要负起提倡读书风气的责任，利用一切剩余的金钱、时间来多读新书杂志，并将这种读书的精神推广至社会，以造成读书的风气而转移好赌的恶习。

第二，提高儿童研究科学的趣味。我国这次抗战，吃了敌人不少的亏，因为我国经济建设比敌人落后50年，亦即科学比敌人落后50年。而桂林对科学的研究，简直还未动手。现在，我国的工业区已被敌人破坏或占领，作为内地中心城市的武汉也在敌人的威胁中，所以，我们要重新在内地建设工业区。但内地工业现在还没有建立起来，因为工业建设不是一件容易的事情，是要大批专门技术人才的。苏联社会主义建设的五年计划，

要用120万名技术专家，依次比例，我们建设广西，使广西工业化，至少要用12万名专门人才。现在，西大所造就出来的专门人才不过几百人，离此数目还差得远，但各种经济建设事业，均非用专门人才不可。譬如士敏土场、糖厂交给一些没有专门学识经验的人来办理，能希望有良好的成绩吗？所以，现在要赶快造就大批专门人才，而专门人才的造就，须从培养儿童研究科学的兴趣做起，因为儿童好像一张白纸，染于青则青，染于蓝则蓝，儿童是很容易受教育的影响的。但过去教育受儿童家长的影响不小，为父母者都期望子弟将来学成做官，我们应矫正这种错误的观念，来培养科学的知识。例如，算术科学给他们以正确的算数知识，以培养其正确的思考力。自然科学应常常带儿童到自然界去考查和观察，现实的材料都是我们的教材。如桂林的山岩，都是水成岩，由无数百万年的海生动物的遗骸所积成。孔明台的岩石，如果我们拿起一小块来用显微镜观察，就可以看见无数化石动物。又如风洞山的岩洞，是由水经过石灰石时，石灰质被水中的碳酸溶解而成。这些我们都可以用物理化学的知识，向儿童解释明白。尤其是广西矿产很多。因为从前广西差不多完全是大海，后来地壳变动，变成陆地。但是，广西火成岩的附近都含有很多有价值的矿，如富贺钟的锡矿、贵县北山的银铅矿、武鸣大明山旁之金矿。此外，种麻业在本省亦颇发达，但均未采用科学方法改良纺织，平乐的麻，未经制造即运出口；富贺钟的锡矿，未能用科学的方法合理洗练，损失亦不少。要广西经济建设成功，绝非少数人所能办到，一定要有许多专家，而造就这种人才的基础，就要靠从事国民基础教育诸君的努力了。所以，诸位要多方设法引起儿童研究科学的趣味，把他们带上科学的路上去。

第三，引导青年走上正当职业的路上去，以往一般桂林读书人都想吃衙门饭，这是错误的心理。其实，做官是范围很小的一种职业，经济建设成功，使人人都有饭吃，才是事业。苏联在社会主义建设未成功之前，人民的生活是很痛苦的。可是现在大不相同了，他们的工人，几乎每一个人有一辆漂亮的汽车，住的是高大的洋房，比之省政府总司令的办公室，还要漂亮得多。美国工人也是这样。人家过着舒服的生活，我们的生活怎样

呢？一个小学教师月薪不过一二十元，民众生活的痛苦更不用说了。难道我们就这样生活下去吗？不过，我们要知道"事在人为"，只要我们人人都有正当的职业，努力于经济建设，我们的生活总有改善的一天。看吧！现在桂林已经渐渐改观了，湘桂铁路不日即可通车，明年还可以直达龙州哩，以前本省的工厂因缺乏煤不能开工的，湘桂铁路通车后，湖南祁阳等处的煤运到广西来，就可以开工了。最近，中央派人到广西来调查，研究富贺钟的锡矿及各地的水利地质，注意开发本省的富源。因此，今后本省经济当有大发展的希望。但要想经济建设成功，不但需要无数的专家，而且要无数的人参加生产事业才行，所以，我们应该引导青年走上生产的路上去，并且大家不断地研究改良生产技术，这是可以做得到的。福特实验改良汽车，终获成功，他本是一个穷措大，现在富甲美国。我国也有人发明以植物油汽车的燃料来代替汽油挽回利权不少，可为例证。

总之，今天说话的意思，是希望诸位提倡读书风气及科学兴趣，并指导青年走上正当的职业之路，使之成为经济建设的职工乃至领导者。最后，诸君刻苦耐劳，负起教导桂林儿童的责任，兄弟是桂林人，应当向诸君表示非常感谢！

（民国廿七年十月二日在桂林县基础学校教职员暑期讲习会讲演）

教育思想

马君武的译作著作

《物种原始》的译者序

达尔文之以天择说解释物种原始，为 19 世纪最大发明之一。其在科学界之价值，与哥白尼之行星绕日说及牛敦之吸力说相等。而对于人类社会国家影响之巨大，则远过之。复摘录毕生研究所得，著为本书于 1859 年 11 月 24 日出版。至今举世推尊达尔文为进化论之初祖。其理历久愈明，故本书之价值无俟赘述。今所欲言者，则予译此书之一段小历史而已。

予最初译本书前之略史一节，载于壬寅年横滨《新民业报》。次年，复译本书之第三章及第四章为单行本，流传甚广，乃续译第一、二、五章，并略史印行之。名《物种由来》第一卷，于 1904 年春间出版，至 1906 年再版。次年予游学欧洲，遂无余暇复顾此书。至 1916 年归国居北京，颇欲续译之，成数页而止。直至 1918 年，服役于广东无烟火药工厂，所新制火药既成功，颇多闲暇，乃续译第六章至第十五章，凡 7 个月余而毕。复检视第一卷旧译，则错误太多，惭愧几无以自容。盖是为予 22 岁时所为，于博物学既无所得，英文亦多误解。旧译既不可复用，乃将前五章重译之。又历 3 个月余乃脱稿。重译此书，几费予一年之精力。所以不惮，烦以为此者，盖以补予少年时之过。且此书为全世界文明国所尽翻译。吾国今既不能不为文明国。为国家体面之故，亦不可无此书译本。予固知自民国成立以来，国人堕落不复读书。然国人终有悔过读书之一日。此等重要书类，诚有四五十种流行国内，国民之思想或起大变化欤。

民国八年（1919 年）七月二十四日

工学博士马君武序于广东无烟火药工厂

译《达尔文》的译者序

予于民国八年（1919 年）译成达尔文所著之《物种起源》（*The Origin of Species*），费时一年；历十年后更译成达尔文所著之《人类原始》（*The Descent of Men*）费时二年。译前书时在广州无烟火药厂为化学工程师，译后书时在广西大学为校长。自念从德国留学归国以来，生活几经变迁，而译书事则自为学生时至今日继续不辍。上二书可谓达尔文先生之重要著作既费三年之时间以译之。犹忆初译《物种起源》时，有友人戏谓予过于胆大，谓国内不乏生物学专家，对于此等重要著作皆以胆小故不从事介绍，而化学家故不从事介绍。但化学家不能不胆大，今复作达尔文传，予介绍达尔文于中国之工作，或竟止于此矣。

此书第一章达尔文之家世，大概取材于彼 1877 年或 1878 年所著之《回忆录》（*Recollections*），自第二章至第七章，则取材于达尔文所著《自传》（*Anto Biography*）。《自传》分二期写成，大部分写于 1876 年，一小部分写于 1881 年，即达尔文去世前一年，第九章取材于其子佛朗西司（Francis Darwin）所著之 *Remin scences of My Father's Everyday Life*，虽删削最多，然稍重要者皆未遗漏。三者皆载于佛朗西司所著《达尔文传及信札》（*Life and Letters of Charles Darwin*）一书中，关于达尔文之事迹，自以此书为最详。

达尔文虽于康不里徐（Cambridge，现译为"剑桥大学"）毕业，所得于学校者有限，其在学术界极伟大之重献，皆由毕生辛勤研究所得。彼之研究工作，直继续至 74 岁死而后已。且终身常患心脏病，其子佛朗西司谓其最后 40 年中殆无一日享寻常人之健康，而造诣竟如是。人患不努力，达尔文实科学界最良之模范人物也。

民国十九年（1930 年）二月二十七日

马君武序于上海

译《宇宙之谜》的译者序言

《宇宙之谜》（*Die Weltratsel*）自 1899 年出版以后，震惊一世。凡有文化之国民，皆次第译之。予始为《新青年》译此书。在 1916 年，成最先三章（先于予所见日本人栗原古城译本一年）。后因《新青年》主任某作文媚梁段（见《新青年》第三卷被所作对往外交私议），遂暂时中辍，其后随国会南迁，兼以事与化学工业，历 3 年后，至 1919 年 7 月，乃继续译之。前三章有脱漏者补正之，凡九月乃毕。予所据者为 1908 年德文改正本，予所见 McCabe 英译本，已多错误，更不少矣，是书综合近世自然科学之重要结果，以成一种哲学之新统系，其势力之伟大，消流之广远，且过于达尔文之《物种原始》。世界各处皆有一元学会之设，欲以此代宗教，其势力极盛。予译此书，予甚期望吾国思想界之有大进化也。

工学博士马君武序于广州无烟火药工厂

民国九年（1920 年）四月十八日

《德华字典》序

　　予以民国二年（1913年）冬季复避地至德国。三年春。入柏林农科大学。学科之暇，以著此书。其后入波鸿化学工场，任工程师职。每日工作八点钟，稍有余暇，即赓续旧作。至四年秋初而毕。作此书时，以一人之力，每至夜深始罢。当时之勤苦，德国友人每赞异之。予则以为亡命异域，所以报国者，在输进西欧文明。德国文化为世界冠，欲研究其文化当先学习其语言。吾国旧有《德华字典》二种。一为山东德教士所著，多用山东俗语。一为宾君步程所著，又不完全。皆不宜于学子所用。故发愤著此书。他日吾国人学德语者渐多，合力研究德意志之文明，输入中国，是予之所望也。

民国五年（1916年）八月
工学博士马君武序于上海

马君武译席勒著《威廉·退尔》序

此德国 19 世纪有名文豪许雷（Schiller，今译席勒——编者注）所著戏曲之一种也。

吾国所译欧洲戏曲，闻有文尼市商人一曲，予未之见。欧洲戏曲兼有中国二种文体。

日词章，欧洲文章之美者，首推戏曲。

日格言，一切名理，皆以戏曲包括之。

吾欲欧洲戏曲久矣，每未得闻。今来居瑞士之宁茫湖旁，感于其地方之文明、人民之自由，到处瞻仰威廉·退尔之遗像，为译此曲。此虽戏曲乎，实可作瑞士开国史读也。予译此书，不知坠过几多次眼泪，予固非善哭者，不审吾国人读此书，具何种感觉耳。

译卢梭《民约论》序

　　卢梭《民约论》共四卷，1898 年上海同文译书局刻日本中江笃介汉译第一卷，名《民约通义》。1902 年杨廷栋据日译四卷，日译已多错误，杨译更讹谬不能读。二年前，泰东书局复刻中江汉译第一卷，故《民约论》之书名出现于中国十余年，其真书竟至今不可得见，译事之难如是乎。予居北京之暇，以法文原著与英文 H. J. Tozer 译本互证，译成今完本，共费80 日。卢梭之学说，近世多受人攻击。其反对代表政治，主张国教，崇拜罗马过甚，乃至主张独裁制，尤与近世政治原则相反。然主权在民之原理，推阐尽致者惟卢梭，故其书为法兰西革命之最大原动力，历二百年不废，永为世界大名著之一，各国皆有译本。予曾发愿尽译世界名著于中国，《物种由来》《自由原理》《社会学原理后》，此其第四种也。

民国五年（1916 年）除夕

工学博士马君武记于上海

译《收入及恤贫政策》序文

是为 Philippovich 教授所著国民生计政策第六书，1921 年经 Somary 博士所改定者，原书恤贫政策本列在第二部第二篇工资政策之后，不知 Somary 博士因何错误，列在其前，致第二部工作收入政策不相连贯，今仍依原书次序移正之，国民生计政策全书以此结束。予自民国九年四月始译此书，于同年八月译成《农业政策》，于十一年三月译成《工业政策》，于十二年译成《国外国内商业政策》及《交通政策》，至今译成此册。前后历时四年又二个月，所以不敢惮烦者，因世界除德文外无此种极完备有系统之国民生计政策书，而国民生计政策为世界文明诸国百年来行政及立法界最尽力之事。吾国数千年来沿用以国家为私产之制度，不知国民生计政策为何物，孔孟何尝不言仁政，而未一言及其内容。即孟子主张井田制，所谓五母难二母彘，五亩之宅树之以桑，百亩之田勿夺其时，寥寥数言，无从实行。德国工人保险法可谓重要仁政，然经三十年讨论修改，始告成功，仁政岂若是单简者，方今军阀盗国，生民涂炭，举世将并仁政之虚名而亦忘之，是则深可忧也。

1925 年上海商务印书馆出版

工学博士马君武译

马君武的译作著作

温特沃斯《平面几何学》译者序

　　吾国自输进欧学以来，惟算学颇有可称。算学书籍之翻译事业，可分为三期，第一期为明季徐光启、利玛窦之几何天文，第二期为李善兰、华蘅芳之微积代数，第三期为近时留学生之诸等数学教科书。然于微分方程式一种，尚缺如焉。此书为德国 Hannover 工艺大学教授季培特（Kiepert）所著。原以微分、积分及微分方程式三种合刻，兹以前二种卷帙浩繁，姑置之，而译其第三种，即今书也。此书专论常微分方程式，而偏微分方程式不具焉，是在各国皆另有专书，罕兼论者，时论之一派，谓救国在拓植学术，鄙人亦赞和斯论者之一分子。故孜孜然以输入新学术为务。浅学寡闻，幸当世大雅，有以教之。

马君武序

一千九百十一年七月三十日

于德京柏林

上海科学会编译部印行

宣统二年六月二十日再版发行

马君武翻译温特沃斯《平面几何学》原著的序言

1. 将木块或石块切之如第一图之形，则得六个平面。

木块之每方四面（Surface）。若将此等面磨平之，则各面皆有侧边，而与此面相切，曰平面。

2. 其任何两面之界曰线。

3. 其任何三线之界曰点。

4. 此木块有三主向。

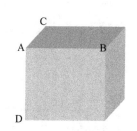

由左至右，如 A 至 B

由前至后，如 A 至 C

由上至下，如 A 至 D

是为木块之度界 Dimenssion，曰长界、阔界、厚界。

5. 立体（Solid）者，常意为有限部位以物实之。

（上海科学会译书）

153

马君武著《失业人及贫民救济政策》总论

人类自在更新纪（Pliocene Period）发生以后，至今最少已经二百数十万年。自发明文字以后，最古之民族亦不过有历史五千年。人类之在科学界有发明，获得自然界之重要知识，其期间最短，不过一二百年。在无始无终之时间内，此五千年是极小数，此一二百年更是极小数。故现今世界民族实尚在野蛮状态内。其他勿论，即战争一事，乃下等禽兽对于同类之所不为，而人类历史中殆无一年不有战争，自残同类。战国时，坑降卒，杀敌人，动以数十万计，较之欧战前后四年死伤数百万人者，其残酷殆远过之。或谓人类为动物中残杀同类最凶狠之一种，其言良不诬也。

马尔泰斯（Malthus）人口论所谓人口依几何级数食物依算学级数增加之说，既无可驳；吾国历史遂依次定理演种种惨剧。人口增加，失业人及贫民随之增加。所谓皇帝者，由历史上习染视国家为私产之观念，所谓普天之下莫非王土，率土之滨莫非王臣，人民固应出租税以养其奴隶即官吏，以养其鹰犬即军队。向来无积极政策以图生产事业之发达，以增高人民之生活。失业人及贫民之数既甚多，则聚合而发生扰乱，其势力不盛者，为皇帝鹰犬军队之所扑灭，名为叛贼；其势力盛者，则扑灭皇帝之鹰犬军队，其首领名为太祖太宗，其随从为公侯伯子男为功臣。蒙昧之历史家乃从而述其世系，称其功绩。一部汗牛充栋之《二十四史》，所述者不过如是而已。

中国历史如是，欧洲及其他诸国之历史亦然；人类最野蛮举动即战争，亦史不绝书。惟自政治一方面言，则欧洲人民智识确较高于中国。自 13 世纪英国发布《大宪章》之后，既确定立宪政治基础；自 18 世纪法国革命后，19 世纪欧洲诸国继之，所谓民有（of the people）民治（by the people）民享（for the people）三要义，已成为欧美一般人民对政府之普通观念。欧美政府既建筑于民意基础之上，其施设自与吾国之皇帝私产主义不同（现今总统即皇帝之异名，其根本观念不改），既又积极政策以防止失业人及贫民之发生，又有消极政策以谋失业人及贫民既发生后之救济。本书所述，乃属于消极方面之救济政策，所称引以欧洲法制为多，而间及美国；中国向无此种法制，且救济机关如地方自治团体者亦不备，即私人慈善事业，亦无甚可称者，是则极可羞也。

上海商务印书馆　1926 年 12 月再版

《中国历代生计政策批评》序

予自于民国十三年译 Philippovich 所著《国民生计政策》既成之后，即欲著一书以批评中国历代所行之国民生计政策。顾中国历史上所供给关于此类之材料颇稀少；切为教育事频年南北奔走，旋作旋辍。直至民国十八年（1929 年）冬任上海大夏大学之请，以此题译授，始得专意为之，半年而毕。时间既甚短促，搜集材料，未能周到，国内专门生计学家、历史学家，幸有以教之。

民国十九年（1930 年）1 月 22 日

马君武序于上海

马君武译作著作一览表

郑公盾　整理

1.《实用力学》，爱因斯坦原著

2.《立体几何学》，屋斯温特原著

3.《机械学》，朗约斯丁原著

4.《化学原理及有机化学》，陀荪原著

5.《一元哲学》，赫克尔原著。又称《宇宙之谜》上、下册，上海中华书局 1924 年 5 月版

6.《社会学原始》，斯宾塞文原著

7.《商业政策》（上、下册），维也纳大学教授菲里波维原著，上海中华书局 1927～1928 年版

8.《交通政策》，维也纳大学教授菲里波维原著，上海中华书局 1929 年版、1931 年 7 月版

9.《农业政策》，维也纳大学教授菲里波维原著，上海中华书局 1924 年版

10.《工业政策》，维也纳大学教授菲里波维原著，上海中华书局 1931 年版

11.《自由论》，密尔原著

12.《民约论》，卢梭原著，上海中华书局 1930 年版

13.《达尔文》，上海商务印书馆"万有文库"本 1930 年 10 月

14.《帝民说》，《民报》第二号 1906 年

15.《甘必大传》

16.《唯心派巨子黑智》

17.《马君武先生演讲集》（第一集），广西大学出版部 1934 年版

18.《弥勒约翰之学说》，1903 年《新民丛报》

19.《圣西门之生活及学说》

20.《论赋税》

21.《女权论》，斯宾塞尔原著

22.《中学化学教科书》

23.《达尔文物种原始》

24.《微分方程式》，上海商务印书馆 1931 年版

25.《自然创造史》，上海商务印书馆 1936 年版

26.《德华字典》

27.《人类原始及类择》，上海商务印书馆 1932 年 11 月版

28.《平面几何学》，温特沃斯原著，上海科学会 1910 年版

29.《中国历代生计政策批评》，上海中华书局 1930 年版

30.《威廉·退尔》，上海中华书局 1926 年版

31.《失业人及贫民救济政策》，上海商务印书馆 1929 年 12 月版

32.《收入及恤贫政策》，上海中华书局 1925 年版

33.《马君武先生纪念册》，1940 年

马君武与商务印书馆

郑公盾

马君武是我国民主革命时期的政治活动家、教育家、爱国诗人，也是一位著名的翻译家。他原名道凝，字厚山，原籍湖北省蒲圻县，清光绪七年六月二十二日（1881年7月17日）诞生在广西恭城县署，曾寓居"山水甲天下"的桂林。

他青年时代，最初受到康有为、梁启超的影响，康有为到广西讲学时，他成为康有为的忠实门人。当时康有为在桂林讲《大同书》，他因景仰康氏，遂改名同，号君武。他19岁考取体用学堂，专攻数学、英文。后入震旦学院学习法文。1901年，马君武赴日留学，学习化工，在日本他接触了许多西方新思想和学说。这时，他一边热情地参加反对清王朝的革命活动，一边积极地从事翻译活动。这个时期他陆续翻译了5种4册介绍西方新思想的著作，这就是：①斯宾塞《女权篇》与达尔文《物竞篇》合刻（少年中国学会1902年）；②斯宾塞《社会学原理》（少年新中国社1903年）；③达尔文《天择篇》（上海文明书局1903年）；④约翰·弥勒《自由原理》（日本译书汇编社1903年）等，均列入《少年中国新丛书》出版。此外，他还译过一本《法兰西近世史》（日本福本诚著，上海普通学书室出版）。马君武的上述译著，实际上是严复1898年翻译《天演论》以后在社会上掀起的介绍进化论和西方政治、学术思想的热潮中取得的成果之一。马君武的译作，虽然不像"严译名著"那样有名，但是因为适应了社会和读者的需要，出版后发生的影响也不小。

1905年，他在日本京都帝大毕业，回国后创办中国公学，担任校长职务。后因清官服两江总督端方指名追捕，1907年，马君武逃亡德国，入柏林工业大学学习冶金。在德国留学时期，他翻译了两部数学著作，一部是《温特沃斯平面几何学》（科学会编译部1910年版），一部是德国季培特著

《微分方程式》（科学会编译部 1913 年版）。根据马君武的解释，西方数学传入中国可分为 3 个时期：第一期为明季徐光启、利玛窦的几何、天文；第二期为李善兰、华衡芳翻译的微积分、代数学；第三期为近代时留学生的多种数学教科书。马氏说他翻译此书目的在"输入新学术"。

青年时代，马君武喜爱文学，曾有《马君武诗集》（1914 年出版）行世。诗集中收有他翻译的西方著名诗人拜伦、歌德等人的诗作。最早在 1905 年他就翻译过拜伦的名篇《哀希腊》。1913～1916 年，他又翻译了歌德的诗歌和席勒的剧本《威廉·退尔》。马君武的译作曾被文学史家誉称为翻译西方诗歌有广大影响的"名译"之一。

辛亥革命以前，马君武积极从事政治活动。他 1905 年加入同盟会，并通过日本人宫崎民藏的介绍，第一次会见孙中山先生。他十分钦佩孙先生，曾对人指出，"康、梁者，过去之人物也；孙公者，则未来之人物也"。从此遂同康、梁分道扬镳，并追随孙中山从事革命活动。先后担任过孙中山非常大总统府秘书长，广西省省长，广西大学校长。后来他还担任过几所大学的校长，从事教育几十年，为国家培养了不少建设人才。

作为一位声誉卓著的翻译家，马君武在 20 世纪 30 年代曾有 4 部著译在商务印书馆出版。他这个时期的著译重点仍然是有关进化论和达尔文的著作。1930 年，他翻译了达尔文的重要著作《人类原始及类择》（现在的译名是《人类原始及性选择》），由商务印书馆编入《万有文库》第一集出版。此书 1932 年又收进《汉译世界名著》丛书。《人类原始及类择》一书，对人工选择作了系统的叙述，并提出人类由进化起源的理论，进一步充实了进化论的内容。达尔文的学说，以自然选择为基础，它认为生物最先始于一祖，通过物竞天择，即生存竞争和自然淘汰，优胜劣败，适者生存，不适者淘汰。进化论的出现，摧毁了唯心的神造论、目的论、物种不变论，并给宗教以沉重的打击。恩格斯誉之为 19 世纪自然科学的三大发现之一。由于马君武的汉文造诣很深，译文流畅，以专家翻译专家的著作，可谓不可多得。1933 年，他又为商务印书馆的《百科小丛书》编写了《达尔文》一书。此书系统地介绍了达尔文的为人及生平，他认为达尔文在学术上得到如此伟大的成就，都是达尔文毕生勤奋的结果。他说："人患不努力，达尔文实科学界最良久模范人物也。"达尔文的进化论是自然科学的伟大发现，马君武系统地将它介绍给中国人民，使人们从传统的迷信思想中解放出来。

马君武翻译的海克尔（马君武译为赫格尔）著《自然创造史》，1935年由商务印书馆列入《万有文库》出版，1936年又列入《汉译世界名著》中。正如原作者在本书第一版序言中所述："自1859年以来，由达尔文之伟大神圣工作，已达到某发达之一种新阶段，本书之作，即所以图以其独立促进及传播更远。"1780年，"歌德以诗人预言天才，言之过早。拉马克于1809年虽未为同时同调诸人所知，已造成一种甚明了之科学理论，然惟赖达尔文开辟新纪元之著作，乃成为人类知识极宝贵之遗产，且由未来一切科学所赖以建立之最初基础。"1919年9月9日海克尔逝世后，该书又由他的门人再版（第四版），这一版序言中指出，这部书曾成为著名的科普著作，在广大人民群众中广泛流传，范畴一世（30年）之思想，是海克尔的一座活的纪念碑。原著第一部为进化论，第二部是普通系统史。达尔文生前曾经看到这本书，并给予极热烈的评价，认为这是十分难得的优秀作品，对进化论作了极其重要的严密的阐述。

马君武在从事政治活动时期，很注意国计民生的有关政策。他担任无烟火药工厂总工程师时，开始翻译维也纳教授菲里波维所著的《国计民生政策》全集。他利用业余时间翻译此书，主要是介绍和宣扬西欧资本主义制度下的一些政策和措施。马君武针对我国的贫穷落后和人民疾苦，编写了一本《失业人及贫民救济政策》交商务印书馆出版（1929年）。在书中，他认为人民贫穷的原因有二：一是外在的，即火灾、水灾、凶年、战争、恐慌、失业；二是内在的，即个人疾病、残废、衰老、懒惰、不谙生计、儿女太多等。他认为中国社会的动荡不安，是因为"失业人数极多，政府既无积极政策消除，又无消极政策救济，即失业人非当兵即火匪，中国近十数年兵匪之数冠绝全球，社会扰乱，日甚一日，其故盖在此矣"！因此，他希望有"积极政策以畾生产事业之发达，以提高人民之生活"。他很欣赏

林肯的所谓"民有、民论、民享"社会，想走资本主义道路。也希望在中国推行菲里波维所提出的那一套资本主义政策和措施，中国生产事业就会发达起来，人民生活就会逐步提高。

马君武翻译介绍西方的自然科学和社会科学学说，都是西方资产阶级民主主义的东西，虽然救不了中国，但在当时却有它积极的意义。

马君武晚年在广西大学主持校政。1940 年 9 月初，因胃病在桂林去世。当时，周恩来同志曾发来唁电，电文是金光闪闪的四个大字："一代宗师。"他的一生，正如周恩来的评价，称得上"一代宗师"的杰出称号。

马君武与中华书局

郑公盾

前中华书局总编辑费逵先生于马君武校长逝世不久，即著《海舶相逢》一文，纪念马君武校长，现将全文如后：

民国二年（1913 年）七月，我巡视中华书局北方各分局，因二次革命，津浦铁路中断，乃乘太古公司的盛京轮，由海道返沪。上船时见室内另一榻上，有一人躺着。其时天已傍晚，光线甚弱，我又是近视眼，也未十分注意。我将行旅安置好之后，躺在我的榻上。那人忽坐起，轻轻地说："是伯鸿吗？"我听见声音，便跳起来道："是君武吧！"两人逐个离榻，握手言欢。同了四天的船。我曾对君武说："你是文学家、工业家，我国应该做的事多得很，我主张本位救国。你的脾气不宜做政治生活，何不去做本行的事业呢？"君武道："我也知道我不宜于政治生活。很想往德国去深造，但为经济所限，不能成行。贵局现出有八种杂志，如能让我每月译作四万字，给我二百元。以百元送我家中，百元汇至德国。三年为期。你看行不行呢？"我一口应允，到沪即订契约。彼此履行契约，彼按月寄稿来，我按月汇款送款。此四日中，除两人谈话时间外，君武阅读奥国 Philioppovich 氏的工业政策和农业政策，并将名次随阅随译，用铅笔写在书上。后来此书也由中华书局出版。

后来君武卸任广西省省长到沪。详告我政界种种情形，慨然说："政治生活，真不是我所能过的，悔不听你的话。此次种种损失、种种危险，我都不在意。可惜我数千册心爱的书籍和许多未刊行的诗文译稿，完全丢了，实在令我心痛。以后我再不从事政治生活了！"

自从 1923 年以后马君武校长给中华书局发表了一些重要书籍和文稿，

其中最主要的稿如下：

（一）《一元哲学》（又称《宇宙之谜》）上下两册，上海中华书局（1924年5月版）。本书出版后，达尔文学论大普及，计有德、英、法、日等数十个国家先后有译本出版，中国自20世纪20年代出版以来，多次再版，甚至全国解放后出修订版。

（二）《商业政策》（上下册）维也纳大学教授菲里波维原著，1927～1928年版。

（三）《交通政策》维也纳大学教授菲里波维原著，上海中华书局1929年版，1931年7月版。

（四）《农业政策》维也纳大学教授菲里波维原著，上海中华书局1924年版。

（五）《收入及恤贫政策》维也纳大学教授菲里波维原著，上海中华书局1925年版。

（六）《工业政策》维也纳大学教授菲里波维原著，上海中华书局1931年版。

评马君武的诗作及译诗

论马君武诗歌成就

郑公盾

（一）马君武诗歌创作的杰出意义

马君武（1881～1940年）名和，字贵公。1902年留学日本，结识孙中山并加入孙中山所组织的中国同盟会，成为第一批会员。1906年从日本归国，任教于上海中国公学。武昌起义后，担任南京临时政府实业部次长。后来专门致力教育事业，终其晚年任广西大学校长，他热心办学。他学识渊博，在哲学、经济、文学、化学、农业等方面都有见识和造诣。他是继严复之后大量介绍西方近代自然科学的翻译家。他在文学方面的杰出成就则在诗歌创作上。

诗是心声。马君武从青年时代就写了不少优秀的诗歌。他大量写作是在1902～1903年。这一时期诗歌创作内容主要是宣扬民族民主革命的主张，无情揭露了清朝的腐败无能。像"欲以一身撼天下，须从平地起风雷"，抒发了他革命的激情。他早在德国留学期间，就参加了当时著名的文学团体——南社。他的《寄南舍同人》这样写道：

> 唐宋元明都不管，自成模范铸诗才。须从旧锦翻新样，勿以今魂托古胎。辛苦挥戈挽落日，殷勤蓄电造惊雷。远闻南社多才俊，满饮葡萄祝酒杯。

在这里，他强调诗歌要彻底创新，就必须摆脱一切拟古诗风的影响。还要使诗歌成为革命斗争的武器。他所写的"自成模范铸诗才""勿以今魂托古胎"，反映出他遵循龚自珍、黄遵宪等的传统。马君武的诗歌实践了诗歌革新这一理论。他旅居国外期间，对国内武装起义牺牲的志士表示深沉的哀痛，并以"浮云岂久遮红日，健翮终当遇顺风"来勉励人民。他的海外生活，使他的诗增加了许多新的内容，充满了异国的情调。

马君武的诗不仅具有强烈的政治性和战斗性，还处处洋溢着爱国主义激情。在《抗日纪事诗》中歌颂了"竟率全团死堑围"的英烈，鞭挞了国民党政府的妥协政策，质问他们"赏罚分别军令在，斯人何不处严刑！"他用这种传统的诗歌形式反映了现实生活。

（二）马君武提倡新诗要为新学思想服务

马君武的诗有一个"鼓吹新学思潮，标榜爱国主义"的特色。他的所谓"鼓吹新学思潮"，简言之就是宣传科学救国。他所利用的武器即赫胥黎的《天演论》、达尔文的《进化论》。

1906年，马君武作有《华族祖国歌》六首，他历数自1840年鸦片战争以来，中国沦入半封建半殖民地社会的危险形势，号召人民奋起抗争。诗中说：

> 地球之寿不能详，生物竞存始洪荒；万族次第归灭亡，最宜之族惟最强，优胜劣败理彰彰。天择无情，彷徨何所望？华族华族，肩枪腰剑奋勇赴战场！

诗中用生物进化论来解释人类社会发展的规律固然不妥，但他用此来激发中国人民的觉醒，显然有积极意义。

马君武在《去国辞》一诗中写道：

> 廿纪风云诸种战，凌欧驾美是何年？诸姬淫佚麟潜泣，大厦倾颠燕熟眠。万里旅行辞祖国，百年戎祸哭伊川。男儿生不兴黄祸，宁死沧浪作鬼还！

诗人在这里表现了这样的思想，在20世纪世界范围的战火中，中国上下在沉睡，但终有一天，中国会凌驾于欧美，有自立于世界之林的能力。最后是对帝国主义仇华的"黄祸论"发出的一种愤激之词。

类似这样宣传"进化论"，开导民智，唤醒人民，复兴祖国的诗篇还有很多。可以这样说，马君武是继严复之后宣传进化论思想最有力的人物，而他采取的是诗文这一形式。

（三）马君武诗的"标榜爱国主义"

"标榜爱国主义"是马君武诗的另一重大特点。

辛亥革命时，进步的诗歌、革命的诗歌所表现的共同主题是反清复国。马君武自然不能不受那个时代、环境的影响，也有类似的民族主义情感而发出的感叹。有的诗歌表现他的决心："思宗轻富贵，为国作牺牲，只强同势族，岂是为浮名。"又如"誓死肯从穷发国，舍身齐上断头台"。还有悼念明末忠臣义士的"海水自深山自状，不堪重忆郑延平"，等等。

尤为可贵的是，马君武在不少诗作中，揭露了清王朝的腐败、向帝国主义妥协投降，甚至镇压爱国人民的滔天罪行。1903 年，爱国志士沈荩揭露清廷与沙俄订立《中俄密约》后，竟遭逮捕，被活活杖死。马君武在《居汪千仞宅》这样写道："莫更萦魂忆沈郎，故乡近事太荒唐；楼台寂寂鬼声远，起写怀人书几行。"

马君武的作品不乏对帝国主义、殖民主义的鞭笞和谴责，指出了帝国主义侵略中国造成"河山破碎""人民涂炭"的严重灾难，还反映他们在世界各地如西贡、亚丁港、塞得港的种种暴行。他对老牌的帝国主义揭露非常深刻，如法国是"自由半生死，名号托平权；大色空繁艳，斯民久沛颠"。说英国的情景更不妙："百年贡鲜血，庄严饰帝都。王期日出入，国运自盈虚。地老煤将尽，民穷畜正肥。"像这样的内容，在马君武同时代人的作品中很少见。

马君武鞭笞帝国主义的同时，对劳动人民的爱国主义行为非常支持。《从军行》有这样一段，借母亲之口说："北狄吾世仇，膺惩令所急。祖国尺寸地，不许今人失……不望儿生还，恐儿不力战。"

伴随着中国民族民主革命的发展进程，他反对清廷的丧权辱国，进而反对封建军阀出卖祖国利益。他咒骂袁世凯是"破家亡国始甘休"的大卖

国贼。"七七事变"发生后，他写道："卢沟桥外寇氛深，又报倭军逼宛平。"在这民族危亡的关头，国民党的某些将领"未停麻雀战"，结果造成"六千子弟齐殉国"的惨败。在"一·二八"上海抗战中，马君武看到了祖国的前途"执信中华真老大，不与东寇共存荣。他年增置东瀛省，酹酒重招勇士魂"。从马君武的作品中，可以看出马君武堪称是一位真正的爱国者，他的作品是爱国主义诗篇。

（四）马君武诗的艺术特色

马君武的诗不仅在内容上具有鲜明的政治倾向，而且继承了我国古代讽刺诗的传统。他在《读史有感》这短短的四句诗中把袁世凯的丑恶面目充分暴露出来；在1940年4月所作的《三卅纪事诗》这样写道："潜身辞汉阙，矢志嫁东胡。脉脉争新宠，申申詈故夫。赏钱妃子笑，赐浴侍儿扶。齐楚承恩泽，今人总不如。"它把汪精卫逃离重庆，投向日本帝国主义怀抱，然后在南京成立伪政权都写了进去。从里面引用的典故可以看出马君武的艺术技巧和文化素养的深厚。诗中直而不俚，婉而多讽，这是马君武诗的艺术风格之一。

由于马君武在自然科学方面的造诣，他能把一些自然科学术语引入诗中，非但不乏味，还有新奇之感，以至于他的作品有独特的诗风。他对西方历史典故非常熟悉，所以他的诗中有许多中西合璧之作，如"西来黄帝胜蚩尤，莫向森林向自由""葡萄一杯酒，玫瑰十年兵"，等等。不仅如此，诗人有时用外来语作为试题，如《壁他利亚》《拉沙儿》使他的诗呈现出一种与人不同的特色。

马君武还在创造新的诗歌形式方面做了大胆尝试，如《华族祖国歌》六首，有《中国公学校歌》二首。以《中国公学歌》一首为例：

众学生，勿彷徨；尔能处之地位是大战场。尔祖父，思義黄；尔仇敌，环尔旁。欲救尔祖国亡，尔先自强。

这个歌词完全口语化了，形式自由，近似歌谣体。

　　可以这样说，马君武在旧民主主义革命时期不愧为一位革新派的进步诗人。

读科学诗《地球》

郑公盾

我国杰出的科学家、教育家、文学爱好者马君武（1881～1940 年）早年留学日本，与章太炎等在东京发起"支那亡国二百四十年纪念"，宣传排满革命，后来在柏林大学学工，得工科博士学位。他是中国在德国第一个获得博士学位的人，后来又是达尔文进化论的译者。他在 1903 年写了科学诗《地球》，是我国近代科学诗的早年作者之一。现录《地球》全文如下：

> 地球九万里，着身不盈尺。
>
> 忽忽生远心，渺渺未有极。
>
> 世界一微粒，微谷一纤尘。
>
> 纤尘千万亿，一一争生存。
>
> 存在春前花，亡者秋后草。
>
> 春秋想代谢，上帝亦渐老。
>
> 上帝亦渐老，吾德可奈何！
>
> 行登昆仑巅，一哭复一歌。

马君武是一位相当全面的科学技术家。他对天文学、地质学、工业机械、农业科学、数学、生物学（动物、植物）等学科，都作过比较深刻的研究。他写这首科学诗时，虽然还没有译出达尔文的《物种原始》，也没有写出《达尔文传》，但从这首短诗可以看到，达尔文进化论的思想已在他的脑子里生了根。他通过《地球》这首科学诗，正确阐明了地球在宇宙中的地位和地球上一切生物竞争不息的情况。

地球是太阳系九大行星之一（第 26 届国际天文联会决议后，太阳系仅剩八大行星——出版者注）它直径约 12500 千米，以圆周率 3.1416 乘之，

得 4 万千米，即 8 万华里。这是说，地球自转每天约要走 9 万里的路。比起无比壮丽的宇宙地球显得很渺小。在南北两半球人们用肉眼看到的恒星有 6000 颗左右，从大望远镜里可以找到 20 亿颗恒星。不少恒星是宇宙间的庞然大物。银河里的一些星座有的比太阳大 550 倍，有的大 230 倍。据天文学家估计银河系至少有 400 亿颗星星。所以，从整个地球对比起庞大宇宙的大星星来看，只不过是"世界一微粒"。而一个人则不过是"微谷一纤尘"而已。地球上亿万"纤尘"，在上面"一一争生存"，即为生存而斗争。人世上正是经历着万物"争生存"的局面，那就是："存在春前花，亡者秋后草。"存在世上的如同春前花开一样，终归要凋谢；死的如同"秋后草"似的萎谢了！但从生物进化的过程看，秋草死未尽，春风吹又生，它总是由于生死交替，不间断地向前发展着。在马君武眼里就是人所供奉的"上帝"也不例外。"上帝亦渐老"。可知马君武不相信有长生不老的上帝。诗人马君武希望我们去攀登横贯新疆与西藏之间东延入青海境的高山——昆仑山的峰顶，"行登昆仑巅，一哭复一歌，"一方面沉痛地哭着看世变如斯，另一方面又不颓丧，怀着乐观精神，高歌猛进。

1985 年 5 月 24 日刊于《北京科技报》

读《壁他利亚》

郑公盾

20世纪初，以现代科学诗出现于世者，科学家、文学家马君武是首创人之一。1904年，他在日本京都帝国大学攻读工艺化学时，写了一首科学诗《壁他利亚》（"壁他利亚"即石油，又称汽油）。

原诗全文如下：

> 雌雄牝牡万千族，都似壁他利亚生。
>
> 簇簇石层知地寿，荒荒物竞值天行。
>
> 且流不古数行泪，遂起怜他一片心。
>
> 昨夜舟人赍信至，为言赤道有流冰。

作者认为一切生物都有雄雌两性。雌性叫牝，雄性叫牡。这些生物都像石油一样，经过化合、分解的作用而生成。原油是由古生物遗体沉入湖底或海底和外界空气隔绝之后，在地层的高温高压下，经过石油菌、硫黄菌的分解作用而成。生物也是由无机化合物而逐渐发展为原始的有机物质和它们的聚合物，并随着自然条件的演变，这些物质进行复杂的相互作用，最后才产生出具有新陈代谢的特征，能生长、繁殖、遗传、变异的原始有生物质，所以它们都是由其他物质生成。由于古生物是在不断地演化，所以从簇簇地层之中，我们可以了解产生的地质年代，也就是所谓可以"知地寿"。从尚未开化的年代，按着"值天行"的演化规律，而不断地看到了自然界的变化。

很显然，科学家、诗人马君武的《壁他利亚》这首诗是寓有深意的。当时正是处于反对清廷专制时代。1904年前后，蔡元培、章炳麟、秋瑾等创立光复会，鼓吹革命，不久章炳麟被关于上海租界之捕房，邹容死于狱中，黄兴、宋教仁走日本，马福益被杀，柳州起义军失败。马君武通过《蝶他利亚》来形容按照物竞天择的规律，到处都有地下火蕴藏着。当时革命志士敏感地流着在民族压迫下同情革命党人的热泪，对被捕的革命党人表示怜惜之意。赤道地区虽常年炎热，但在当地高山上的温度却经常在零摄氏度以下，形成了常年性的冰川。所以诗人说"为言赤道有流冰"，以示大自然现象的怪异。这也说明了当时革命气候突变，要人随时警惕。所以这首诗不仅真实地歌唱了大自然，也反映了当时在清朝官府高压下革命党人的处境。

1985 年 7 月 12 日刊于《科学时报》

评马君武的诗作及译诗

哀沈阳 ①

　　周师取平阳②，北齐后主③方偕冯小怜猎于三堆④，晋州告急，后主欲还，小怜请反杀一围，北齐遂亡。1931 年 9 月 18 日夜，日本师入沈阳⑤。臧方毅电北平告急⑥，适张自上海迎电影明星胡蝶至北平开跳舞会⑦，兴致正豪。第一次电话，不暇接。又来第二次电话，张仓猝答以"日本要什么便给什么"，仍跳舞不辍。东三省遂于廿四小时内亡于日本矣。仿李义山作《哀沈阳》两章⑧。

其一

赵四风流朱五狂⑨，翩翩胡蝶⑩最当行。

　　①　这是 1931 年"九一八"事变之后。诗的内容是哀沈阳的陷落，诗人把沈阳失陷归于张学良的荒淫与堕落，并不完全符合历史的真实，是对国民党反动政府所执行的投降主义路线的有力批判。

　　②　周师，指北周武帝宇文邕的军队。平阳，在今山西临汾，当时为北齐国都。公元 576 年，北周向北齐平阳进攻，次年灭齐，统一北方。

　　③　北齐后主高纬，系武成帝高湛之子，在位十一年，其子幼主高恒为北周所灭。

　　④　猎于三堆：齐王方偕冯淑妃小怜猎于天池（即三堆），从朝至暮，平阳告急，齐王将返，淑妃请再杀一围。当时驿马三至，仍游乐，北齐遂亡。

　　⑤　1931 年 9 月 18 日，日军入沈阳，于当晚 11 时 15 分过柳河桥梁，并说我军炸毁铁路，袭击其部队，以此为借口出击。因我军奉命不抵抗，日军遂侵占我营房，19 日占领沈阳全城，当时东北制炮厂、沈阳兵工厂以及 2 万架飞机，8 万支步枪，4000 挺机枪，完全落入日军之手。廿日日军进占吉林，南迫锦州，进占秦皇岛。10 月 14 日向黑龙江进攻，当时马占山请兵要求抵抗。至次年 1 月锦州失陷，东北三省沦陷。

　　⑥　臧方毅又作臧式毅，"九一八"事变时任辽宁省主席，事变后被俘。

　　⑦　张学良系奉系军阀张作霖之子，时为东北防军长官，常举办舞会。

　　⑧　事变发生后，我军向政府请示办法。政府通令我军避免冲突和事态扩大，蒋介石声称"此刻要上下一致，先以公理针对强权，要以和平对待事变，以待国际公理之判决"，以和平对野蛮，把希望寄托在国联的解决。

　　⑨　赵四：张学良的秘书，后与张学良结婚。

　　　　朱五：北洋政府要员朱启钤之女

　　⑩　胡蝶：20 世纪 30 年代的著名电影明星，1925～1927 年加入友联影片公司，曾演《珍珠塔》《碎琴楼》《姐妹花》《啼笑因缘》等三十多部电影，也曾参加左翼女演员演出《自由之花》等。

温柔乡是英雄冢，哪管东师入沈阳。

其二

告急军书夜半来，开场弦管又相催。

沈阳已陷休回顾，更抱佳人舞几回。

附：马君武对《哀沈阳》的自我批评。

马君武校长所写的《哀沈阳》真是传遍海内。对于文艺特别是诗歌作品稍微有点兴趣的同志都熟悉。当老一代科学家茅以升问我："今后在创作上有何计划时？"我答以《马君武传》。茅老立即背诵了《哀沈阳》一诗，而且一字不误。我一方面惊叹茅老的记忆力，另一方面惊叹马君武诗创作的伟大影响和威力。

值得人们注意的是，马君武一听到他写的《哀沈阳》一诗有错误时，立刻改正了自己的态度，连忙在他家中开个小宴会，声明张学良的"不抵抗"政策，他是从蒋介石那边听来的，事实上是蒋介石在日军侵入沈阳时，命令守军不抵抗，全部撤离。不能苛责张学良。《哀沈阳》写得有点过分，带有片面性。这里，他一面自己检讨，一面减轻了对张学良的责难。这也说明大科学家马君武即使写诗也全面看问题，不全盘否定张学良。

哭母丧

守寡逾卅年，以手杖教儿子读书，以工资给儿子吃饭，夜半且缝衣，且课读，往事历历，如在面前，至今辜负慈恩，大罪此生莫可赎。

离乡廿九载，以祈祷祝国家兴盛，以悲哀叹国家危亡，年来益思乡，益念旧，天下滔滔，未能归去，自有永生乐土，灵魂不死岂须招。

马君武的诗词作风

郑公盾

马君武校长是有史以来多才多艺、文理俱精、能文工诗的一位强烈爱国学者。他一生发表过的诗词社论，十足表现出他的性格和作风。

马校长更精通多种语文，英、日、德、法，不但能写能读，并能以华丽的辞藻，翻译各国名著。前曾说过他最早便把英国生物学家达尔文的名著《物种原始》（*Origin of Species*）、俄国托尔斯泰名著《心狱》等译成中文。

下面且将马校长数十年来在报章杂志上发表过最脍炙人口的诗词写出，以供欣赏。老一辈的父兄姐妹、文人学者，多能记忆或吟诵出几首的。

（一）《华族祖国歌》（三首）

当马校长在日本追随孙中山倡导革命推翻清廷时期，曾作了五首《华族祖国歌》发表于报刊上，文辞浩方激昂，才华横溢，气象万千，说到中国的边疆，不应限于当时之东南西北界域，兹择录三首于下：

> 华族祖国今何方？箕子之墓在平壤。
> 白水锡名自有唐，虬髯拓地扶余皇，
> 台湾开拓始郑王，祖国无乃东界太平洋。
> 非欤，非欤，华族祖国不以东为疆。
>
> 地球之寿不能详，生物竞存始洪荒。
> 万族次第归灭亡，最宜之族为最强。
> 优胜劣败理彰彰，天择无情彷徨何所望。
> 华族，华族，肩枪腰剑奋勇赴战场。

尔祖皇帝不可忘，挥斥八极拓土疆，

尔祖夏后不可忘，平治水土流泽长，

热血愤张气飞扬，以铣以剑誓死为之防，

华族，华族，祖国沦亡尔罪不可偿。

（二）《偕谢无量游扬州》（七绝一首）

民国初，马校长与谢无量游扬州，归时，曾作七绝一首寄予革命先烈杨杏佛；胡适之先生曾抄入其《留学日记》书中，此诗之作正是马校长从政得意之时，欲搜罗四海英才，共襄国事，其气魄之浩，有如汪洋大海，文辞活跃，则矫若神龙。其激也若奇峰之突出，恬淡时则如风过之残云，诚令人久读不厌也。

风云欲卷人才尽，时势不许江山闲，

涛声寂寞明月没，我自扬州吊古还。

窃忆梁任公尝言，俗人每称今人诗词不如古，实乃一错误之观念，文化只有日日进步，岂有退步之理？今读马校长之诗，益觉此言之不诬也（按：梁启超与胡适之对于马校长之绝律均一致赞扬）。

（三）《赠张竹君女士》（七绝一首）

古来才子多风流，马校长也不例外，青年时代的马校长，长得一表人才，高个子，健壮的身材。据云，民初马校长在广州时，得识一位秀丽的张竹君小姐，张小姐毕业于博爱医学院，在广州河南开设一所南福诊所，行医济世。张小姐是一个基督徒，也常发表爱国言论，且常在福音堂讲道，马校长便常到福音堂听道，日子久了，也常到她诊所访谈，对竹君之人品才识极表爱慕。当时有一香港富商之子名卢少歧者，和张小姐早有过从。一日，马校长偶遇少歧于她诊所，二人不禁冷嘲热讽争论起来，终于不欢而散。

马校长回家后遂写了一封长达数千言之信寄予张小姐，表达爱慕之意。竹君看了，也很感动，便复信表示尚未有出嫁之意，但愿多努力为国家社会服务。不久，马校长便去上海，再去日本，在日本便写了此诗寄之。

> 沦胥种闻悲贞德，破碎山河识令南，
> 莫怪初逢便倾倒，英雄巾帼古来难。

（四）《别中国公学学生》（五绝一首）

> 群贤各自勉，容易水成冰。
> 合力救亡国，发心造远因。

在其七言律诗中，亦有类似之美丽诗句："只须拜热为先祖，直至成冰是善终。"

（五）《赠桂籍名伶小金凤》（七绝一首）

马校长晚年迁回桂林居住，闲来常与戏剧家欧阳予倩（已逝世）作改良桂剧事，如《梁红玉》《木兰从军》等，按桂剧与京剧唱腔颇多类似之处，当时有一名伶名小金凤者，唱腔及做工都优美，长得亭亭玉立，时常至环湖路马公馆内领教，马校长颇爱护之，并恢复其本姓名为尹羲。一次马校长奉命到南京参加会议，在由桂林赴衡阳之火车上，曾作诗一首寄之：

> 百看不厌古时装，刚健婀娜两擅长，
> 为使梦魂能见汝，依车酣睡过衡阳。

（六）《哀沈阳》沦陷诗（七绝二首）

"九一八"事变，日军侵入东北沈阳，传闻张学良坐镇东北，按兵不动，且日与名媛赵四小姐及明星胡蝶等过从甚密，生活糜烂不堪，国人怨声四起。马校长便作诗二首，发表于报章，一时传诵各地，成为千古杰作。

其一

赵四风流朱五狂，翩翩胡蝶最当行，

温柔乡是英雄冢，哪管东师入沈阳。

其二

告急军书夜半来，开场管弦又相催，

沈阳已陷休回顾，更抱佳人舞几回。

（七）《咏岳武穆》（七律一首）

马校长年轻时，正值清廷腐败，割地赔款，全国有识之士，急欲改制革新，先生为一强烈爱国者，故作了几首脍炙人口的诗，咏岳武穆便是其中之一，诗中引用了一些欧、美古代名人以作比喻。

西湖衰柳映朝霞，自结花圈谒岳爷。

国会冤刑苏拉底，敌军威胁汉尼巴。

君臣昏聩河山耻，父老遮留将士哗。

正气销沉君莫问，黄龙今日属谁家？

按：苏拉底即希腊哲人最早提倡民主政治者，汉尼巴即迦太基名将汉尼拔，此诗之作，正在日敌入侵沈阳之后，马校长愤极，乃作诗发泄，以激起国人群起卫国抗战也。

（八）《骂汪精卫投靠日敌》（五律一首）

汪精卫脱离抗战阵容，在南京搞伪组织，马校长遂作此诗以嘲之，极尽讽刺之意。

潜身辞汉阙，矢志嫁东胡，脉脉争新宠，申申詈故夫。

赏钱妃子笑，赐浴侍儿扶，齐楚承恩泽，今人总不如。

（九）《游雁荡诗》（五律二首）

石觉将军夫人张复权女士在其先人张道镕先生所遗文件中，发现马君武校长亲笔题赠游雁荡诗共三章，兹择录其二于下：

久发南游兴，成行已孟冬。如何雁荡石，绝似桂林峰。
矫健松枝绿，离披柏叶红。山头湖尚在，何处觅飞鸿。

夜入灵岩寺，山头月上时。庄严僧拜石，静默叟听诗。
门外南天柱，楼前大将旗。象形皆妙肖，造化亦神奇。

（十）《过澎湖》（五律一首）

群山现天际，人说是澎湖。感怆乘浮意，模糊属国图，
绿波迎去舰，红日照前途。数点渔舟影，微花忽有无。

（十一）《离乡十载悄然归》（五律一首）

故乡吾负汝，十载远别离。万里生还日，六洲死战时。
疾声唤狮梦，含泪拜黄旗。吾岁今方壮，服劳或有期。

此诗为庚戌十月，马校长寄予胡适者，至今读之，犹觉合乎当前世界国情局势，字里行间，令人读后，感慨系之，祈与国人共勉之。

马校长的诗词作风，一反古来多少诗人墨客那般无病呻吟，为作新诗强言愁的颓丧词句，实可为我文人作家之模范，教育界应予极力提倡，青年学子，更宜学习之。

再看他在上海时为某公祝母寿一联：七十古来多，几人能比贤母？教儿子成一国人师，不免了半生辛苦……按俗云"人生七十古来稀"，而马校长却说七十古来多，其实稀与多本乃一相对之名词。何况历来数千人的母亲中，有几个能贤淑如某公的母亲呢？这点便可以佩服马校长确具有创造性的头脑和作风了。

（十二）《上海抗战赞》（七律一首）

如斯诸葛方为亮，十万雄兵受指挥，
力战屡穷罗店敌，会攻又解宝山围。
遂令学就万人敌，徒使绾成千女徽，

松井石根真竖子，难民车上逞"皇威"。

按当时国军在上海开始对日抗战，上海南站、松江站，难民在车上为日军飞机炸射，死伤数千人，诗中所述，莫不显出马校长之拥军爱国精神，并讥讽日军之无能及疯狂残酷成性。

（十三）《重返桂林》（对联一副）

马校长多年在外奔波，晚年日感国势垂危，而对家乡之眷念益殷，但独立难挽狂澜，无可奈何，遂重返桂林居住，曾刻一对联，榜示于一座桂林风景秀丽之名山上，联云：

故乡风景，时绕梦魂，叹半生飘零，遂与名山成久别。
岭表旧都，屡经离乱，愿故乡英俊，共筹长策致升平。

（十四）《扫妾墓》（七律一首）

约在民国十一年时，马校长出任广西省省长，当时军阀横行，政令无从施展，遂毅然辞去，一家数口，由南宁省会乘轮下梧州，回上海。不料船行至半途，忽遭两岸叛军袭击，一时枪声四起。马校长不顾危险，令船速行，窗篷中弹累累，其如夫人彭文蟾在其侧，马校长遂伏舱底，如夫人则伏在其身上护之，文蟾终给枪弹打中。舟虽得逃过，而文蟾则不及施治终于香消玉殒。马校长幸未受伤，遂抱着文蟾尸骸到桂平草草埋葬。这年马校长正是40岁，10年后，直至广西大学复校的第二年，一日适逢清明时节，马校长悄然带了两个仆从，乘一小艇，由梧州广西大学校长宿舍河旁直驶桂平，为其妾扫墓，并收其骨灰，盛于一白色小瓷罐内，携回家中，置于客厅侧的桌上，遂作此诗纪念之：

蓦地炮声四面来，一朝玉骨萎尘埃，
十年始扫坟前墓，万事无如死别哀，
海不能填还有恨，人难再得始为佳，

雄心渐与年俱老，买得青山伴你埋。

马校长晚年，在国立广西大学做校长。暑假期间，民国廿九年全校师生联合设宴为马校长做六十大寿志庆，我适由美返国执教该校化学系，幸获马校长之过爱，牵附坐在其紧邻。马校长在致谢辞中，侃侃而言，慷慨激昂，鼓励后辈，努力复兴我大好中华民国。不料，次日胃病突发，肠穿孔流血不止（大约是多吃油炸花生罢）。当时医药缺乏，又无钱向外聘请名医前来开刀治疗，绵绵卧病月余，终逝于校长公馆内。全国人士闻之，莫不悼惜。此一代科学文艺俱精的学者，无奈终成为词赋功名怅影过，英雄垂暮意如何矣！

（十五）门前对联题书

马校长一生在南京及省府都做过几任大官，但以一向廉洁从政作风，闻名全国。他尝道社会上多少大小主管，一有公款过手，便设法捞他一笔，所谓"鸡蛋过手轻三分"，可恶至极。当然，马校长在上海，也曾购物置产，但都是他的薪水及写作所得，一生自奉俭朴省下来的钱。

晚年，马校长返回桂林定居。广西省政府特为此党国元老、当代学人，在桂林近郊风景甚佳之环湖路建一平房给马校长住。屋前为一大湖，对面有一小山。马校长遂自题对联一首，刻于门前：

种树如培佳子弟，
卜居恰对好湖山。

此联意义深长，多少人都纳入其日记中，以作家训。

（十六）马君武校长的亲笔遗墨

马校长一生，除写译许多科学书籍外，更常作诗吟赋以自娱，其中有十多首的诗词，脍炙人口，固不待言，而其字体，更是特出一格，为学人争相索取以作宝藏。兹特复印一二于后，以供读者欣赏，也作本文之结束。

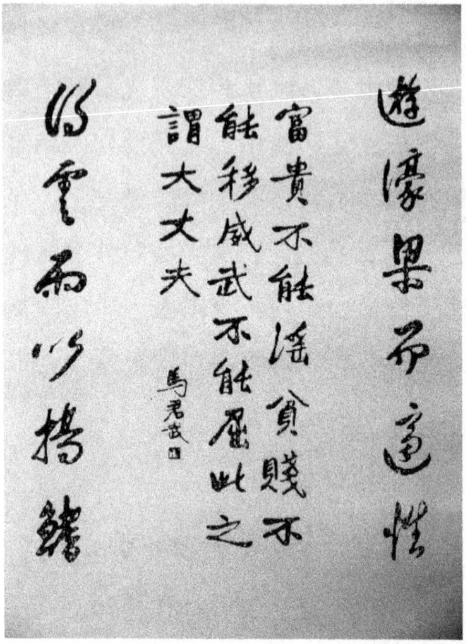
富貴不能淫貧賤不能移威武不能屈此之謂大丈夫
馬君武

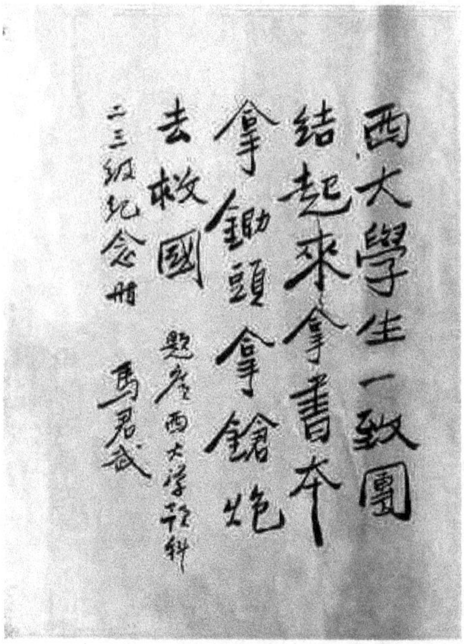
西大學生一致團結起來拿書本拿鋤頭拿槍炮去救國
題廣西大學預科二三級紀念冊
馬君武

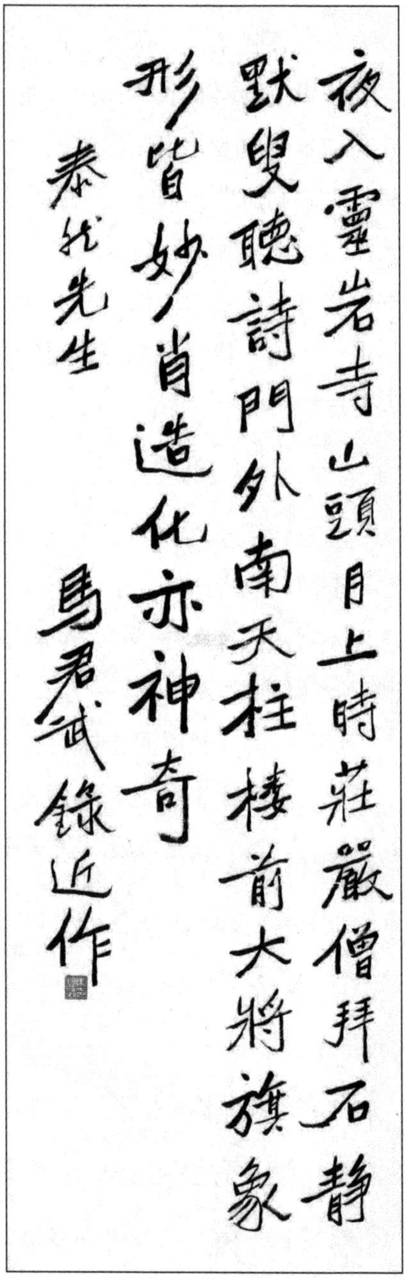
夜入靈岩寺山頭月上時莊嚴僧拜石靜默叟聽詩門外南天柱樓前大將旗象形皆妙肖造化亦神奇
先生
馬君武錄近作

我与马君武校长

马君武和《救亡日报》哺育我成长

郑公盾

前　言

从 1939 年秋起，我同桂林《救亡日报》（以下简称《救报》）发生了义务投稿的关系。在广西大学"中国政治史"教授、我的老师——张铁生教授的直接引介下，我参加了《救报》编辑部的工作。1940 年 3 月我首先为《救报》所开辟的《青年政治》副刊任主编。后来，就在这年暑假和寒假直接参加了报社工作（业余义务写稿），直到 1941 年 2 月初为止。我修毕广西大学三年级上学期的各项课程，则专心致意地积极投身《救报》的工作。我在《救报》期间，仅 1940 年一年，写了近 50 篇文章。我从《救报》学习如何用笔参加战斗，写通讯、报道、散文、诗歌等。而更重要的是学习了如何治学，如何用笔同黑暗的环境进行斗争。虽然在这以后生活的道路相当坎坷，如今约莫 46 年过去了，正如 1941 年 2 月我在《救报》最后所写的一篇散文《祝望》中，给一位朋友的信上所表示："我们无福当大官，也不想做大官。让我们永远地同我国人民同艰苦、共命运走完我们的一生吧！"不管别人对我评价怎样，我自问不论作为老师或编辑，对于年轻的一代总是尽了自己的力量的。

关于《青年政治》副刊

1940 年，上海、广州等地沦陷之后，广西桂林已成了旧中国的文化城。许多文化工作者都集中到桂林来。我和一位朋友一同从厦门大学转到广西大学。当时，广西大学校长马君武坚持贯彻民主自由方针办校。我就读该校政治系。政治系政治学会决定在《救报》办个副刊，由张铁生教授同《救报》总编辑夏衍同志商妥，在该报开辟个旬刊——《青年政治》。这

是当年代表进步青年发表要求中国独立和民主自由言论的旬刊。大家推选我来主编，每期约占全报的 1/4 篇幅，1940 年 3 月 13 日出版了创刊号。在第一期上写了发刊词《青年政治的诞生与希望》，文中指出："人类的历史，已经发展到一个交叉点，旧的、落伍的、腐败的快要灭亡了；新的、进步的、正在不断地创造萌芽与跃进。抗战，是中华民族的大熔炉，她把这巨灵磨炼得更坚强，更有前途；抗战，也像一面大显微镜，她照出了什么是黑暗、是衰老了，同时也照出了哪儿是光明和年轻，生满了一身封建毒瘤、带着满腹自私自利、典型军阀和妄图出卖国家民族和自己祖宗子孙的大小汉奸：诸如汪精卫之流，也在抗战的显微镜下，现出了原形，显出了他们是生活在我们民族身上的寄生虫。我们把这帮家伙扔到茅厕中去了。抗战改变了我中华古老的民族，时代的风暴唤醒了四万万五千万人民的新生，从此，祖国的政治，也从被压迫苟延残喘下，走进民族新生的新途径中。……"

文末强调说："今天，《青年政治》的诞生，是以一群忠于祖国和民族、热情于抗日战争、反对帝国主义压迫立场的青年学生，在我们工作与学习之余，握起笔杆子，来倾吐出一些青年人要讲的心中话语，渴望能在祖国踏上青年人正奔走的政治大道上，放出萤火般的光芒来。"

除了简短的发刊词以外，本刊创刊号还刊有谢冽的《西线——仍见不到和平》、钱念文的《展开我们的宪政的研究工作》和本刊同人共同执笔合写的《宪政问题研究大纲》。

《青年政治》第四期刊出了"反汪专号"，第六期刊有公盾的《纪念"五四"，我们的自我检讨与努力——给四十年代的青年朋友》，文章结尾写道：我们要看到，"书室之外，还有浩荡的世界；笔砚之外，还有亿万民众……不要让狂风熄灭了火样的心灵，让海浪吞噬了我们的壮志。反抗可以产生力量，前进可以创造未来。今天，我们要继承"五四"青年留给我们的英勇开拓精神，从这险恶的环境之中，来建筑中华民族走向光明的大道。"

当时，我在《青年政治》这一副刊上，还写过：《知识青年的当前政治任务》《反汪、反伪组织的号召中我们应趋的途径》《考试乎，考试乎？——一个懒学青年的忧郁》等文章，这是我青年时期所写的政治性论文，用公盾、王崇、莫等闲等笔名发表的。《青年政治》从第一期创刊，每两周一次，直到第十三期出版时，就被迫停刊了。这是我同《救报》关系的开始。

在《救报》工作琐记

1940年暑假期间，张铁生教授（中共地下党员）写个便条要我带给夏公。夏衍同志接见我后便叫我到《救报》编辑部资料室工作。我听从指挥，到白面山安家落户。从太平路十二号《救报》社址到白面山编辑部大约有五华里路，经过桂林七星岩拐个弯走不远便是。

白面山的《救报》编辑部，是一座用白灰涂竹墙盖起来的大民房，大门朝东。进大门左边是《文化岗位》副刊编辑室，当时，由林林同志负责主编，开始没有助手，后来来了个同我年纪差不多的丁明（何家英）同志。林林同志是日本留学生，在日本时曾在郭沫若领导下编过《质文》，平时穿着破旧的衬衫。他爱写短诗和文艺短评文章，很有见地，看问题也比较尖锐。他经常借一批书陈列在案头，我往往从他那边借书来读。我至今还清楚地记得从他那里读了高寒（楚图南）译的涅克拉索夫原著的译本《谁是俄罗斯快乐而自由的人》。读这本书颇为开阔了自己的眼界。

同副刊编辑室平行的，是发行部、会计室，有张静（女）、冯晖（女）等同志在那儿工作，后面空旷的三四十米大房子是资料室。林林同志给我介绍高灏、高汾两姐妹。她们都是《救报》资料室工作人员，后来外出担任"本报记者"，当时都是只有20岁上下的女青年。这两位出色的女记者，就是当时桂林文化新闻界知名的大高、小高。高灏同志的文章清新、隽永，有一定感染力。她们的妈妈高老太太（原名陈洁如），也是《救报》的一位得力人员。她义务管后勤工作，特别是管群众伙食和社内消费合作社的工作，我们尊她为"总司令"。当时，大家都过平均主义生活，每人每月工薪

一律十二元。其中，部分工资作伙食费，高老太太帮助我们妥善安排，并把合作社管理得有条不紊。老太太年轻时就守寡。她虽然是劳动妇女，却很有见地，知道必须教育子女学文化、长知识。她费尽苦心让她们上学，抗战发生之后就带两个闺女奔向大后方。1938年8月和1939年4月高灏、高汾姐妹先后进入《救报》工作。可惜，现在高老太太和高灏同志都不在人世了，让我们在此对她们致以诚挚的悼念。

当时，报社资料室大约有一千册募集来的图书，有各地交换来的报纸，我们用以剪辑一些资料，分门别类，供编辑部写社论时作参考。资料室里最珍贵的是一部二十卷本第一版《鲁迅全集》（上海版）。我当时虽然读过鲁迅的《呐喊》《彷徨》《野草》等书，但从第一卷到第二十卷细心浏览一遍，是在《救报》资料室。我记得欧阳凡海同志著《鲁迅的书》时，也是借阅《救报》的《鲁迅全集》而写成的。那时我们工作得很认真，听从编辑部命令，凡是编辑部叫写的东西，无不抓紧时间来完成任务。我在《救报》资料室时所写的《如火如荼的缅甸独立自由运动》《读"检讨阿Q文章"后》《湖南东南境一周》等文，都是应命而作。这些文章写成后都交给绰号"阿比西尼亚皇帝"的陈紫秋同志审阅修改。我至今仍怀着敬意感谢陈紫秋同志，虽然时间已过了46年之久，陈紫秋同志大约也老了，但他的高大形象始终令我难以忘怀。因为我从青年开始，是他热情地教导我改文章，是他教导我把文字写得端正，这对我的终生都很有教益。

《文化岗位》是《救报》的主要副刊，它具有报道当时中国文化思想的特色。据说原来由阿英（钱杏邨）同志主编，我参加工作时由林林同志主编，夏衍同志辅导。经常给《文化岗位》写稿的有著名作家郭沫若、茅盾、胡愈之、田汉、潘梓年、张铁生、孟秋江、冯乃超、黄药眠、杨东莼、乔冠华、柯仲平、艾青、周立波、王鲁彦、陈残云、杨朔、何家槐、姚雪垠等人。当时，外国著名作家在《救报》上专门写文章的有与中共，特别是与朱德同志终生交往不渝的史沫特莱女士，为中共鞠躬尽瘁的史特郎女士，日本知名左翼作家鹿地亘等人。郭沫若在《救报》主要发表了《我们失掉的是奴隶的锁铐》《世界新秩序的建立——一·二八纪念日在重庆广播》

《巩固反侵略的战线》（社论）、《争取最后五分钟——对失败主义的批判》《戏剧界的精诚团结》《中国人民的确是天才》《汪精卫进了坟墓》《坚定信念与降低生活》（社论）等文章。茅盾在《文化岗位》上发表过关于《水浒传》的讲话稿。《文化岗位》颇具文化工作者办刊的特色，例如，主办过《留桂画家抗战画展特刊》《高尔基三年祭特刊》《音乐歌咏运动专刊》《电影工作介绍专页》《教育电影路向专页》《民族歌手聂耳先生逝世五周年纪念专刊》《七七纪念歌咏大会特刊》《鲁迅先生逝世三周年纪念特刊》《鲁迅先生四周年纪念特辑》《悼作家叶紫特刊》……富有文化艺术气氛。1939年11月《文化岗位》开始设《岗语》专栏，夏衍、林林等人都为《岗语》撰写短小精辟的文章，在林林等同志的关怀下，我学习给《岗语》写了《牛的眼睛》《踊跃募寒衣》《干的种种》《紧张与平静》《我》等短文。1940年3月辟《今日话题》，每则数十字，古今中外无所不谈，颇见重于读者。

白面山《救报》旧址的后院是职工食堂，1940年8月，《救报》的三周年纪念会就在那儿举行。会开得比较热闹。夏衍同志讲了话。我们集体唱《国际歌》，唱《黄河大合唱》。院子的后左方是个大排字房，大约有数十名排字工人，右边是一家规模不大的小卖部，由当时还是小青年的黄迥同志管理。挨右边拐弯口地方是我们男宿舍，有几架上下床铺的叠架床，林林同志睡在上层，我睡在下铺。当时林林同志的小弟弟林仰峥也来了，我们很谈得来。他的年龄比我小些，他向新波等人学美术、木刻和素描，后来成为著名书法家。写过些儿童文艺作品的谢加因，当时在编国内外新闻，他的工作实践多半在夜晚，白天睡觉迟起。华嘉同志在太平路工作，他后来编《十字街》。肖聪和王仿子同志则分别主持南方出版社、编《十日文萃》和开展报纸发行工作。吴颂平同志编电讯新闻。廖沫沙同志主持夜班编辑工作，可惜我在《救报》时，他恰好外出。

1940年8月1日，广西大学校长马君武突然不幸去世。报社让我回校参加马君武的丧礼。敬爱的周恩来同志发来唁电："一代宗师"四个字；朱德总司令和彭德怀将军共同发来唁电："教泽在人。"我奉《救报》之命，为1940年8月5日和6日的《文化岗位》写了一篇较长的"追忆"文章：

《悼马君武校长》。

不久"皖南事变"发生，政治局面一天天反动。为此，我在 1940 年 12 月 31 日为《文化岗位》写了一首诗，题名为《谁能唱下去?》。为了避免"全文被检"的麻烦，我用译诗形式写作，现在把全文录在下面：

> 谁能唱下去，
>
> 当千万人流着眼泪的时候?
>
> 谁能活在欢笑的信心里，
>
> 当千万人被恐怖所冲击的时候?
>
> 谁能说生命是甜蜜的，
>
> 当千万人的饭菜被人掠夺去的时候呢?
>
> 我仍然要唱下去，
>
> 虽然我是这样的愚昧啊!
>
> 我仍然要用坚强不屈的信心，
>
> 新的世界就要实现呢!
>
> 我仍然要说生命是美好的，
>
> 歌颂着我的同志之间的公约。

这是当时发自内心的心声，也是我青年时代的内心的写照。

1941 年 2 月，我给《救报》的《文化岗位》寄去一篇散文《祝望——送一个毕了业的朋友》（这位朋友是后来任集美航海学院院长的叶振汉同学）。这是我为《救报》最后写的一篇文章。这月底《救报》就被迫停刊了。我也被迫离开了桂林。

尾　语

1940 年寒假、暑假我在《救报》工作，时间虽很短暂，对我的启发教育却是很大的。首先，我在《救报》第一次学习了唱《国际歌》，立志做个

为被压迫人民求解放的革命人；其次，她教育了我如何运用笔来参加战斗，学习写"言之有物"的文章；再次，我从具体的现实生活中学会了爱与憎，更加爱戴具有满腔热情的革命同志，对那些专门只在文字上战斗，而在生活思想上拒人于千里之外的文人敬而远之。我很敬爱《救报》的实干家张尔华同志（后来他改名为张敏思）。好像中华人民共和国成立后他在叶季壮同志身边工作过。因为他在政治上十分关心我们，特别是在"皖南事变"以后，正是国民党的反共高潮又到来了，我在学校里待不下去。我到《救报》编辑部看望张尔华同志时，他对我提出："要警惕，这几天外面到处抓人，时局很紧张，广西大学抓了一个麻子学生（按：指曾超纬同学，他后来在抗美援朝时不幸牺牲！）。"不久，我得到正式通知，说在学生的黑名单里我列在第一名。那位同学让我当天就出走。我立刻向我的敬爱的老师董维键（中共地下党员）道别。当天晚上，现在当了高级工程师的李马可同志把我带到良丰村作家王礼锡同志的家中。王礼锡的老妈妈热情款待我。我同王礼锡的小儿子一同睡在一张床上。他聪明地向我提了许多问题。他不久就睡着了。第二天醒来他不见了我，四十多年以后偶然收到他的来信时，知道他已经办过离休手续了。

　　以上都是45年以前的往事，犹历历在目也！回首四十余年以来，《救亡日报》同人都是遵循着党的道路走的，即使在"四人帮"专横时期，据我所知《救报》同人中，只有挨"整"、被迫害的，并没有投靠"四人帮"、向江青之流讨好而"加冠进爵"的无耻之徒！这是可喜可贺的事情。啊，《救亡日报》，你是培育我成长的母亲！我怀着激动的心情，忆写了这一段往事。

1986 年 1 月 14 日

为八路军募寒衣

郑公盾

北国的大地笼罩在秋风里，谁不爱家中的温暖？

然而，为着家园的存亡，为着千万万大众的幸福与自由，我们的战士，拿起了枪杆，昂首奔向前方。在酷热的阳光下，在冰天雪地中，在枪林弹雨的阵地上，用凝集着的碧血，用视死如归的决心，一个躺下了补上来一个，惊天震地而无比英勇，来开辟着，开辟着这一条最艰巨，而最光明、最灿烂的民族解放的大道。

三年来使敌人胆战心寒，使敌人泥足不能自拔者，能不感谢这些战士么？

三年来在世界各国面前，显示了中华民族无畏与不可侵犯的英勇气概，这能不感谢这战士么？

三年来千万万后方民众，在漫天的硝烟中，仍然过着升平的日子，能不感激这些战士么？

而今季节转入深秋，冷了！在后方衣轻裘者曾记着搏斗在阵地在秋风里的壮士么？

> 雁门山上雁初飞，马邑栏中马正肥，
> 日旰山边逢驿使，殷勤南北送征衣。
>
> ——唐人遗句

再来改一句诗人黄仲则的"秋句"吧，今天在战场上的八路军健儿们，正是：

> 全军尽在秋风里，九月衣裳未剪裁。

仅仅是感激就够了么？战士为我们流血，为我们牺牲，我们在后方的，也应该为战士效些微劳啊！

雁南归，秋风起了，前方千百万的战士，需要寒衣！要生存，需要温暖，才能发展。

我们爱战士，我们尊敬战士，战士为民族的生存而奋斗，他们需要温暖，才能发展。因此，我们要用极踊跃的热情，为战士募寒衣！

让千万件的寒衣，带着千万颗后方民众的心，到前方去。

愿千万万壮士们生活在战地里秋天中的春日！

（按：这篇文章，1940 年秋发表于《救亡日报·文化岗位》的《岗语》专栏。文章发表以后，果然收到当时广大读者寄来转给前线将士的寒衣，使我十分高兴）

民众运动的检讨与展望

（此稿请马君武校长过目过）

郑公盾

一

在战争的过程中，唯有号召民众，发动民众，组织民众，来为国效死，才能保证最后胜利。

一部世界史已经非常明显地为这事实作了证明：法国革命没有全民参加，不会有成功；美国独立，没有民众一心一意的团结一心，向英统治者坚决奋斗，不会创造出光明灿烂的今天；苏联十月革命，没有全体民众参加，永远不能放出胜利的火花。再以我们中国而论吧，辛亥革命成功，国民党北伐军队的胜利，又何尝不是建筑在依靠广大民众的基础上。

中华民族伟大的革命导师孙中山先生早就认定："民众的集体力量，是国民革命的基础，唯有建在这基础上面的国民革命，才有成功。"孙中山先生在临终之时，他用一个更恳切而诚挚的话语，嘱咐努力于革命的同志，"欲达到革命的目的，必须唤起民众共同奋斗"。

抗战的号角响后，蒋介石先生在庐山谈话中告诫我们："如果战端一开，那就是地无分南北，年无分老幼，无论何人都有守土抗战的责任，皆抱定牺牲一切的决心。"在神圣的抗战开始发生之后，他又告诉我们："中国抗战的基点，不在于几个都市，而在于广大的农村。"他又向全国的将领说："……如果全国民众都帮助正式的军队作战，军民真正能合而为一，打成一片，这个力量就可以大得十倍不止……今天各位将领总要记得运用民众，是我们抗日救国最基本的方法。""任何战争，得到民众帮助的，一定胜利，这次抗战，尤其应该发动全国各地方全体的民众力量来和敌人拼命。但要民众和军队合力一心，合拍相应，先要对民众表示亲爱的精神，得到

他们的信仰……才能达到希望……"在南岳的会议中，他更肯定地指出今后对敌作战的方针："政治重于军事，民众重于士兵……"这些言论是很正确的。

3年来的抗战，已经把总理与总裁的剴论，用铁来铸成了：晋南，赣北，鄂中……台儿庄，湘北，昆仑关……各地的胜利，无不是从广大民众武力中得来的，白崇禧将军十分推崇毛主席1938年10月写的《论持久战》，因为"中国又是一个很大的国家，地大、物博、人多、兵多，能够支持长期的战争"。他在谈了《论持久战》后极口称好，并向国民党军委推荐，并用力说明我国抗战要取得胜利就必须大力发动和依靠群众，就是我们能够发动民众破坏交通，实行挖土抗战，与空室、清野结合，所以敌人深入时，没有粮食，也没有一个人供他闻讯，盲人骑瞎马，饥兵来应战，于是就堕入我们的陷阱，遭受重大的惨败了……从三年来督战的经验，白将军发出保证抗战胜利的结论："我们要保证抗战的胜利，必须使抗战真正成为全民全面的，必须使这个抗战由军事抗战到政治抗战，由军队动员到全民动员……我们今后要把眼睛看看下层，不要只放在上层；我们要站到民众中间去，不要站在民众之上、之外。我们要把握住民众的需要，民众的心理，以最大的努力来唤醒民众、组织民众、训练民众、运用民众。"

因此，在今天关于动员民众参加战斗的问题，已不是要不要的问题，而是如何使他更积极、更广大地动员。且让我们对于三年来的民运工作，作一个批判与检讨吧。

二

在三十余月的抗战中，国民党政府也曾三令五申："民众是革命的主力。"《抗战建国纲领》中第二十五条到二十八条也明确规定关于推动全国民众运动的主要四项：

一、发动全国民众，组织农工商学各职业团体，改善而充实之，使有钱者出钱，有力者出力，为争取民族解放之抗战而动员。

二、抗战期间，于不违反三民主义最高原则及法令范围内，对于言论、出版、集会、结社当予以合法之充分保障。

三、救济战区难民及失业民众，施行组织及训练，以加强抗战力量。

四、加强民众之国家意识，使能辅助政府，肃清反动，对于汉奸，严行惩办，并依法没收其财产。

抗战以来，在各地有动员委员会的成立，民众组织的问题也成为各地方政府最扼要而重视的问题。无数热血的知识青年，暂时放弃了学业，踏进祖国偏僻的村落，充作民运中的干部，来担负宣传、组训等工作。大大小小的民众团体，在抗战的烽火下生长起来，民众的力量也跟着一天天地开展和扩大。

事实可以证明：抗战才发生之时，在北平、天津……上海、南京诸战役，民众虽已着手动员，但民众在抗战的阵营中所发生的力量，却显得异样的暗淡、无力和逃亡紊乱的状态。三十余月的抗战已使他们改容换面。今天，战役中一切的胜利是民众与军队共同的果实，这不能不说是最高当局和许多工作者努力下的一个最鲜美的收获。

显然，三年来的抗战，在民众运动的努力下，表现于事实上的，还有以下进步的几点。

（一）政治方面："战争是政治的继续，政治是军事的基础，有健全的政治，才有健全的军事"，而三年来的抗战，民众对于政治的水准，也跟着提高。过去，中国是"民可使由之，不可使知之"，因此，广大的民众，尽在过着睡梦的生活，一面因为生活的压迫、环境的不自由，因此他们被拥出政治的生活之外，政治的兴趣也消失了。抗战的炮火，唤醒人民睡梦的生活，炮火带他们到抗战的阵营中来了，敌人狰狞的面目，使他们的民族意识提高，晓得为祖国的生存而奋斗，此其一。中国过去的民众，是"一盘散沙"，抗战已经不允许他们各走各的路，大家的利害是一致的，大家受敌人的压迫是一样的，抗战像水泥一样把广大的民众团结起来，此其二。其三由于民运问题的重要，因此政府特别注重于地方行政的机构和地方行政的人选问题。在五中全会的决议案中，有《整顿县市以下的组织》议案，特别注重于甄别人选问题。在整顿保甲方面有：内政部制定的《整顿保甲及协助徵兵法》《各地联保联坐注意要点》……本来民运基础是安放于下层政治的机构上，下层政治机构的改进，不能不说是民运努力下的进步。其四，由于民运工作者的努力，奠下了民主政治的基础，各地方有各种人民的集会：国民月会、村民大会、街民大会等，尽在不惜训练人民对于民权的直接运用，落成了未来实行宪政的基石。

（二）军事方面：民运表现于军事方面的成绩如下。

第一，在广大的战场上，有数量惊人的从民间抽来对敌作战的壮丁。

第二，后方自动入伍人数的增加，上至党国要人的儿女，下及小学教师、农工商学各界。

第三，游击队伍之活动于敌军占领区的前后。美国远东问题专家 N. 贝弗伦论及中国的游击队时曾发表如下的意见："日本比政治上的失败更严重的，是来自后方的中国人民的武装抵抗，游击战已经成了一种口头禅……中国游击队所表现的究竟怎样呢？不可否认的，他们已经把日本的军队钉在他们的防线里，使他们不能把大部分军队撤去，叫他们不得不进行无数次无效果的'扫荡'战……有时日军也承认，在名义上已占领了一年多的地方，他们仍不得不平均每天打两次仗，一连打好几个月，可是从事实看来，要消灭游击队战是绝对不可能的。"

第四，表现于军事方面更显著的成功便是军民合作。上面已经提过，北方战事起时，军民是分野的，老百姓们流亡的流亡，逃难的逃难，而台儿庄、湖北、桂南、粤北……诸伟大的战役中，却发现在军事方面的一切部门：掘路、运输、收埋、通讯……完全赖于许多民众的合作，这不能不归功于民运工作下的成就。

（三）经济方面：民运表现于经济方面的如在消极方面发动中国民众对日寇实行的经济战：不卖给日本军食品，不买日货，不用傀儡政府发行的纸币等。在积极方面的，后方扩大民众努力于各项生产的增加。在全面战争展开以后，察、绥、晋、冀、鲁、豫、浙、赣、鄂、粤……各省燃起抗敌的烽火，这一片拥有三十余万万亩，耕地七万万亩的祖国土地，暂时流

入停顿不前的状态，本来中国每年可产水稻九万万四千万市担，战争影响它总产量的 50% 以上，外如小麦、杂粮也有莫大的影响，在战区中的农人数目估两万万零五十万人，在抗战后，除了一部分失散外，大部分投进后方祖国的怀抱中。工业方面也一样受着敌人严重的摧残，许多工业中心的都市被敌人掠夺，无数失业的工人也一样忍受着痛苦投到后方来。这样在民运中，来救济与组织他们的，有许多生产的队伍，如难民垦殖所，全国三万多所的工业合作社……在各地推动农工业的发展，使抗战中的中国经济结构还能够牢牢地站着。

（四）文化方面：过去，中国人民文化十分落后，充满着迷信和宿命论思想风尚，这原因并不是他们的本性这样，而是没有谁来切实地告诉他们。抗战的洪流，使许多民运工作者、青年学生甚至于大学的教授们，都深入广大农村来工作，这样提高了许多人民的文化水准，此其一。其次，民运工作者们因为长期和广大人民接触的缘故，他们吸收了民间文化的精髓，否定过去一切的柔弱，重新发扬民族上优良的传统，这也是在长期民运工作中一种伟大收获。一切都是动的，一切都是变的，三年来的民运是这样在开展、发扬与进步中。

三

然而，我们也不能否认，在三年来民运的过程中，曾经结下了许多亟待改进的东西，这事实表现在民运工作的开展上，针对着这现实，我们感觉有提出探讨的必要，希望加以可能的改进，在民运未来的事业中，发出更大的火光来。

（一）宣传方面：宣传是民运工作者公认组织民众的一个必要因素。民众没有得到进步，宣传上得指点，否则他们永远难以感觉组织的必要，因此更难以发动他们来参加伟大的工作。为要攻破客观必然困难的条件，民运工作的队伍必得在组织之前先行发动一个扩大的宣传，使每一个民众了解自身责任的重大和工作的应该。宣传是因，组织与工作是果。一个组织与工作的展开缺乏了宣传，就等于物体的缺乏动力，然而目前宣传工作中，还有几个值得一提的问题。

第一，宣传的脱节：前面已经提过宣传和组织及工作本含有因果的关系，光宣传不组织和工作是空谈；光组织不宣传，是乌合之众，无坚固的根本结合。但目前还有许多负责宣传的队伍和工作团等，他们负责了宣传，也只管宣传，把宣传与组织脱开环节，以致许多宣传队到了农村，用三天五天来工作，工作之中民众燃起抗敌的烈火，然而他们离去了民众的情绪也跟着平淡，结果，收获是可怜的微少，不能产生出有力的力量来。

第二，宣传工作尚未彻底深入民间：事实不可否认，在目前大部分宣传队，依然是集合在几条交通线网的大都市里，公演话剧，开纪念大会，贴上一重又一重的新标语。都市的宣传固然需要，但都市的居民对于抗敌知识的认识，究竟已经有了一个轮廓的理解，因此组织他们是工作者更要注意的一环。然而，再看最边僻的农村吧：广大的农民众尚不懂得什么是国家民族，也不懂得中国抗战的根源，可是这些地方的宣传队伍，却少得如凤毛麟角了。

第三，宣传方式方面：唯有利用良好的方式，才能使宣传的工作收到更大的成效。

然而，在宣传方式——标语、图书、戏剧方面也会有许多值得讨论的问题。除了过于高级水准的一部分漫书外，问题最显著的是戏剧。正如张庚先生所提出："当上海业余剧人协会分散成两个小团体，决定去做战时宣传工作的时候，曾经浩浩荡荡地，带着大舞台使用的布景板，沿着京沪路在苏州、无锡等地作大规模的公演。当他们进一步深入比苏州、无锡更偏僻一些的内地时，那布景板、那些复杂的灯光用具就没有法子施展，而必须另用更简单的方法和形式来进行宣传工作了……"这说明抗战以来的戏剧设备，还是趋向于都市的资产阶级，不适于农村。再以戏剧的内容而论，许多是超出一般民众的知识水准。话剧队多在都市里打圈子，甚至变成一种新式娱乐方法，而合于民族形式，适于广大农村的优良剧作品、剧队伍，却少得可怜。

第四，工作者方面：宣传就是教育民众，要教育别人，先要自身先具有深切的认识，并从工作中来学习并教育自己。

在我们宣传者的行列中，无疑地，还有许多对于我们的现实环境和自身责任，尚未曾具一个清楚认识。因此，还有少数的宣传工作者，多少带些不自动的应付或糊口性质而苟且了责，宣传的成效收获轻微。还有小部分对于方法和技术，尚未精练，因此不能受群众的欢迎。有的宣传流于说教式的"打吗啡"方法，因此把群众诱进来却使期处于模糊的状态中。

（二）组织方面：在民运的组织工作中，我们发现有几个具有扭曲状态的症结。

第一，挂牌式组织：在这沉痛的日子中，不可否认的大部分的政府机关和许多勇于为民众服务的青年朋友，已经尽其最大的努力，工作于人民组训方面。然而，在这洪流中也一样不可否认还飘浮有少数冒名假牌的人。这些人没有服务的决心与能力，没有爱国的热情和气魄，他们是假借救亡的大业，当为个人饭碗的工具，在救亡的道上窃取荣誉与美名。挂上各种最新式的招牌，来混骗社会、国家、民族，而实际的内容却是贪之而空虚，甚至毫无抗战情绪的程度。

惨痛的事实在祖国的战斗中鞭打我们：过去许多沦陷的地方，民众反被敌军组织去，地方负责民运组训机关云散烟消。更令人忧虑的是：少数掌握组织民众的机关，在敌军还未临境之时，却先脱离了民众，抛弃了民众，先自迁进安全地带，在一个新的幽闲的地方，重新挂上新的招牌，重新再弄一套新把戏。这样逃命不遑的分子，怎样可以负起艰巨而危殆的巨任呢？

第二，拉夫式组织：就是执行民运组织工作的人员，对民众未曾加以说服与劝导，一来便是强迫的征调，乌合成一个不坚固的队伍，有时反引起民众的怨哄和反感，一旦重要时完全不能使他们执行他们的任务。

第三，组织工作尚未大规模展开：也像宣传的队伍一样，今日组织民众的工作，尚偏于大城市和交通线便利的密网中。农村的民众，尚未彻底组合训练，尚未能在战争的转变中把握住他们。

（三）组训中的工作方面：在组训工作的行动中，有几个缺点地方。

第一，未能启发民众的主动性：这便是拉夫式组织带来的病素，对民众缺乏启发与说服的工作，对于抗战与抗战和他们所发生的关系完全隔膜。因此，一群组织成为乌合之众，内容空虚而不切实。

第二，缺乏经常精密的检查：缺乏经常精密的检讨，因此不能发现自己的优点和缺点，不能对症下药，改进工作。

第三，工作队伍缺乏联系：因为缺乏联系的缘故，而生出各部门的姿态来。唯其各部门分立，因之不能发生出更大的力量来。

第四，工作缺乏计划化：因为缺乏一个明确而科学的计划，因此许多工作流于劳而无功，或是乱干盲干，花的力气多，收的效果少。

四

针对着这缺点，我们简单提出改进工作的几个要点。

（一）宣传方面

第一，宣传应与组训配合，不单做到解析说明，同时要积极表现出发动性和得到组织上的效果。

第二，要更扩大地发动深入民间的宣传，到最偏僻的农村角落做说服民众的工作。

第三，把一切救亡工具针对着广大的民众，把一切不适合于中国国情及民众的宣传方式（包括图书、戏剧等）改良成适合于中国化和民众化的口味。同时还应注意："不仅来一个简单的反映现实，而且要积极地把我们的任务提高到和敌人作宣传式的战斗。这一个战斗的任务具体地表现出来就是对于广大民众的教育任务。教育他们对于新的事变中应当做什么，怎么做……"（张庚，《话剧民族化与旧剧现代化》）

第四，工作者本身要加紧对于现实环境的认识，把握抗战的真正意义，认清中国与日本和国际关系。因此，工作者要随时注意报纸杂志刊物，同时，还需要集体研究、讨论，使大家的认识更深刻，意见更趋于一致。

我与马君武校长

此外，我们对于宣传的技术应该加以精炼，积极取得民众的欢迎和接受，我们宣传的工作要具体、实际，有目标、有办法，反对一切不合实际和麻醉民众的说教式宣传。

（二）组织方面

第一，我们要检举和说服身负挂牌式组织民众的人来认真参加民运工作，同时"必须加强各级动员民众的机构，容纳各方面有力的分子，集中意志，集中力量"。"必须充实各级政治的组织，把握住直接领导民众的乡村长……"（白将军，《动员民众中几个现实问题》）使组织具有充实的内容，不会因几阵风雨而击破，不受敌军的炮火摧残。要使组织无论胜败都能存在，即使一个地方不幸沦陷，还可以散在敌人后方奋斗，永远不屈服，不做顺民。

第二，我们负责民运工作的同志，在目前要特别加紧教育民众，说服民众，变拉夫式的组织为自动式的组织，革除过去一切政府和民众间发生的隔膜，以增强力量。

第三，我们要开展组织的范围，到各个农村去，组织起民众，使他们都热烈地投向祖国的怀抱。

（三）工作方面

第一，"必须发扬民主的精神，切实实行启发民众来参加抗建工作"（节略白将军动员民众中几个现实问题语）。

第二，经常对工作加以精密检讨，选优去劣，以求进步。

第三，加紧联系工作，无论是纵横各面，使都能整肃齐一，使效力更大。

第四，对工作要先具有明细计划，有目标，有步骤地进行下去。

五

战争的重要条件有三：人力、物力、财力。在我们扩大动员的今天，避开敌人的物质乾涸、经济崩溃，光来看他人口和动员的姿态吧：

敌国有六千万的人口，可以动员的壮年男子占三百万人，也就是廿人之中占一人。这比例假如用到我们占有四万万七千万人口的中国，那么我们可以抽调的壮丁，最少在二千二百五十万以上，就是牺牲三与一来比吧，假定敌人牺牲了一百万人，我们牺牲了三百万人，则我们的牺牲已有可抽调壮丁总数的 1/8，而敌人的牺牲已是 1/3 了。何况敌人牺牲还不止此数，最近几次胜利的战役说明我们和敌人的死亡率是相当的均衡，有时敌人更加重大的。且让事实说明敌人动员上的危机。

抗战三年来，据敌人的文件中证明：敌人伤亡的总额在一百四十五万人以上，从"七七"事变到徐州会战伤亡七十余万，自徐州会战而武汉、瑞新、南浔、南昌、随枣、粤北、桂南、晋西……再加以敌人遭受广大游击战的打击，敌后人员的消耗总在七十万人以上，敌人的动员达二百五十余万人，每天死亡超过一千五百多人，以敌国的人口，配合这事实，可以看出敌人征华前途的暗晦。

然而，欢欣是无用的。我们今天重要的事还在于加紧的动员，人多是我们胜利的一个极明显的条件，我们的前途是阳光。

显然，在民运富有前途的今天，为要收到更大的成效，还需要完成几个迫切的任务。

第一，动员优秀的干部到民众群中去。抗战以来，我们时常听见："干部决定一切"，因为干部是群众的代表者，他们负有沟通上下层意见的任务。因为干部的缺乏，因此重要的工作松弛。今天，我们热切盼望着有热情的工作者，多为祖国贡献出力量，来充为民运中的领导者。一面我们要对青年的朋友说：我们"精神是饱满的，体格是强健的，思想是前进的，'我'（原文称为你）们要用百倍的努力来锻炼自己，加强自己，吃苦耐劳地做下层工作。要到前线去，到乡村去，到民众中去，对民众加以组织，加以训练，加强他们的政治教育。青年们不要向后跑，到后方去躲避乃是一般志气薄弱的妇女老幼们的行动，决非我们青年应有的状态……"（白将军训辞）

第二，应该注视改善人民的生活！民众的生活不能改善，要动员他们是很难的，二十年来的天灾人祸、内忧外患，使物价飞涨，工资减少，农

工人民的生活倍感苦痛。在今天我们"尤其是要为着穷苦的同胞，改进他们不幸的生活，增进他们的幸福，进而达到全人类的幸福"（总裁，《地方团队政治工作方针》）。唯有改善人民的生活，才能使人民乐于抗战，壮丁们安心抗敌。这方面我们提出几个具体办法。

（1）提高工人、农人、中小学教员及抗日军人的待遇。

（2）废除或减轻苛捐杂税。

（3）人民的负担要以有钱出钱为原则。

（4）减轻租税，禁止高利债。

（5）切实实行已颁布的优待抗敌军人家属条例。

（6）协助人民增加战时生产。

（7）改进农业、工业、手工业。

（8）救济失业难民、青年、学生。

（9）替耕者找田地，从事垦荒生产。

（10）调济后方粮食及用品，禁止奸商高抬物价。

第三，应特别注重于调整各级的行政机构方面：各行政机构是领导民运的总枢，唯有把着大小的总枢弄得健全，民运总有它辉煌的前途。因此，我们具体提出：

（1）澄清吏治，铲除贪污，并奖励检举贪污的行为。

（2）培养并发扬民主精神，使民众参加政治。

（3）严防汉奸的活动，适用军法，严厉公办。

（4）加强各地方的保甲组织，系统要分明，并清查户口，编制门牌，对汉奸活动实行五家连保法。

第四，应努力从事促进施行宪政运动：宪政运动就是使全体民众能够共同加入政治，同时养成对政治发生兴趣，并促进三民主义实现，抗战更有利，建国有把握。

以上所述，仅就个人参加民运工作的点滴经验，写出来以供我们民运中诸热情同志的共同商讨，不对的地方还得期待指教。

抗敌救亡，责任艰巨，并非不肯吃苦专顾享乐的人能干的，在这胜利基础已定而工作更加艰苦的今天，我们更殷切盼望更多数的伙伴，来共同负起这个责任，迎接民族的天明，为祖国明天的民运大业辟一条康庄大道。

刊于 1940 年《救亡时报》第 3 卷 15 号

纪念"五四"，我们的自我检讨与努力

——给40年代的青年朋友

郑公盾

在这血火交融最沉痛的日子里，缅怀21年前的今天，我们青年开拓者们，在反抗帝国主义者给全中华民族抛下的"二十一条"镣铐，霸占山东青岛一带的无理要求，和反对卖国奸贼曹汝霖、陆宗舆、章宗祥的降敌企图下，用英勇愤慨的热情，揭起光荣的革命旗帜，通过敌人的枪尖、汉奸走狗们的逮捕，再接再厉，写下了搏斗的史迹，促使全世界的人士对中华民族有一个新认识。面对着目前更为残酷的环境，汉奸双管齐下灭亡中国的企图中，我们除了予开拓者们的万分的崇仰之外，应该更加刻苦地踏着战士们的足迹，继承无畏精神与未竟事业，负起当前的急务。

然而，我们试着来一回自我检讨吧：诚然，在我们的生活圈里，还存在有许多急待改正的柔弱素质，我们不够紧张、不够严肃、不够刻苦、不够努力；我们对环境的认识不够深刻，我们缺少坚毅的革命意志，缺少对工作的高度热情，我们还带有残余的自私心理，我们有时轻浮自满而不愿接受友人的规劝；此外，在我们知识青年的大群里，也还存在好几种亟待纠正的病态生活。

第一，空喊，不实干。因此有时把神圣的工作，当为摄取名誉的工具，因而流于好"包"而不愿"办"，筹选举而不设工作，看不见广大的群众，看不见社会，看不见世界，与工作脱节，与群众脱节。

第二，过于爱好享乐。因而学校变成半娱乐场所，社会变成半戏院，永远居在社会圈外，沉溺在滋味、浪漫、吃、醉……

第三，由于未上轨道的病态教育，促使一部分过去勤劳刻苦的朋友，满肩上负的是书，背上压的是书，头脑充满的是书，"书中自有黄金屋，书中自有颜如玉"，为升学、为毕业、为出路，背驼了，眼睛近视了，吐血、肺病，身体跨了，自然，国家大事、社会动态更无暇顾及了！

第四，由于黑暗重重的社会，使一部分饱经社会风霜洗礼的朋友从愤怒而至屈服，有时以清高自居，摆出"老成"的态度，甘愿脱离现实；或是虚伪叫唤，一切热情都僵化在忧伤里。

这些是多么不幸的行为啊！

自然，以我们具有的丰富热情，不老朽、不迂腐、不顽固的青年，一切的缺憾是可以克服的。我们要扬弃生活的劣点，不断地改造自己，充实自己，才有前途希望；只有自我的心理和戴上黄色眼镜的，要立刻把它脱掉；要认清中国反帝、反汉奸、反封建的革命，需要广大的民众参加始能成功；企图逃避现实，过着把头插在沙土里以避灾难、以尽情享乐的鸵鸟式生活，要立刻把它革除；对环境要加深理解，无情的炮火，是否允许我们再沉醉在梦乡！被不合理教育所埋葬的，应该迅速从牛角尖中跳出，书本的学习在我们固然是绝大的需要，但也不应与现实完全隔离，要知道："书本之外还有生活，书室之外还有浩荡的世界，笔砚之外还有数万万民众。"被黑暗环境所削夺而消沉或企图逃避的朋友，应该重鼓勇气向前飞奔，不要让狂风熄灭了我们火热的心灵，海浪吞噬了我们年轻的壮志！

反抗可以产生力量，前进可以创造未来。今天，我们要继承五四青年留给我们最英勇的开拓精神，从高压悲伤的境地里，建筑中华民族的最光明大道。

时代更伟大了！然而要担负起这一时代的重担，柔弱的眼泪、消沉的意志、落后的思想，是先要革除的。我们应用毅力、勇气、热情、苦干，握起拳头，挺起胸膛，抓住现实，改正我们一切的缺点，葬送这些分离不合作的现象，为中华民族的解放而努力到底。这是纪念"五四"我们应有的精神与抱负。

"一二·九"学生运动

（这篇是马君武亲自看过的文章）

公 盾

"一二·九"运动的历史背景

"九一八"事变以后，由于蒋介石对帝国主义采取献媚妥协投降的政策，日本帝国主义者不战而胜地摄取了辽、吉、黑三省，剥夺了我国在淞沪驻军的主权，夺去了热河全省的领土。他们和蒋介石缔结的塘沽协定，更企图扩大掠夺范围，囊括整个华北。1935 年 5 月，天津日驻屯军司令又和蒋介石卖国政府缔结《何梅协定》，撤销了国民党在华北的嫡系军警和宪兵；在察哈尔制造"张北事件"强迫二十九军退出察东；在上海制造"新生事件"；10 月间复在土肥原唆使下，进行所谓华北五省（冀、察、晋、绥、鲁）的"自治"运动，一面以武力压迫中国投降，一面收买大批汉奸四出骚扰，通同蒋介石卖国政府蒙蔽人民耳目，控制人民舆论，不许爱国人民掀起救亡的热潮；11 月 25 日，汉奸殷汝耕在通县公然组织所谓"冀东防共自治委员会"，宣布独立；日寇又调大军入关分驻平津等地，在丰台、在天津，任意扣留车辆，并用大批飞机四处示威。这时，中国人民革命的主力——红军正绕道向西北抗日最前线前进，中国共产党在 8 月 1 日发出了要求全国各党、各派、各团体一致抗日的宣言，积极地为抗日民族统一战线的实现而奋斗。可是，反动的蒋介石政府不但不理会共产党提出的正义的爱国主张，反而继续向日寇出卖祖国，并在西北"围剿"红军。这时，整个华北受到了帝国主义的控制，整个国土已经受到了极严重的威胁。我们只要看看当时的一个统计数字，就能更加明白那时蒋介石政府是怎样出卖中国的。这个统计指出："九一八"后三年多，我国共丧失了近三百万方里的土地，比起近百年来清廷历次丧失的国土还超过一百五十万方里。

中国人民再也不能忍受，再也不能缄默了。民族的愤怒，终于变成了泛滥的洪流。1935 年 12 月 9 日，北平的青年学生首先响应了中国共产党抗日的主张，掀起了历史上光辉的"一二·九"运动。

"一二·九"这一天，北京两万多的青年学生，在蒋介石卖国政府军警们的水龙、大刀的残酷镇压下，冲出校门，向全国人民喊出：

"同胞们啊！华北是中华民国的华北，是中华民众的华北，是我们自己的华北。在这生死关头，我们应该坚决地起来反对这种分割中国领土的'防共运动''自治运动'，誓死争取爱国的绝对自由……"（《"一二·九"宣言》）

这沉毅的号召，立刻在全国范围内获得响应了。天津、上海、杭州、南京、广州、武汉、长沙、保定、开封、安庆、徐州等各大小城市甚至部分的乡村，都举行了示威游行。在全国广大的土地上，掀起了澎湃的救亡浪潮。

"一二·九"是中国学生向帝国主义和国民党卖国政府进行英勇斗争的日子！

"一二·九"学生运动的特点

一、有明确的斗争纲领和斗争方向——"一二·九"运动的中心要求是：反对所谓"防共自治"，保障地方领土安全，要求公布中日交涉经过，要求言论、集会、结社、出版救国的自由。其中心口号是："打倒日本帝国主义""停止内战""一致对外""反对伪自治"。当时的学生正确地认识了民族当前的敌人是日寇汉奸，挽救民族危机就要团结抗战，他们真正代表了全民族不愿做亡国奴的要求。因此，运动很快地由北平扩展到全国各地，形成全面性的运动。

二、组织性战斗性的加强——由于帝国主义和汉奸的分化，以及蒋介石反动政府所加的压迫，客观上要求那时的学生运动须有严密的组织——军事化的组织、侦察组和纠察队的组织……因而，大刀、水龙、皮鞭的威迫，仍然动摇不了同学们的阵营。这种有组织有纪律的行动和高度的战斗

我与马君武校长

性，使帝国主义及其在华走狗蒋介石匪帮们不能不有所顾忌。那时在无锡等地赤手空拳的青年学生和蒋匪特务警察打过"巷战"。这虽然使同学们受伤被捕，但是青年同学"视死如归"的革命战斗精神，却永远闪耀在革命史上。

三、自发性与自觉性的提高——"一二·九"运动首先是以自发的请愿方式进行的，这种自发的请愿方式遭受到蒋介石卖国政府的拒绝后，马上便发展到对卖国政府的示威游行，发展到半军事防卫性的斗争，发展到从各方面促进团结，争取抗战的工作方式。

"一二·九"运动在历史上所起的作用

"一二·九"是民族解放运动的一环，是学生运动的新阶段，因而它在历史上所起的作用是很大的。

一、它唤起了民族魂——"九一八"到"一二·九"是民族运动的隐晦时期。救亡运动在日帝国主义的控制下，普遍的被压抑着，"唯武器论""亡国论"、苟安心理、逃亡心理、失败主义，几乎支配了整个沉闷的局面；可是，"一二·九"这个光辉的日子却带来了一股新生的力量，在学生们的热情激荡下，蒋管区的学联开始由半公开或秘密的组织进入公开的组织，"各界救国联合会"的组织也成立了。

二、促进了国内的团结——在运动初期，虽还只笼统地喊出"停止内战、一致对外"的口号，但"一二·九"以后却更具体地提出了：动员全国陆、海、空军，集中力量，不分党派、阶级，一致对外。同时，在行动上要求与学校、教师合作，并推动了全民族的团结，要求二十九军保卫冀察。正如当时上海文化界救国会第二次宣言所指出："'一二·九'学生运动，是全国大众一致奋起救国图存的先导。"

三、促进了抗战——"一二·九"首先唤起了东北义勇军的自动抗战，唤起了绥远的抗战，促进了二十九军的倾向抗日，打击了日寇汉奸企图整个消灭"抗战实力"的阴谋，打击了蒋介石、汪精卫"恐日病"在民族解放运动里的阻逆作用。因而，"一二·九"有力地影响到"七七"的抗战。"七七"抗战的爆发绝不是偶然一触即发的抗日行动，而是在"一二·九"所掀起的反帝运动（以反日为主要的对象）的高潮下总爆发的。

四、锻炼了新的工作干部，加强了抗战力量——"一二·九"以来，北平学生在艰苦的斗争里培养了坚忍不拔、吃苦耐劳、英勇果断的精神。

记朱子故乡

郑公盾

一

在闽江西北，穿过180千米的水程，溯无尽的溪流与险滩，从沈溪向北，便可到达一代理学大家朱子生长的故乡，一个僻处在福建闽中的山城——尤溪。

这古老苍茫的城郭，茁长在险僻的山地中，脉脉相连的崇山，削壁悬崖和峻岭，把它围得透不出气来。这无尽的山脉，是出自沙县的罗岩峰，逶迤蜿蜒，达数十里遥程，经西北，达十都称为仙桃岩，分支向南，双峰高起称为双峰山，再南为文山，东有伏狮山、金钟山、玉釜山、莲山，这错综分歧的山地，造成了地理上一个巨大的殊境，疲乏了无数往还的旅人。另一面，却画出了异样幽美的景色，"千村万落无寒食，不见人烟空见花"。在山间，有无数的岩洞，像桂林一样多，象形的鲤鱼石、蝦蟆石、三星石、人石，……那无尽的俊秀天然的山景，青郁的森林，葱森的古木，荒亭老刹，该能点缀起旅行者轻微的愉快吧。

是一天艳阳淡荡的日子，赖自己两条久穿风尘的胫腿，为着探求古迹之心的驱使，踏入了这一个艰难而险峻的征途，登上无穷尽的山岭，前人的脚根，踢在后步者的鼻梁，沿十四都、沐口站，爬上了"竹篙山""摧命岭""绝气峰"。那雄壮的山啊，笔立如入天路，我年青，我有年青越岭的气力，穿过山地的浮云，踏过山间的雾雪，在一个胜利的歌声里，和一群年青的友人，愉快睹视着安抵这古老苍茫的朱子故乡。

先来介绍这地方地理上的位置吧：尤溪位于福建最中心的一个腹地，东与东北连南平、南大田，北界沙县，南达闽清，除了高山之外，没有公路可通，两条水道，虽然小得像两道鼻孔，在这干枯的山国中，却可充为湿润的泉源，负交通、经济、政治、文化命脉，在沈福门两流汇合向东，经尤溪口，倒入闽江，绕过溪流、险滩，飘浮着无数条小鼠舡。这温泉，艰险的温泉，润湿了尤溪。

二

怀着一颗愉快的心，用缓慢的步伐，向这山城巡礼。这城是那样陈旧而残破啊，虽然有那坚固的城墙、辉煌的庙宇，但这城的阴沉的气息、充满恶臭的街道，典型画出了祖国儿女生活圈之另一面。这景物，迫动一个轻微的叹息。

度过一条架有木板的长桥，几座依稀而破烂的茅屋，零落点缀在一个背山面水的山坡上。引路者用轻快的声音告诉我，"那儿便是朱子之家"。

好奇的目光，充溢出一腔情绪，更用迅速的步伐，靠近了多年渴望瞻仰的地方。堆满牛粪的门前，盘坐着椅子上的几个穿着腐蚀衣服的农人。大门前，挂着宋理宗御笔亲书"南琴春院"四字，几副模糊的牌额，告诉朱晦庵先生在祖国文化史上光荣的残迹。这几家依稀的门第啊，便是朱熹留下的嫡系子孙住居的地方！方块的文字，又与他们脱缘了，他们仅仅模糊记着祖宗过去的光荣。

朱家的厅堂（自然不是一个精美的厅堂）上，挂着一幅几百年留下的朱子的父亲韦齐的画像。这硕果仅存的纪念物，他们懂得宝贵的珍存。

我曾细心调查韦齐迁居尤邑的历史。据传：韦齐曾出仕于福建政和，因看不惯官场的乌烟瘴气，乃带着眷属，潵探了这远僻的山村而双栖了，这屋子居于沈溪之畔、公山之麓，是郑义齐的旧宅，韦齐过着平淡的生活，又以笔耕为职。当宋室南渡时，为我们的文化界生下了知名的朱子晦庵。

朱子，在他的父亲苛刻与认真的教育下，轻快地画上了一副豁达多才的思想。7岁，当他与孩子们漫游，在距家五里的一个沙滩上，教孩子们写字，画卦为戏，这地方为着朱子生前的点缀，今日被命名为"画卦坊"。

关于朱子理学的何如，笔者不想批判，而他孜孜讲学不倦的精神，却是令人钦佩的，踏上闽、赣、浙各省的土地，无处没有朱子晦庵撒下种子

而发芽的。

为纪念朱子一生为学术贡献的优绩，于宋室南渡之后，有御旨传达下，在尤溪建一座朱姓父子家祠。在元时，祠分为二。明朝，大部毁于寇乱。清康熙帝，因爱好学术和尊重在学术史上占有一席的文化人，于是经风雨而遭摧折的朱子祠，又重新兴工动土，装上了美丽而尊严，这古迹一直留到今日，给后人凭吊。

年代的风雨，又刻在这古物身上，使它破旧。今日，当我踏上朱子祠时，厅前的两扇朱门依然钳着，在古色古香的氛围处，不禁勾动缅怀一代学者的情调。这古祠，宽敞而清幽，其中含有：韦齐读书处的南溪书院、韦齐宿房、架亭塘、石桥和埋朱子胎衣的毓秀亭。石桥之畔，陈列了许多幽美的假山，长年的野草，生满了广漠的空场；在褐色的壁上，画满许多游人断章的诗句，其中有一幅"雪堂养浩凝清气"，下书晦翁，是朱子老年回乡的亲笔。在蔓草的园丛中，鹤立两棵拥有几围的大松树，曾列入中央古物的登记中。

祠的前头是一张半亩的方塘，塘前是一座活水亭。它是朱子生前看书的地方。塘中的流水还是一样不断地倾泻。这流水使我们记起一代优秀的学者和他一首不朽的活水诗篇：

> 半亩方塘一鉴开，天光云影共徘徊，
>
> 问渠那得清如许，为有源头活水来。

三

带着怀古的情调，匆匆巡礼过了朱子之家和朱子祠，我认真搜索着朱子留在尤溪的事迹。

朱子留在自己生长的故乡的遗迹的，并不是一座高楼大厦、田连阡陌，而是，也像他努力各地方一样，在这里掀动起教育的波澜。赖着他到处讲学、到处诲人，因此在南溪书院后的尤溪教育，却异样的辉煌与蓬勃了。

著名的书院有开山书院、正学书院、镇山书院、天池书院、荆川书院。书院换来许多及第与金字的牌额，留在今日许多破烂的庙宇中，零落指点着古城曾有一时期的繁荣。

在朱子扶导下的尤溪教育学制，值得考究的，有以下重要的几种。

（1）贫士田制：以公家的租谷，留供贫寒学生的油灯费用，类似今日学校的清寒补助金。

（2）捐学制：有钱者捐款兴学，以促进地方教育。

（3）书田制：以私有田地献为公田，以资助努力求学的学生。

（4）瞻学官屋制：用公家的房屋收纳租税，充为学生之学费、杂费用款。

（5）赏学制：按学生成绩优秀，分别予以金谷赏励，类似今日一般学校的赏学金。

四

要知道朱子故乡的今日姿态，先应该看之前黑沉下的封建尤溪。

到过福建的人，总不会没有听见卢兴邦师长的大名吧，他是一员出力于草泽的英雄，过去尤溪的统治者，今日热情于祖国的山国老人。

四面高山，建尤溪成一个铁的巢穴，在三十年的离乱中，尤溪的人民遭受了空前严重的浩劫，人口数字降低了，民性也分外懒惰，他们的理由是："有钱还要遭难，不如光身，吃一天做一天倒安适。"懒惰、因循、守旧、固执，联成尤溪的民性。这样本来先天不足的尤溪，弄贫而更赤了。

这地方，还遗留有童养媳与早婚之风。无论贫富的人家，有了七岁的儿子，便抱个媳妇，拜了天地实行同居，十三四岁做父亲的已是司空见惯，对人种难免有莫大的影响。孩子们瘦黄的脸色、细小的身材，是一个社会杀人的活描啊！

时代的巨洪，激荡着祖国的大地，也冲洗进古老苍茫的朱子故乡，一向是老态龙钟的尤溪人，在中华民族怒吼的日子里，竖直为国的脊梁，新编五十二师纯粹由尤溪人组成的队伍。于今，已全数为着祖国的自由，贡献他们的头颅与血肉，投在雄壮的沙场上了。

抗战的巨浪，苗长了山间的山城，尤溪以在地理上的多山，与交通的困难，今日反成为闽中游击的桃源！各地的农民纷纷侵入，掀动起尤溪历史上空前异样的繁荣，物价贵了，人口多了，文化的水准也提高。于今，两个新的中学，从大城市迁到这里，尤溪更见热闹了，尤溪也更形进步了。

那双峰挂日、二水如霞、东岩虎啸、西泽龙潜、玉溪清卯、金映湛泉、牛岭耕烟、龙台钓雪、师麓存云、虹桥晓月、活水源头、半亩方塘、龙门古寺……这些尤溪幽美景物代表地和那富有历史意味的朱子祠啊，今日给许多远地的游人踏遍了！谢谢抗战，带给它 20 世纪的新文明。如果朱子知道他的故乡已经迁上进步的气息，以他过去教育的苦心，可以推测他脸上是极其喜意的微笑。

我在 1940 年的重要著作

郑公盾

1. 雩都掠影. 郭沫若任社长、夏衍任总编辑的《救亡日报》，1 月 3 日

2. 大庾短讯.《救亡日报》，1 月 5 日

3. 红色旧都瑞金的今昔.《救亡日报》，1 月 6 日

4.《青年政治》的诞生与希望（创刊词） 当时我任总编辑，3 月 13 日（以下文章主要刊《青年政治》副刊）

5. 宪政问题研究大纲.《青年政治》，3 月 13 日

6. 知识青年当前的政治任务.《青年政治》，3 月 23 日

7. 在反汪、反伪组织的号召中我们应趋的途径.《青年政治》，4 月 3 日

8. 当前宪政运动的检讨.《青年政治》，4 月 13 日

9. 欧战的扩大与远东.《青年政治》，4 月 23 日

10. 纪念"五四"我们的自我检讨与努力.《青年政治》，5 月 3 日

11. 文艺与政治.《青年政治》，5 月 14 日

12. 关于五五宪草中的教育问题.《青年政治》，6 月 3 日

13. 考试乎，考试乎？（笔名莫凭栏）.《青年政治》，6 月 23 日

14. 纪念抗战建国三周年.《青年政治》，7 月 9 日

15. 抗战三年来的中国政治.《青年政治》，7 月 9 日

16. 悼念马君武先生逝世.《救亡日报》社论，8 月 1 日

17. 读"检讨'阿 Q 文章'"后.《救亡日报》，8 月 2 日《文化岗位》

18. 如火如荼的缅甸独立自由运动.《救亡日报》，8 月 6 日以本报资料室名义发

19. 悼马君武校长.《救亡日报》，8 月 6 日《文化岗位》

20. 湖南东北境一周.《救亡日报》，8 月 21 日用大农笔名

21. 从湖南看中国伟大的民力.《救亡日报》，8 月 24 日用农大笔名

22．波兰兵士的一天（译文）.《救亡日报》，8月26日用王嵩笔名

23．踊跃募寒衣.《救亡日报》，9月17日《文化岗位》岗语嵩

24．艺术与作家.《救亡日报》. 9月21日《文化岗位》用郑文瑜笔名

25．干的种种.《救亡日报》，9月21日《文化岗位》岗语，用笔名瑞发

26．泥土的故事（译文）.《救亡日报》，9月25日

27．海底怀念.《救亡日报》，9月28日

28．世界华侨鸟瞰（上）.《救亡日报》，11月2日（第三版发《欢迎陈嘉庚先生来桂林》)

29．世界华侨鸟瞰（下）.《救亡日报》，11月3日

30．带给我们光明吧（诗）.《救亡日报》，12月22日《文化岗位》

31．谁能唱下去（诗）.《救亡日报》，12月31日《文化岗位》

32．纪念国际青年节（社论）.《救亡日报》，1940年9月3日

33．祝望（散文）——送一个毕了业的朋友.《救亡日报》，1941年2月5日

34．海之歌（散文）. 陈芦荻主编的《广西日报·漓水副刊》，1940年8月

35．"一二·九"学生运动颂歌.《广西日报·漓水副刊》，1940年12月9日

35．谈自杀.《力报》（聂绀弩编），1940年6月

36．闽江及其他短文.《力报》，1940年7月

37．钱、钱、钱！《野草》，秦似编.

38．1980年8月1日至15日有悼念马君武校长的译诗一首

尾　语

马君武年表

公　盾

1881 年（清光绪七年辛巳）7 月 17 日，生于其父马衡臣任幕僚的恭城县署，原名道凝，字厚山。母诸淑贞，家庭妇女。

这时正是中英鸦片战争后四十年，太平天国军兴十五年，中国已经沦为半殖民地和半封建的社会。

中俄签订《中俄伊犁条约》，清朝收回伊犁。三年前成立的开平矿务局开始在中国修建铁路。

1882 年（清光绪八年壬午），2 岁。是年，刘永福率领黑旗军在越南河内击败法国侵略者。朝鲜汉城事变，日本出兵干涉，清朝亦出兵朝鲜。进化论的奠基者达尔文逝世。

1883 年（清光绪九年癸未），3 岁。是年，英人制造"沙面惨案"。法国强迫越南承认其宗主权。上海源昌机器五金厂成立，我国开始出现新兴工业。马克思 3 月 14 日逝世于伦敦。

1884 年（清光绪十年甲申），4 岁。马君武在《自述》中说："四岁的时候，父母带我到平南。平南的事，至今尚记得很清楚。"他家在平南县住了一年。

是年中法交战，刘永福仍在越南作战。

1885 年（清光绪十一年乙酉），5 岁。其父在恭城县任职时，其母携其住桂林义仓街。再随父母徙居平南。县知事曾纪平请一个阳姓先生教其少子读书。君武就其馆发蒙，读《历朝鉴略》等。

中国老将冯子材大败法军于镇南关，收复谅山，中法签约。

1886 年（清光绪十二年丙戌），6 岁。当时，马君武的大妹、二弟已出世。其父仍回恭城县任职，未带家眷。君武从汤荫翘先生在桂林盐道街关帝庙读书。

是年，中英签订《中英续议缅甸条约》，承认英国吞并缅甸。中国在台湾设省，在东北开漠河金矿。

1887年（清光绪十三年丁亥），7岁。母亲在家教其识字，严而有方。马君武在《自述》中说："有一天汤先生出一副对，是'鸡唱午'3字，我想了想，写了一副，抄在小本子上交去，对的是'鸟鸣春'3字。甚得汤先生赞赏。"

是年，广州水师学堂成立。

1888年（清光绪十四年戊子），8岁。继续从汤先生读书，在家亦自学看书。

是年，英军从印度侵入西藏。天津津沽铁路建成。清朝训练北洋海军。康有为第一次上书，要求变法维新。

1889年（清光绪十五年己丑），9岁。仍从汤先生读书。其父到马平县（今柳江县）任职，患病。其间，其母做女红维持生计。

是年，慈禧太后归政，光绪皇帝亲政。清朝修建卢汉铁路。

1890年（清光绪十六年庚寅），10岁。其父病逝于柳江县，消息传到桂林，全家悲痛异常，请来舅祖父陈允庵主持丧事。因家庭生活困难，其母带三儿女住舅父诸嵩生之家，君武随祖母留在桂林大白果巷。

是年，《中英会议印藏条约》签字。

1891年（清光绪十七年辛卯），11岁。

是年，北洋海军兵舰二十余艘和南洋、广东水师会操于旅顺。上海出现官商合办的机器纺织局。康有为《大同书》刊成，宣布其"大同思想"。俄国军队侵入中国帕米尔地区。

1892年（清光绪十八年壬辰），12岁。从师受读《尚书》《唐诗》等。

是年，清廷重修颐和园成。

1893年（清光绪十九年癸巳），13岁。

是年，湖广总督设立自强学堂于武昌，分外语、数学、自然科学、商业四科。毛泽东诞生。

1894年（清光绪二十年甲午），14岁。已经能做整篇八股文。其母诸氏征得陈允庵夫人同意，把马君武送到陈家与表弟陈舜为一起读书。陈家藏书丰富，马君武十分用功，年终读完《史记》《汉书》《后汉书》《三国志》《晋书》。

是年，中日爆发战争，因在"甲午"，亦称"甲午战争"，中国军队在陆路、海战中均失利。孙中山创"兴中会"于檀香山。

1895年（清光绪二十一年乙未），15岁。在陈家读完《宋书》《齐书》《梁书》《陈书》直到《五代史》等十七史，看过的书，能记得清楚。俄、英两国瓜分帕米尔地区。

是年3月5日，恩格斯逝世于伦敦。

是年，李鸿章至日本马关谈判，为日本人刺伤，国际舆论沸腾，日本乃允订约停战，遂签订《马关条约》。因《马关条约》丧权辱国，康有为等一千三百余人上书，是为"公车上书"。湖北武备学堂成立。

1896年（清光绪二十二年丙申），16岁。初识原署理台湾巡抚，做过台湾"总统"的唐景崧。康有为到桂林讲学，听讲《大同书》后改名同，号君武。继续读完《宋史》《金史》《元史》《明史》等书。

是年，张之洞奏派二人赴日本留学，是为中国派留学生赴日之始。严复译英人赫胥黎《天演论》成。

1897年（清光绪二十三年丁酉），17岁。康有为第二次到桂林讲学，和唐景崧、岑春煊在桂林组织"圣学会"，创办《广仁报》，进行变法维新的宣传。马君武认识康有为的门人龙应中、况仕任、龙泽厚，醉心于"大同"，以"马同"这个名字给《广仁报》投稿，听康有为讲《孔子改制考》《春秋董氏学》等，对当时中国与世界形势有了新的认识。康有为离开桂林后，他与龙泽厚过从甚密。

是年10月，山东曹州民众杀传教士二人，德出兵占领胶州湾。严复创办《国闻报》，介绍西洋学术思想，鼓吹维新。

1898年（清光绪二十四年戊戌），18岁。光绪下诏"明定国是"后，推行变法。旧历八月初六，慈禧再出训政，幽光绪，杀谭嗣同等六君子，是为"百日维新"。唐才常流亡日本，马君武回桂林。

是年，张之洞印行《劝学篇》。

1899年（清光绪二十五年己亥），19岁。马君武考取桂林文昌门外的体用学堂，接受西方科学文化，专攻数学、英文。

是年12月，慈禧太后立端郡王子溥携为大阿哥，谋废光绪。山东义和团起，在肥城杀英传教士。袁世凯为山东巡抚，率兵镇压，义和团进入河北。

1900年（清光绪二十六年庚子），20岁。桂林北门铁佛寺失火，先人遗稿毁于一炬，其弟妹数人在此以前均相继病故，其母仅存使女一人，偕母同往广州，靠主仆二人做针线维持生活。虽在贫困中，仍继续求学，学习法文，日以烂香蕉充饥，夜就读于路灯下。不久，决定前往新加坡，见康有为请教救国之计。回广西后，因唐才常起兵"勤王"，兵败遇害，韬迹家乡数月，再返广州。是年写《归桂林途中》《身家》等诗作。

是年，义和团运动如火如荼。7月，八国联军进犯天津、北京，慈禧太后挟光绪帝流亡西安。俄占东北，黑龙江将军寿山自杀。李鸿章回京，同庆亲王奕劻与列强议和。

1901年（清光绪二十七年辛丑），21岁。马君武到上海震旦学院攻读法语，并译《法兰西革命史》，经友人资助，赴日本横滨，经汤觉顿之介绍认识梁启超等人，并成为《新民丛刊》的特约撰稿员。后来，梁启超赴美活动，马君武曾一度代理《新民丛刊》主编的工作，曾阐扬民族主义问题，不遗余力。本年译出温德华的《代数学》。

马君武留学日本，是东莞知县刘德恒资助的。林半觉在《记马君武博士》记述："东莞知县刘德恒请他去东莞中学教英文……（他）说出想去日本留学的愿望，请他来帮助。刘送他四十元路费。于是，去了香港，剪了辫子，买了一套很薄的洋服，乘上三等舱到了日本横滨。"

是年，李鸿章等与列强签约于北京，是为《辛丑条约》。尔后，慈禧与光绪自西安回京，沿途供张甚盛。美国教会立东吴大学于苏州。

1902年（清光绪二十八年壬寅），22岁。3月19日，日本留学生由章太炎发起"支那亡国二百四十二年纪念"集会，马君武与会。开始翻译达尔文的《物种原始》。

《马君武诗稿·自序》云:"初至日本时,颇穷困,辄作文投诸报馆,以谋自给。故壬癸间作文最多。"

一度回国,奉母到达上海,得马相伯先生扶助,居徐家汇。

是年,蔡元培、章炳麟创立光复会,鼓吹革命。《大公报》创刊于天津。广西人民发起声势浩大的抗捐起义。

1903年(清光绪二十九年癸卯),23岁。林半觉在《记马君武博士》中说:"先认识汤顿、梁任公和宫琦民藏及其兄弟,以后,民藏介绍往见中山先生,这是马先生矢志革命的起点。"马君武初谒孙中山时,一个是广西人,一个是广东人,语言不通,就用英语对话。孙中山对马君武很赏识,他在《革命起源》中说:"壬寅、癸卯之交……河内博览会告终之后,余再作环球漫游,取道日本,檀岛而赴欧美,过日本时,有廖仲恺夫妇、马君武、胡毅生、黎仲实等多人来会,表示赞成革命,余乃托以在东京物色有志学生,结为团体,以任国事,后同盟会之成立,多有力焉。"马君武对孙中山也很敬佩,对人说:"康、梁者,过去之人物也;孙公者,则未来之人物也。"自此,马君武追随孙中山走上革命道路。这年秋天,马君武入日本西京帝国大学学习应用化学。写诗《自由》《禹凌》《在京都看月忆亡友欧阳华》。

是年,清朝设练兵处,开始编练新式陆军。黄兴、宋教仁等组织华兴会,谋革命。《革命军》作者邹容被捕,死于狱。日俄战起,清廷宣布"中立"。

1904年(清光绪三十年甲辰),24岁。孙中山在美国旧金山华侨中积极进行革命活动,开展同改良派的斗争,托人在东京物色一位主笔。有人推荐马君武,马君武不便中途辍学,没有前去。作诗《自由行》《壁他利亚》等。

是年7月,英军侵入西藏拉萨,十三世达赖北走,驻藏大臣与英人订约,开埠亚东,赔兵费。黄兴长沙起义事泄,马福盖被杀。

1905年(清光绪三十一年乙巳),25岁。毕业于京都大学工艺化工系。是年,日本文部省取缔中国留学生事起,遂同其他留日学生一起回中国,在上海创办中国公学,担任教育长职务。由于在日本时孙中山将兴中会、华兴会、光复会合并成立中国革命同盟会时,马君武为广西主盟、为同盟会秘书长,参加了同盟会章程的起草工作,声名在外,所以清两江总

督端方指名要逮捕马君武。马君武由广西，在岑春煊的协助下，到德国柏林工业大学学习冶金专业。

李四光《追念君武先生几件小故事》提到马君武说过："我们反对的是亡国卖国的政府，如果满人同我们志同道合的，我们也欢迎。"

是年，日俄讲和，在美国朴次茅斯签约。日本取得中国旅大及长春以南铁道权。

1906 年（清光绪三十二年丙午），26 岁。与周素芳女士结婚。写诗《京都》《伊豆杂感》等。

是年，清廷宣布预备立宪。日本南满洲株式会社成立。美教会立沪江大学于上海。

1907 年（清光绪三十三年丁未），27 岁。生长子马保之。写诗《惜离别赠法女士》《自上海至马赛途中得诗十首》。

是年 4 月，改东三省为行省，设东三省总督，奉天、吉林、黑龙江各设巡抚。徐锡麟刺杀恩铭，秋瑾死在绍兴。学部奏定女子学堂办法。

1908 年（清光绪三十四年戊申），28 岁。继续在柏林工业大学读书。到拜恩等地游历。有《劳登谷独居》《劳登谷寄柳人权》等诗作。

是年十月，清光绪帝、慈禧太后相继死，溥仪入继大统，命载沣为监国摄政王。袁世凯回河南养病。美国宣布退还庚子赔款，成立清华学堂，培养留美学生。

1909 年（清宣统元年己酉），29 岁。仍在柏林工业大学读书。

是年，沪杭甬铁路通车。中国工程师詹天佑设计的京张铁路通车。美教会立文华大学于武昌。

1910 年（清宣统二年庚戌），30 岁。由德国柏林大学毕业，受学士学位，归国。

是年，汪精卫谋刺摄政王，事泄被捕。黄兴策动广州新军起义，以无援而失败。山东莱阳农民抗捐，被镇压。民政部作人口调查。

1911 年（清宣统三年辛亥），31 岁。10 月 10 日武昌起义，各地新军和会党纷纷起义，各省也先后宣布独立。为了组织领导全国人民的临时政府，各省代表齐集战火中的武昌开会。马君武作为江苏代表出席。他和王正廷、雷奋共同起草《临时政府组织大纲》，后来由于武昌受敌人炮火的威胁，又到南京继续开会。当时，孙中山从海外归来，同盟会的高级人员在孙中山上海寓所开会，讨论政府的形式。这年2月派专使蔡元培北上见袁世凯。这一年柏林大学邀请马君武前去讲学，他取道日本前往柏林，自是在柏林大学研究院讲学。

是年，5月与英签订禁烟条约，英允逐年减少鸦片来华，至1917年全部停止。汪精卫获释放。外蒙古独立。摄政王载沣退位。

1912年（民国元年壬子），32岁。中华民国宣告成立，孙中山在南京就任临时大总统。清帝退位。南北和议告成，孙中山让位袁世凯。

南京政府成立之初，马君武代表广西出席临时参议院，担任南京政府实业部次长。南北统一后，孙中山任全国铁路督办，主持全国铁路公司，马君武任秘书长。国会成立，被选为参议员。

次子马卫之出生。

这年秋天，军阀陆荣廷电请马君武回广西"扶助地方政治"。因看不惯地方军阀的所作所为，不久离去，临行作《别桂林》诗四首。

5月28日出版《君武诗稿》，以作个人纪念。

译《平面几何》《微分方程式》《矿物学》《动物学》等书。

是年，津浦铁路全线通车。山西大学成立。

1913年（民国二年癸丑），33岁。2月，随孙中山出访日本，受到前所未有的热烈欢迎。

这年春天，在北京参加第一届国会。震惊于宋教仁被刺，7月，值"二次革命"发生，乃潜回上海，已有去国之志。在太古公司盛京轮上见到中华书局经理陆费逵。陆劝他："你是文学家、工业家，我国应该做的事多得很，我主张本位救国。你的脾气，不宜做政治生活，何不去做本行的事业呢？"马君武谈起想到德国深造，因经济条件不允许，不能成行。陆经理决定中华书局每月给二百块大洋，作为马君武赴德留学及家中费用，促成马君武进德国农科大学攻读，他既学了工科又学农科，学问更为渊博。

是年，袁世凯擅自向五国银行团举行"善后借款"2500万镑，遭国民党议员反对。6月，袁世凯下令免安徽都督柏文蔚、江西都督李烈钧、广东都督胡汉民职。二次革命爆发，两个月后失败。河南"白狼"起事。

1914年（民国三年甲寅），34岁。仍在德国留学，曾任波鸿化学工场工程师，也曾帮助他人管理种植，聊以自给衣食。应中华书局之约，编译《德华字典》，完全依靠自己的力量，两年完成，厚一千余页。

是年，袁世凯下令解散国会，嗣后规定财产及一万元始得当选为议员。"白狼"死于河南。日本占领胶州湾，德军投降。我国加入万国邮政联盟。

1915年（民国四年乙卯），35岁。秋天，马君武在柏林获工学博士学位，曾由柏林中国学会通知新闻单位。业余从事译作，每日以两三千字为率。

是年，日本向中国提出二十一条要求，遭到全国上下的激烈反对。陈独秀创办杂志于上海。袁世凯准备变更国体，做洪宪皇帝。

1916年（民国五年丙辰），36岁。元旦，云南军政府成立，唐继尧仍为都督，组织护国军，由蔡锷任总司令，发兵讨袁。在全国讨袁的声浪中，袁世凯死，黎元洪继任总统，段祺瑞政府成立。

马君武在袁世凯死后归国，第一次恢复国会时任参议院议员，并主持国民党"丙辰俱乐部"。丙辰俱乐部为林森、居正等组织，后与"韬园系"合为"民友社"。在《新青年》上发表《黑格尔的一元哲学》和诗作《读史杂感》等文章。出国游历日本、美国、丹麦。

是年，安徽督军张勋召集督军13人会议于徐州。美教会在福州成立协和大学，在广州成立岭南大学。

1917年（民国六年丁巳），37岁。任广东石井兵工厂无烟火药总工程师，当时所用的材料为硫酸铜。译达尔文著《物种原始》。在此期间开始翻译维也纳教授菲利波维著的《国计民生政策》，全书分为：一、《农业政策》，二、《工业政策》，三、《交通政策》，四、《商业政策》，五、《收入及恤贫政策》，共历时4年零两个月全部完成。

是年，孙中山领导护法运动，率海军南下。8月召开非常国会于广州，成立军政府，选举孙中山为军政府大元帅。马君武在军政府曾任交通部次长，奉命到广西南宁与当局联系。

这一年，北洋军阀内讧，黎元洪下台，冯国璋继任总统。张勋拥立宣统复辟，旋失败。

这一年，伟大的十月社会主义革命在俄国取得胜利，建立了苏维埃政府。

1918年（民国七年戊午），38岁。仍在广东石井兵工厂任总工程师。2月出版译出的法国卢梭著的《民约论》，1930年发行二版。达尔文著《物种原始》译书，由中华书局出版。

是年5月，孙中山向"非常国会"辞去大元帅职，由广州赴上海。护法运动遂告失败。北洋政府举债两亿元，其中，约有一亿四千万借自日本寺内内阁代表西原龟三，故称"西原借款"。李大钊在《新青年》上发表《庶民的胜利》与《布尔什维主义的胜利》二文。

1919年（民国八年己未），39岁。娶彭文蟾为妾。彭系粤之小家碧玉，名丽婵，又作文婵，粗识文字。离开广东，回上海。

是年5月4日，北京爆发学生示威游行，高呼"外争国权，内惩国贼"等口号，要求惩办亲日派曹汝霖、陆宗舆和章宗祥。学生赶到东城赵家楼，火烧了曹汝霖的住宅。很快影响到全国，在全国各界的压力下，北洋政府撤销了曹某三人的职务，拒绝在和约上签字。

1920年（民国九年庚申），40岁。3月，在上海南京路一糖果饼干公司召开"改造广西同志会"成立大会，到会二百余人，马君武出任会长。

著《民食问题》一文，抨击北洋政府不顾国计民生，日以卖国为事。

是年，上海成立"共产主义小组"，随后北京、武汉、济南、天津、杭州、广州相继出现。北洋军阀内战，直系大败皖系。广州总裁府瓦解，孙中山重返广州。

1921年（民国十年辛酉），41岁。孙中山先生任命马君武为广西省省长，8月就任。当时，广西政局混乱，大权掌握在地方军阀手中，军纪败坏，无恶不作。省议会屡次向马君武报告，马君武也无可奈何。

是年7月，各地共产主义小组选派毛泽东、董必武、陈潭秋、李达等13名代表在上海召开中国共产党第一次全国代表大会，大会选举陈独秀担

任中央局书记。这是中国历史上开天辟地的大事。

1922年（民国十一年壬戌），42岁。陈炯明在广州背叛孙中山，将广西军队撤回，陆荣廷旧部伺机进攻南宁。旧历四月六日，马君武乘船沿邕江南下，随行有眷属、职员及卫队五百余人，在贵县下游一里过夜时受到李作柏部队袭击，枪战中，彭文蟾中弹身亡，卫士死难十余人，伤三十余人。事后，马君武与随员二人到天主教堂，李宗仁赶来道歉、慰问。马君武前往广州，辞去省长职务。他在短暂的省长任内，修筑公路、振兴实业不遗余力。

翻译赫克尔《一元哲学》（又称《宇宙之谜》再版）。

是年，发生香港海员大罢工和安源路矿工人大罢工。

1923年（民国十二年癸亥），43岁。曹锟下台后，孙中山与段祺瑞合作。马君武北上，出任国立北京工业大学校长。

是年，译出菲利波维《工业政策》，中华书局出版。

这一年，京汉铁路工人举行"二七"大罢工。中国共产党召开第三次全国代表大会。孙中山与苏联代表会谈后发表联合宣言，随即返回广州，重建大元帅府。黎元洪去职，"国会"贿选曹锟做总统，全国人民展开反对曹、吴的斗争。

1924年（民国十三年甲子），44岁。任中华民国司法总长。11月24日正式就职大夏大学校长职务，并邀请前暨南大学校长何炳松、前光体大学校长朱经农、前沪江大学校长刘湛恩、前清华大学教务长吴泽等来校任教，校誉日起。他离开大夏大学后，还多次回校做学术讲演。校方还把化学楼改为君武化学楼。

他译出菲利波维的《农业政策》，由中华书局出版。

是年，孙中山召开中国国民党第一次全国代表大会，宣布实行"联俄、联共、扶助农工"三大政策，国、共第一次合作。第二次直奉战争爆发，冯玉祥组织国民革命军，驱逐曹锟，电邀孙中山北上。孙中山发表《北上宣言》，12月底到北京。

1925年（民国十四年乙丑），45岁。任中华民国教育总长，4月初任北京工业大学校长。他改进教学方法，辅导学生治学，使学生学习，教师教学都有进步。经常在经济上协助学校解决困难。后兼司法总长职务。翻译的席勒剧本《威廉·退尔》和菲利波维的《收入及恤贫政策》由中华书局出版。

是年3月12日，孙中山先生在北京病逝。广州成立国民政府，汪精卫任主席。组成国民革命军，建立了党代表和政治部。国民革命军两次东征，消灭了陈炯明的反动势力。

1926年（民国十五年丙寅），46岁。广西省政府筹办广西大学，马君武为筹委会委员。写诗《读书杂感》，七绝《故乡》一首。

居正在《碑铭》中说马君武在广西大学建设中"一木一石，一瓦一椽，一几一席，悉心擘画，手胼足胝，虽在疾中，未尝少息"。

是年3月，蒋介石策划"中山舰事件"，窃取了革命的领导权。5月，蒋介石提出了"整理党务案"，又篡夺了国民党的领导权。10月23日，配合北伐军北伐行动，上海工人发动第一次起义。

1927年（民国十六年丁卯），47岁。广西大学成立，马君武出任校长。

是年，李大钊牺牲。中国共产党发动"八一"南昌起义，建立革命武装。毛泽东领导秋收起义。叶剑英等领导广州起义。10月，毛泽东率工农革命军到达井冈山。

1928年（民国十七年戊辰），48岁。10月10日，广西大学开学，创办预科。在夏天，他偕友人至桂林参加夏令讲习会的讲学活动。筹办梧州硫酸厂。

是年，中国共产党在江西、两湖、两广等地建立红军和革命根据地。济南发生日本帝国主义屠杀中国军民一万七余人的"五三惨案"。

1929年（民国十八年己巳），49岁。3月，梧州为粤军占领，广西大学停课。君武赴上海，任教上海大夏大学。

是年1月，毛泽东、朱德率红四军开辟以瑞金为中心的中央革命根据地。12月，邓小平发动百色起义，开辟了左江根据地。

1930年（民国十九年庚午）50岁。5月，马君武任上海中国公学校长，讲《世界文化发展史》，聘请郑振铎、傅东华、陈望道、洪琛等人任教。写

尾语

《失业人及贫民救济政策》一书，由商务印书馆出版。

东渡日本参加学术会议，对日本的日新月异的变化很有感触。

是年12月，国民党对中央根据地出兵10万进行"围剿"。中国左翼文化界总同盟在上海成立。

1931年（民国二十年辛未），51岁。2月，辞去中国公学校长。5月，粤军退出梧州，省政府再三电请马君武回广西大学任职。回校后提倡生产教育、劳动教育。译出达尔文的名著《人类的原始及类择》，分九册由商务印书馆列入《万有文库》出版。著《中国历代生计政策批评》，中华书局出版。由中华书局还出版了卢梭的《民约论》和《达尔文传》。

改葬彭姬人于梧州蝴蝶山，有《贵县过彭姬人墓》《哀沈阳》等诗。

是年，日本关东军发动"九一八"事变，袭击沈阳。蒋介石下令不抵抗，数十万东北军退进关内，不到半年，东三省沦亡。中央根据地取得第二、第三次反"围剿"的胜利。

1932年（民国二十一年壬申），52岁。扩大广西大学规模，成立工学院、农学院，兼任工学院院长。他负责的两广硫酸厂，12月开工生产，每天生产六六浓度硫酸7吨以上。他以广西省修志总纂、西南政委委员会委员的身份，6月2日赴欧美考察教育、实业，10月5日归国返回学校。

是年，日本帝国主义在上海发动"一·二八"事变，十九路军奋起抗击。工农民主政府第四次反"围剿"胜利。东北成立伪"满洲国"。

1933年（民国二十二年癸酉），53岁。根据《高等教育整理方案》改组广西大学，校长由省政府主席兼任，废副校长制，7月马君武卸任。写诗《石浪赠盘鹤山》《从旅顺陷落说到》。

是年2月，日军侵占热河省，逼近长城各要塞，平津危急。5月，河北东部根据《塘沽协定》被划为"非武装区"，中国军队不得驻扎，华北门户被打开。

是年2月，国民党反动派50万人对中央根据地进行第四次"围剿"，被粉碎。10月，蒋介石又出兵100万人，发动对中央根据地第五次"围剿"。

1934年（民国二十三年甲戌），54岁。写诗《梁生》等。

　　是年 10 月，红军第一方面军 8 万多人出发开始长征，渡过湘江后，剩 3 万余人。红军进入贵州，攻克黎平、锦屏等县。然后向遵义前进。

　　1935 年（民国二十四年乙亥），55 岁。出任广西省政府高级顾问，到南京与当局规划湘桂铁路建设。写《雁荡纪游》《天台山》《淮阴》《扬州》等诗。

　　是年 1 月，中国共产党在遵义会议上确立了毛泽东的领导地位，结束了王明路线对党的统治。6 月，与四方面军会师。第一方面军 10 月到达陕北革命根据地。

　　6 月，何应钦与日本华北驻屯军梅津美治郎签《何梅协定》，答应撤出河北的中国军队。北平学生数千人上街游行，与军警搏斗，一百多人受伤，三十多人被捕，这是"一二·九"运动。它掀起了抗日救亡的新高潮。

　　1936 年（民国二十五年丙子），56 岁。任最高国防会议参议。自 1916 年至 1936 年先后译赫克尔的《一元哲学》（亦称《宇宙之谜》）、《自然创造史》收在《万有文库》之内；译斯宾赛的《社会学原理》，用生物进化法则解释人类社会的历史，他认为人类同样受"物竞天择""适者生存"的影响。写诗《故乡》。

　　是年 5 月，上海成立了全国各界救国联合会，11 月，上海逮捕了救国会领袖沈钧儒、章乃器等 7 人，这就是"七君子事件"。12 月 12 日清晨，张学良、杨虎城逮捕了蒋介石，通电全国，要求停止内战、联共抗日，这就是"西安事变"。

　　1937 年（民国二十六年丁丑），57 岁。侨居上海，"自奉殊俭"，"八一三"事变后回桂，不久，几乎一病不起。抗战军兴，被任为最高国防会议参议。写《抗日纪事诗》。

　　是年，日本帝国主义在北京西南卢沟桥发动"七七事变"，接着又在上海发动"八一三事变"，中国军民奋起抗日。蒋介石在庐山发表谈话，全面抗战从此开始。9 月，八路军在平型关大捷，歼敌一千多人。12 月，南京陷落，日军对南京军民实行长达 6 周的大屠杀，活埋和杀害中国人 34 万。

　　1938 年（民国二十七年戊寅），58 岁。因病在桂林修养，以全副精

神致力桂剧革新，被选为广西戏剧改进会会长。在桂林环湖北路建立新居，自书门联："种树如培佳子弟，卜居恰对好湖山。"同李四光创设"桂林科学实验馆"。被聘为"广西省普通考试典试委员会委员""广西省高等检定考试委员会委员"。7月，赴武汉参加国民参政会第一届一次会议。有《二十七年赴武昌道中有寄》等诗作。

是年3月，李宗仁部在山东台儿庄与日军血战，给日军重创，打死打伤敌军二万多人，击毁坦克三十多辆。10月，广州、武汉相继陷落。国民党迁都重庆。新四军在江苏安徽开辟抗日根据地。

1939年（民国二十八年己卯），59岁。参加《逸史》编辑工作。广西大学改为国立，再次出任校长。4月6日为清廷驻日参赞马相伯（1840~1939年）一百岁生日，到越南谅山为其祝寿，顺便去了河内一游。

马相伯为江苏丹徒人，在上海创办震旦学院、复旦公学等，曾到桂林讲学。"九一八"事变后，不断向国民党呼吁团结抗战。"七七事变"后，任国民党政府委员。这一年病逝在谅山。

有《安南纪游》《谢无量》等散文，连载于《逸史》。

是年，第二次世界大战爆发，德军进攻波兰。日军从广州进攻广西。国民党制造"平江惨案"，杀害新四军。

1940年（民国二十九年庚辰），60岁。仍任国立广西大学校长。3月，有《三卅纪事》诗一首。6月，有《战争知识与战争精神》一文发表于桂林出版的《扫荡报》。8月1日下午6时，在良丰（距桂林22千米）国立广西大学校舍逝世。葬于今广西壮族自治区临桂县雁山之阳。次日，有关方面成立治丧委员会，8月10日治丧处成立，出殡，厝于雁山之阳。9月18日在桂林举行公祭，收到挽联822份，函电132份。周恩来赠挽联，题曰："一代宗师"，朱德、彭德怀赠挽联，题为"教泽在人"。

我永记父亲马君武先生

马保之

先父马君武博士，1881年诞生于广西，1940年病逝于广西大学校长任内，享年60岁。

我家家境清贫，父亲以苦读成功，曾先后在日本京都帝国大学及德国柏林工业大学毕业，都是各该校第一位中国人取得正式学位者。他早年参加革命，追随孙中山先生，先后因反对清廷和反对军阀，曾两度逃亡到德国去求学。

我母亲周素芳女士，上海人，生于1882年，1952年在沪病故。母亲是一位虔诚的基督教徒，出生于上海。外祖父共生四女二男，家境非常贫苦，却送三个女儿先后到上海一所教会学校裨文女校去读书。我母亲弹得一手好钢琴，在当时来说，已是开风气之先。1906年与父亲结婚。其时，父亲正担任中国公学的教务长，知道母亲喜爱钢琴，虽没有多少积蓄，但也买了一台钢琴送给母亲，以表示他真挚的爱情。

父亲曾两度流亡国外，即使返国后也一直为事业到处奔波，很少回家。因此和母亲相叙的机会并不多。那时家中的经济仍不宽裕，所以每当我们想要买玩具一类的东西时，必须等父亲回家时向他要求。像有一次要了一个大皮球、中学时要了一个照相机等，母亲是没钱为我们买的，因为那不是日用必需品，母亲一概认为是浪费，可见母亲是如何地节俭。

母亲是基督徒，所以替我取名保罗，弟弟取名大卫，这都是圣经上常见的名字。但照家谱的辈分，我们是"之"字辈，所以父亲于1922年回国后，正式命名我叫"保之"，弟弟唤"卫之"。

母亲信基督徒，祖母信奉天主教，而父亲不信宗教，但对宗教信仰，抱信仰自由态度，不加干涉。小时候母亲每当星期日，就带我们上基督堂做礼拜，但有时我们也跟祖母去天主堂望弥撒。渐渐地我发现天主教做弥

撒的繁文缛节，形式太过拘泥，因之我后来选择了基督教。每次上礼拜堂，母亲就给我们兄弟每人一角钱，要我们做礼拜时捐献给教会。她说："施比受更为有福。"要我们牢牢记住这句话。所以，我至今犹不忘她老人家的遗训，而且常常以这一句话去勉励我的同事。因为我觉得这句话寓意深长，涵盖了中国固有道德的传统美德。

最先我在天主堂小学上学，后来转入商务印书馆所创办的尚公小学。父亲为了替我们选择学校，曾经向胡适之先生请教，问他哪一家学校比较好。胡先生主张我们入澄衷中学。因之全家搬往虹口桃源里，好让我们就读澄衷中学。这一点几乎和目前台湾的因子女学区制而搬家的情形很类似。但在当年像父亲这样重视子女教育的家长，尚不多见，足见他是如何地爱护子女，比起一般的家长来，实不可同日而语了。

我在校喜欢踢小足球。父亲偶尔返家发现我对小足球有兴趣，就恐怕我会急废学业，于是规定我每天必须练习写毛笔字一小时。我猜想他的心意，一方面要减少我去踢足球的时间，同时要培养我以静制动的心理。他用写字来磨炼我静止的耐心耐力，这对于我日后能一口气阅读五六小时书的好习惯，的确有很大的帮助。

当我中学时代，父亲要我多读科学方面的书籍，他一向主张科学救国、科学强国。当时我对物理化学有疑问时，都向父亲请教，父亲会不厌其烦地向我解释清楚，直到我彻底了解时为止。因此，我的理化课成绩非常好，同时我对理化也富有浓厚的兴趣。

民国十二年，父亲辞去广西省省长之职。全家搬到上海，在宝山县杨行镇买了一块土地，改行去务农，我就在澄衷中学宿舍住读，每由学校返家，经常与父母亲团聚。父亲教我们下田学做农务。特别栽种了十多亩地的水蜜桃桃园，叫我们去管理桃园，采收桃子。当桃子采收季节，要我们把桃子拿到上海去卖。当时由于包装不善，擦伤不少，有些就卖不出去。父亲说卖不掉就自己吃，于是天天吃水蜜桃，吃腻了连饭也吃不下。所以，至今我对于水蜜桃还是毫无胃口，并不爱吃。

父亲也十分节俭，除了做官时有俸禄外，他更勤于写作，后来到杨行镇务农一段时日里，更是写作不辍，稿费收入不薄，因此把省下的钱去买土地买房子。他服公职时，洁身自爱，同时也常常告诫我们要诚实，要勤俭。记得我结婚时，他给了我两句格言，那是一幅很有意义的对联："诚实为做人初基，勤俭乃立家根本。"这也是他立身处世的基本原则。他平时非常节俭，只要有两只荷包蛋就够他下饭了。至于穿的方面，平日都穿阴丹士林布长袍、布鞋。对用钱管束得很严，不许浪费滥用。他对说谎骗人者最是痛恨，他觉得做人应该光明磊落，才不愧对朋友。为了要做到"勤俭"两字，暑假期中叫我们要下田去做农事，除了果园外，还要我们去踏水车、挑水、除草。他怕我们只知道念书，便会有养尊处优的坏习惯，必须训练我们能吃苦耐劳，不准我们在家吃现成饭，连母亲甚至祖母，也都到田间去帮忙。当时，我们觉得非常辛苦，但至今追思往事，才领悟到父亲如此对子女的教养是极具深厚意思的。

中学毕业后，父亲曾问我农、工、理、医喜欢那一门功课？我答喜欢"农科"，父亲再问我为什么喜欢农？我答称"因为农才真正接近大自然"，他听了非常高兴。卫弟是学医的，他先入同济大学，后转入中山大学学医，中山大学关门后，赴德去学医，父亲也很赞成。不料，卫弟在德学了三年医科后，忽然转入了音乐系。这使父亲万分失望，非常痛心。卫弟留德多年，直到我结婚那年，他才回家来。因为父亲一向主张读书要求实用，科学才可以救国，所以他反对卫弟出国去学音乐。

我中学毕业后，同时考上了东南大学（后改为中央大学）和金陵大学。当时的东南大学农学院，教授都是国内知名之士，很不容易考上。我当然要进东南，讵料军阀掀起了齐卢战争，东南没有经费而停办了。父亲乃命我上南京进金陵大学，因之我迟报到一个多月。在金陵读书时，父亲给我零用钱每月仅一元，我只能买花生米或蛋糕之类的零食吃。在金大四年，从未进过馆子享用过餐点。那时父亲每月给母亲的家用钱也都有记账，用钱绝没有浪费的。我在金陵大学上化学实习时，一直是用铅笔记笔记，后来校方规定做化学实验的报告，必须用自来水笔，不准用铅笔。不得已我才写信给父亲，要到四元五角，买了一枝地球牌自来水笔，一时视同拱璧，

十分珍视。

　　幼时父亲在外从事政治生涯，很少回家，回家时也很少在家吃饭，应酬很多。但每天回来后，一定要译书或写作到深夜。当时，译书的酬劳还不错，因之后来他在上海的大夏大学、中国公学任校长时，从不肯为五斗米而折腰。很是清高，决不求人。家中虽清苦，但还过得去，因为译书写作的收入，一个月可得稿费三百元，比起一般官吏来，已经相当高薪的收入了。他所译的书是多方面的，像《有机化学》《微积分》《植物学》《动物学》《矿物学》，以及赫格尔的《一元哲学》、托尔斯泰的《心狱》。此外有《农业政策》《工业政策》《商业政策》等，既多且博，诸凡科学、哲学、文学、数学、史地、政经……几乎无不涉及。而且不只是皮毛之见，均能深入，足见他学识之广博，实在很少有人能像他这样读书的。譬如，养蜂他根本一无所知，但他后来深入探讨，从事养蜂事业颇为认真；他并非农家出身，而是学化工的，但他经营农场多年，对种葡萄、苹果、水蜜桃，甚至棉花等作物，都很有心得。因为他对每一门学问，都能痛下决心，细心研究，经过一段时日后，就能无师自通。他那过人的天资和领悟力，不是一般人所有的，而他的毅力和决心，也是胜于常人的。他向未学过音乐，但他能拉小提琴，又会作歌谱曲，中国公学的校歌就是他的杰作。晚年在广西，他还着手改良桂剧，改编了好几部广西戏的唱词和故事，使它易俗而雅，能被上流知识分子所接受，又使唱词能朗朗上口，听起来十分悦耳。当时，有一个桂剧名伶小金凤，就是他一手训练培植出来的。可见他的学问相当的渊博，他的兴趣也是十分广泛的。他每做一件事，必定有始有终，一定要做出一个结果来，决不半途而废的。这是难能可贵的地方。

　　当我在金陵大学念书时，他正在北京任职，每次到南京时，就抽空到金大来探视我。后来辞职返杨行镇住，每值暑假我们在夏晚纳凉时，他常常问我关于中国史地的问题，每次都把我问倒。就因为如此，所以后来养成我爱好史地的兴趣。他又要我学拉小提琴，他在日本留学时就学会拉小提琴了。当我跟他学会后，他就把日人所造的第一支小提琴给了我，那是他的爱物。恰巧金大有位翁德齐老师也喜欢拉小提琴，因之我就继续向翁

老师请教，所以后来很有进步。暑假回家时，如遇天雨不能外出，就在家中练习小提琴，藉以调剂家中古板的气氛。所以说，我对音乐方面的兴趣，完全是来自他老人家的。

他对于务农也不主张种花莳草来徒供观赏而已，他主张种作物种水果才切合实用，他决不违背他所倡导的实用科学的前提。他以为种花莳草和音乐一样，只是陶冶性情的东西，只是雕虫小技，不必全心全力去学习去做，所以对卫弟在德业医学音乐之事，十分恼怒。我在金大被选入管弦乐队后，规定队员一定要穿西装，那时母亲在她私房钱中拿了二十三元给我做了一套西装。母亲不愿让父亲知道，就推说是朋友送的，那是我生平穿的第一套西装。

民国十六年，沈宗瀚先生由美国学成返国，到金大执教，教我们遗传及作物育种课程，教得很好。所以，我对这一门课非常有兴趣。他主张教学并重，所以亲自督饬大家一起下田工作，使每一个学生都有田间的实际经验，不能只靠纸上谈兵，教得非常成功。某一个寒假，我请沈先生来家吃饭，和父亲见面，两人谈得十分投契。事后，父亲告诉我要向沈先生好好地学习，因为沈先生是脚踏实地的人，如此才能真正地获益。

1929 年，我毕业于金大，正值父亲在广西创办广西大学。父亲邀约我和同学 3 人并邀请翁德齐先生一同返梧州执教，先是父亲嘱咐我在上海德商兴华仪器公司购一批教学用仪器，押运到梧州，以供校方应用。到校后，父亲指派我担任生物学助教，每周只上课两个下午，但规定每晚七至十时要参加学生的研讨会，助教在会中要答复学生所提出的每一个问题，其范围包括数学、化学、生物、英文……我们必得花许多时间来准备，而且助教必须住在山上学校宿舍里。父亲则住在山下，但他每天夜晚都提着马灯上山来巡视学生宿舍，常常参加学生的研讨会，在会中也替助教们解答学生的某些问题。当时校舍尚在陆续兴建中，他督促得很急很认真。由于他的个性急躁，又很负责，因之遇见学生或教员不对的地方，往往严加申斥。教员学生几乎都是他的晚辈，所以虽然挨骂也不敢作声，而他本人却不认为是在骂人。

我任教时月薪一百元，但外省人当助教就给一百五十元月薪。我觉得应该同等待遇，但父亲解释道，广西人才缺乏，不容易罗织人才，肯来服务的人，多给他一些钱也是招徕和奖励的一种办法。我听后就没有话可说了。我见父亲自奉甚俭，因之我将薪水的一部分给父亲买些营养食品进补，他见我如此孝顺也很高兴。广西省通用两种言语，一是广州话（白话），一是南方官话。他把讲白话和官话不同语言的同学混合分配在一间宿舍里，意谓能使两种不同语言的学生，容易沟通感情，不会隔阂，不会造成地域观念。可见他设想的周到了。

他对校方添购仪器十分支持，虽然仪器很贵，也不容易购到，但因为他觉得科学教育不能光凭书本和口述，必须利用仪器来做实验，才能使学生懂得所学，徒托空言的教育是要失败的。所以，他常常尽学校财力之可能，让校方多购仪器备用。他这种科学教育首重实验的做法，实在是教育界应该取法的。

每当星期天我们都在学校，很少外出，有时偶然过河上梧州去吃一次点心，但平时一直与学生为伍。当时，西大只有农、工、理三所学院，没有文、医学院。后来，广西军阀李明瑞、俞作柏两人发生内战，西大被迫停课。西大关门后，父亲就去上海，当时给了我一些银元，叫我去美国康乃尔大学读书。康乃尔的作物育种系和金大是有联系的，所以父亲要我上康乃尔大学去读硕士，我于1929年报到后直攻博士，后三年的学费全是靠自己课外工作，并若干奖学金维持的。1933年我取得博士学位后，再赴英国剑桥大学研究一年，1934年才回国。那时西大已经复课，仍由父亲担任校长。我回国后，先去西大看父亲，但没有在西大工作。

我从美国回来后，就一直在恩师沈宗瀚先生下面做事。沈先生那时兼任南京中央农业实验所总技师，先介绍我进该所工作。后来，他专任全国稻麦改进所（由中农所兼办）麦作系主任，我也追随沈先生到麦作系工作。1935年，我由实业部（部长陈公博）以农业专家身份派往广西考察农业，并折往台湾考察，那也是我首次抵达台湾。在广西时曾建议西大将农学院置于柳州沙塘，因为那里环境非常适合，设有广西农事试验场，而且我觉得教育、研究、推广三位一体，要集中在一起，美国州立农学院都是这种体系的。父亲对我的建议表面上并未反对，但心中并不赞成，只是口头不讲。他觉得一个学校分散在几处，对于管理上、人力上、教学上都是不经济的。

1936年，由于父亲对西大办学方针有他的主见，所以就辞退了西大校长的职务，回到上海，由广西省省主席黄旭初兼任校长。他返沪后，我在南京工作，京沪之间往返甚便，遇有假期我就回上海家中去和父亲团聚。常常一同出去跳舞，一同出去玩。这时，他对我的婚事十分着急。他说如果我尚无女友，希望我娶一位广西太太，能符合他广西人爱广西、服务广西的愿望，但也找不到合适的广西小姐，父亲因之日益焦急。为此，我们父子有时会闹得很不愉快，甚至会为此事向我拍桌子大骂。但我还是坚持自己的原则，决不屈就别人的介绍，我说婚姻是终身大事，不能随便。却有好几位父执来劝我，要我暂且答应父亲先娶一房以慰他的希望，然后不妨在外再娶妾，但我还是反对，没有向父亲妥协。

父亲心直口快，有话就明说，有时公然得罪人，他也不承认他在骂人。我和母亲常劝他不要骂人，有些人都被他骂怕了，但父亲始终不肯听信。他曾向母亲说道："保罗（指我）为婚事会和我大吵大闹，怎见得人怕我呢？"事实上，父亲有时是怕伤我的自尊心，只要我说的话有理，他会耐住火气不发的，这也是他的长处。

1937年对日抗战军兴，中央农试所派我出任中央农试所广西工作站主任，我从此又回到广西柳州沙塘去工作。回桂后，我兼了农林部西南种苗繁殖站主任、西南农业推广人员训练所主任、省立广西高级农业职业学校校长等数职，简直有分身乏术的感觉，因之就没有机会进入西大任职。当时，广西的农业人才几乎是集一时之秀，所以在农业研究及教学方面颇有成就，抗战胜利后被农林部部长周贻春发现，竟把我调升为农林部农业司司长，这实在是出人意料的事。

这一段时间，父亲正在桂林家中休养。但他还是国民参政院的参政员，每次去重庆开会，都来沙塘看我，为了我的婚事，又旧事重提，要我早些

成婚。吾妻蓝乾碧，早年就读于南京中华女中，以歌喉婉转、擅长声学而名闻白下，人也长得漂亮，其后毕业于金陵女子大学。抗战时，有一次她随卫生署王祖祥所率领的医务团来到南宁，我们在桂林相遇，我把她介绍认识我父亲，父亲在桂林替她开了两次音乐会，也算是风靡一时的盛会，并有意留她在桂林教音乐，但她没有接受。1939年，因为我俩的感情颇有进展，我就去贵阳女青年会她做事的地方找她，向她求婚，她答应了。适值父亲去重庆开会先来柳州看我，我就把结婚的大事告诉了父亲，经商定在阳历8月7日正巧是父亲59岁寿诞的同一天。父亲也喜出望外，非常赞成，于是取消了去重庆开会的行程，返回桂林去为我筹备婚事。礼堂借在桂林的乐群社，不料婚前3天，日机猛炸桂林，把乐群社也炸毁了，只得临时改变了地点。

父亲对于我的婚礼费用，要我自己负担，他只送了一百元。幸好我已有充分的准备，不必父亲花钱。这因为父亲怕养成我们的依赖性，所以主张子女要自足自给，不要靠父母来张罗费用。婚后我们住在沙塘，父亲常常来看我们。

就在我结婚的那一天，卫之居然也从国外赶回来参加我的婚礼，这一刻父亲的欣悦情绪是无法形容的。第一因为是他60岁（其实是59岁）的生日，第二是盼望好久总算我成婚了，完成了他一大心愿，第三是阔别了多年的小儿子卫之回家团聚了，可说是三喜临门，他的高兴真是笔墨难以形容的了。

父亲辞退西大校长后，广西省政府为酬庸他对国家的贡献，特意在桂林我家的土地上替我们盖了一幢住宅送给他住。父亲就撰了一副对联刻在大门外，联语是："种树如培佳子弟，卜居恰对好河山。"这一副对联曾传诵一时。宅中有许多果树，又养了不少蜜蜂。父亲这时为改良桂剧而编写了许多广西戏的剧本，空下来也有时举办舞会。其实参加舞会的都是自己人，他跳快三步是跳得十分美妙的，一时人们称跳舞叫"卫生运动"。

1940年春季，广西大学改为国立后，父亲再度出任校长。当时，我劝他不必再做事了，但他因为是西大创始人，所以他坚持要办下去。当时的农学院院长周明祥、文学院院长林东海、总务主任徐国骐等，都是我推荐的。那一年父亲相当辛苦，母亲又适在上海，父亲只身在校乏人照拂，劳状是可以想象的。1939年是他59岁，1940年是他60整寿，不料就在做寿后不久，因胃溃疡、胃穿孔不治而与世长辞。

缅想父亲，我记着他好多长处，这些长处可能是别人所不及的。

一、博古通今、好学不倦：他所翻译的外文书籍，包括文学、哲学、数学、科学、史地，各方面都有，他精通英、德、法、日四国语言，中国文学也有造诣，所以他把外文翻译得非常妥切佳胜，而每晚他一定要阅读写作或翻译过午夜，因之他的著作等身。左舜生先生曾任上海中华书局总编辑，曾说过："我生平交游的朋友中，学识渊博，最值得钦佩的两位，一位是梁启超先生，一位是马君武博士，而且他所著作的文稿，都是自己抄写的。"从左先生的这句话中，可以证实先父治学的成功了。

二、做官清廉、做事认真：他从事公务数十年，从不苟取一文，也不乱花一文。由于他出身贫寒，一生均靠自己奋斗出来的，所以他做事决不马虎，一定脚踏实地，负责尽职做去。在他临终时，只留下六千港币现款而已，至于他写稿所入，都已购了土地或房屋，所以可说是一生都在清廉中度过的。

三、生活严肃、性情幽默：父亲一生的生活，在外人看来是十分严肃的。其实，他的性情却非常幽默风趣，他常常向同事或同学讲故事，讲得哄堂大笑，一时使人忘却了他那尊严肃穆的一面。以前，黄炎培曾说父亲像一位幽默大师，当他轻松时，谈笑风生，诙谐不绝，令人笑不绝口，但当他脾气来时，这份幽默感就完全消失到九霄云外，一时就判若两人了。

四、主张实用、反对文饰：他一直提倡科学救国，主张从实用科学着手，反对音乐、文学一类粉饰太平的玩意儿。他说文学音乐只能作陶冶性情的精神食粮，但不能充救国强国的工具，目前中国需要的是实用的科学，像工农医理等学识，才是今日中国所迫切需要的东西。所以，他在西大时，就不主张办文法学院，可见他择善固执的办学态度，是如何的严正而一贯呢。

尾语

247

　　有关先父在从政从公方面的传述，已散见于报章杂志，记载得可算翔实无遗了，所以我不想再作重复，这些一鳞半爪，都是属于亲情方面的回忆，聊以补遗，以为怀念先父者同博一粲。

马卫之书信

公盾同志，你好！

收到你寄来的《马君武评传》目录，内容极为丰富。这都是你长年累月，花了不少精力所得到的丰硕果实，使人肃然起敬！

承嘱撰写纪念先父文章，本当如命，奈年来，湖北省政协、桂林市政协先后约我写了两篇此类文章，所有值得写下的回忆片段都已告罄，若再将这些内容来重复，恐有损写作或投稿的规定。这使我进退维谷，只得请原谅我不能如命之罪了。

专此奉复，顺颂

新春安吉！

马卫之

1989 年元月 29 日

又及：将来《马君武评传》问世，乞惠赐一册为感！

郑公盾同志：

8 月 25 日来信已收到数日，迟复为歉！

现将你提的几个问题作复如下：

1. 迁墓事，曾去函保之兄征求他的意见，但和家兄通信颇费周折，情况大致容易理解。我当再设法和他通信，总以为得到他的意见为好！你关心此事，几次来函提及，感激铭心！西大校友对先父有这样的感情，使我们当后辈的很受感动。只要得到家兄的具体意见，一定即刻和你联系！

2. 出版"纪念全集"事。我作为家属及后辈，当然怀着感激的心情表示拥护，但恐须组织很相当一些力量才能着手。要是亦能通过西大校友会来推动，事情恐怕好办些。浩劫之后，手头所存先父纪念物品统统荡然无存。所以出版"全集"，第一步亦似以搜集材料为宜。我当然应全力以赴。不过最好由校友会出面推动，不知你以为然否。

秦似先生的甥女想出国深造，诚乃喜讯，我对这方面还欠缺任何机会可供介绍，甚歉。

以上所奉告的几点，可能不能满足你的要求，我除了抱歉之外，实属挽救乏术，希能原谅我！

唐肇华同志的信，附函奉还。一旦他果然将大作惠下，我一定即刻转寄给你。

匆复，即颂撰祺！

马卫之

1989 年 10 月 8 日

公盾同志，你好！

收读九月廿二月函，你撰写先父传略，费了很多精力和时间。我，同时代表家兄保之，对你表示我们最诚挚的谢忱。所提出的一些问题，本应尽可能详尽地作答，遗憾的是当先父在世时，和他一起生活的时间不多，因此有许多理应知晓的事情亦没有获悉，从而不能完全满足你的愿望，我们感到非常遗憾。

现以我能奉告的几点概述如下：

一、马校长同他夫人结婚是双方愿意，还是家庭包办？关系如何？

答：是双方愿意，不是祖母包办。感情融洽。

如夫人是秉承祖母的意见续娶，在先父广西省省长任内死难。

二、参加"西山会议派"否？

答：先父没参加"西山会议派"。据我和家兄所知，他当时住在上海郊区，置了一块园子，自耕自种，对于政治比较冷淡，更无意反苏反共。

三、有传闻，1939 年马校长解聘了几位左派教授，有没有这类事？

答：有位教授自称全部译出了《资本论》三卷及其续集，水平应该相当高，可多年未见有其他译文，外文根底可想而知。解聘他只是为了保证教学。有位焦姓教授，家父说他"男女关系问题表现不好，玩弄女性"，出于品德方面的考虑，才解聘的。张志让教授不是校方要解聘的，是他自己要走的。张先生有学问，有声望，做过"七君子"的律师。离开广西大学是因为复旦大学编辑《文摘》的人死于日机轰炸，他回去主持工作，无法挽留。况且张志让先生介绍了他的挚友董维健来校执教《中国经济史》，这就很说明问题。

四、马校长爱好音乐，除弹钢琴之外还拉小提琴，他在这方面有无成就？

答：先父对西洋音乐有特别的爱好，也许因为他多年留学德国的原因吧。虽然亦从事一些实践，但毕竟由于时间的限制，因而钢琴和小提琴演奏成就不明显。他一向是科学救国论者，因而对艺术的爱好，纯粹业余性质。

五、马校长掌握几门外国语？

答：先父通晓英、法、德、日四国外语。有些译著，动机大概出于祖国借鉴外国文化做些贡献。

六、马校长最佩服谁？

答：先父最佩服达尔文。

七、马校长逝世时，你们当时有无子女？

答：先父在 1940 年逝世时，家兄保之已结婚一年，但尚未有子女。

八、马校长做什么事高兴？厌恶什么？

答：先父对资助穷苦学生，这件事最令人高兴。厌恶人扯谎。

九、马校长喜欢吃什么？

答：先父比较喜欢吃鱼，不喜欢吃猪肉。

专此奉复。

马卫之

1989 年 10 月 1 日

公盾同志：

提如下问题恭请回答

一、马校长怎么得博士学位？

答：他写了一篇关于制造皮蛋的方法 *，所以得到博士学位，关于火车挂钩，应是詹天佑之作，误传是家父，是不对的。

二、马校长及马夫人的结合为何？

答：是双方有意谈恋爱的结果，结婚之后只生家兄保之和我二人，并无庶出。开始时双方感情良好，后来因家母信仰基督教，也会弹钢琴，后年老彼此都感到自己的忧虑。先父一向关心民生，作为人之师，他最为关心富有天才的孩子，是否充分完成他的智育，每以协助年青而经济财力比较困难的人，而每以解决穷孩子能读书问题为莫大兴趣。

马卫之
1989 年 11 月 24 日

*马君武博士论文是关于蚕丝的 7 种元素的。——出版者注

公盾同志：

来信已经收到了。家父天才是多方面的，平时除了翻译工作以外，还喜爱写曲子，可惜他所制的曲子基本散失，至今很难编写成册，我觉得他的音色很好，如果他致力音乐很可能成为出色的制歌家，现存的中国公学校歌、广西大学校歌都是他作曲的歌曲和填词，他确实是善于作曲和填词的诗曲兼音乐家。像我国诗史上的白居易和苏东坡就是一派的诗人兼音乐家。今天就谈这个小问题。

马卫之
1989 年 12 月 1 日

于明同志：

收到你转来来公盾同志函，谢谢！

公盾同志大概何时回国？

倘你去函给公盾同志，请代为询问一下：

他准备在哪个系讲授哪门课程？课时约多久？

因为只有知道这几点之后，才能进行联系。

1987 年将届，预祝

新春愉快！

马卫之
1986 年 12 月 22 日

公盾同志，你好！

收到 11 月 10 日来函。迟复为歉，请谅！

你撰写送于先父的文章《一代宗师——关于马君武校长在广西大学的二三事》读后颇受教育，写得生动、有血有肉，希能刊出。嘱撰短文纪念先父，本应从命，但不久前西大在桂林的校友朱袭文同志已向我索文，目前要写一篇不同内容的纪念文章，还不是轻而易举的事，只得请你允许待请来日吧。

两周前应西大邀，赴邕参加学校建校六十周年纪念，并参加先父雕像揭幕典礼。雕像矗立于西大美丽的校园内，校友们为此花了很多时间、精力、金钱，内心非常感激。

遵嘱附上去年和老伴在寓所的照片一帧，没有最近的照片，请哂纳聊作留念。

在邕得遇西大中文系教师陈驹同志，他早就着手编撰先父诗文集，倘有必要，可与他取得联系，听说他手头的材料颇丰。余得后叙，即致

年禧！

马卫之

1989 年 12 月 20 日

公盾同志：

你先后两封信，都已收到，迟复为歉！

《马君武传》文稿，迄今仍未收到，仅得"简要年表"一份。所列事迹，大致符合事实。国内目前仅有"政协广西壮族自治区委员会文史资料研究委员会"发行的《马君武传》可供参政，台湾发行的《马君武传》我还未读过。

先父 20 年代，在吴淞杨行镇置果园一座，亦乃全家居住之地。邻居是居正，在较长一段时间中，同居正来往较密。居正常来我家和先父下围棋。此外实无其他情况足以奉告。

附近年表，有个别错字已行改正，请察收。我因有一段时间离汉，未

及时作复，祈谅！即致

　　敬礼！

马卫之

1989 年 8 月 25 日

公盾同志：

　　你好！你 12 月 18 日函已收读。肖启明同志曾有信来，希望我对你的大作进行一番整理，我估计恐精力不克完成这项繁重的工作，因此没有表示同意。我回信给他，希望能经他整理后给我一读，也许能提供一些建议。后来就没有再收到他的音讯。

　　关于你来武大讲课事，记得以前听程喜霖同志说：已微询过校领导的意见，并已将意见转告给你。目前有何转机，不得而知了，最好请和程同志多多联系，可能他会有些具体意见告诉你。

　　时届新岁，祝你身体康健，全家安吉！

马卫之

1989 年 12 月 27 日

广西大学校友会通告

北京校友会于今年 5 月 21 日下午，召开了本年度在京校友大会，一个重要议题就是一致同意科普作家、科学普及出版社原总编辑郑公盾（郑能瑞）校友的提议，由本会建议，吁请广西区政府支持筹办具有深远意义的两项事情：一、在南宁母校建立马故校长，马君武博士的文物纪念馆；二、马故校长坟墓从桂林迁厝于南宁母校。

马故校长，马君武博士，道德高尚，潜心学术（获德国工学博士的第一个中国人），热爱教育，为人师表，在旧中国时期，有"南马北蔡"（蔡元培）之称，是中国近代史上，广西有数的教育家、思想家，周总理誉为"一代宗师"。由此可见，收集整理马故校长生平的光辉业绩史料，建立文物纪念馆，堪以激励后辈学人奋发进取，为开创广西文化教育的新局面，振兴中华具有重要而深远的意义。马故校长的文物，尤其是他的灵柩为祖国的宝贵财富，把它的灵柩迁厝于母校内，亦意义重大。盖此种举施，国内外已不乏其例。在国内如厦门大学前校长萨本栋博士已定居国外，逝世后，其骨灰则运回安葬于厦门大学。文化战士斯诺生前任教燕京大学，去世后，在今北京大学（即前燕大旧址）建有斯诺之墓。马故校长生前三次出长广西大学，诲人不倦，苦心经营，功绩卓著，他的灵柩迁厝于母校，毋庸置疑有其特殊意义。为此，恳请母校领导同意，以学校名义吁请广西区政府全力支持筹措此两项事业。如蒙广西区政府允诺，筹建时间和经费问题，自当由区领导根据情况而定。

以上建议，敬祈亮察，并候复示。

谨此

敬礼

广西大学北京校友会

1989 年 8 月

结 束 语

第一章　　桂林的漓江烽烟

郑公盾

　　桂林在抗战最繁盛时期，建立了八路军的办事处。当时，蒋介石接受了中共提出的团结抗日的主张，实现第二次国共合作，将我党领导下的红军改编为国民革命军第八路军，并任命朱德同志为八路军的总司令，彭德怀为副总司令，开赴山西、河北前线对日作战。承认了共产党在全国的合法地位，江南红军改为陆军新编第四军，以叶挺为军长。广州、武汉相继沦陷后，广西成为我国抗日的大后方。1938 年 11 月，八路军以秘书长李克农改任八路军办事处处长。办事处的主要任务为坚持抗日方针，宣传我党的统一战线。1939 年 10 月 2 日，中华全国文艺界协会桂林分会正式成立，选出常务理事数十人。在 1940 年反共高潮前夕，周恩来同志三次到桂林，徐特立也经过桂林，救亡日报社社长也一次次来桂林，并写了杂咏。在桂林办事处暂住的还有胡志明同志。当时，叶剑英同志对广西学生军第二团，以《现阶段的游击战与正规战》为题讲了话。李济深为新安游行团题词，歌颂孩子们跋涉 18 省，走三四千里的路。当时《救亡日报》由夏衍主编，林林编《文化岗位》，张尔华做经理。李宗仁等人为《救亡日报》创刊两周年题词，勉励大家要以不屈不挠的精神，把中国从危亡中挽救出来。

　　1940 年前后，在桂林有广西省党政促进会、广西文化界救国会、广西伤兵联谊会、广西荣军之友社、中苏文化协会、反汪工友团、中国青年记者学会桂林分会、广西大学青年剧社、孩子剧团、广州儿童剧团、广西美术会、青年歌咏团。报纸有《广西日报》《救亡日报》《桂林大众报》《扫荡报》；期刊有《新文化》《现世间》《广西妇女》《学生岗位》《青年先锋》《现代生活》《革命队》《东线文艺》《新创作》《少年之友》《文艺工作》《新生代》（广西大学学生会主办）与《广西农业》，司马文森主编的《文艺生活》，王鲁彦、覃英办的《文艺杂志》，秦似主编的《野草》，田汉主编的《戏剧春秋》，郁风的《耕耘》，文化供应社的《文化通讯》，还有广西大学出版社编辑出版的《广西大学》，林语堂的《宇宙风》，茅盾主编的《文艺阵地》，郭沫若、冯乃超的《文艺工作》等数以百计的进步刊物。马君武主编《逸史》等刊物。

第二章　漓水的桂林黄金时期（1936～1944年）

第一节　师专——文法学院

正当本校（广西大学——出版者注）在梧州蓬勃发展，初具规模的时候，1936年6月广西省政府根据《高等教育整理方案》，改组本校的组织，校长由省主席黄旭初兼任，废副校长制，改设秘书长，并设立校本部，以资统辖各学院。又将省立师范专科学校改并为本校的文法学院，省立医学院改并为本校医学院，均与校本部同设于南宁。并将理、工两学院并为理工学院，与农学院仍设于梧州。任命朱佛定为秘书长兼文法学院院长，李远华为理工学院院长，盘珠祁为农学院院长，戈绍龙为医学院院长。7月，马校长、盘珠祁副校长移交清楚卸职。同时，将省立师专及省立医学院次第接收，并接收南宁建设研究院宿舍，设校本部于此。

校本部分教务处、训练处、事务处、会计室、图书馆，各设主任1人。教务处分注册、统计、出版三课；事务处分设文书、庶务、保管三课；会计室分会计、稽核两课，各课分设课长1人。训练处及图书馆组织另定。由省府任陈此生为教务处主任，韦贽唐为训练处主任，蔡声瑞为会计室主任。8月，文法学院成立，设文学、社会学两系，将师专学生拨入肄业，并附设乡村师范班，聘请陈望道教授为文学系主任，施复亮教授为社会学系主任。同月，理工学院设数理学系、化学系、土木工程学系、机械工程学系及矿冶专修科；农学院仍设农学系及林学系；医学院不分系，设本科、专修科及助产护士班。先后改聘一批教授为各系主任，以谭世藩为化学系

尾
语

主任，章元石为数理学系主任，赵澄波为土木工程学系主任，李进隆为矿冶专修科主任，唐有恒为农学系主任，林汉民为林学系主任。9月，医学院院长戈绍龙辞职，以孟宪荩继任。

10月，校本部及文法学院随省府迁设桂林，以良丰西林公园为校址。将省立桂林高级中学改为本校第二附属高级中学，与校本部合设一处；原有梧州附属高中改为第一附属高级中学。本校改组完毕，成为文法、理工、农、医的多科性的综合大学。也就是本校进入学校发展的重要阶段的桂林时期，从此开始。但实际上，只是校本部及文法学院、附属第二高中设在桂林良丰，理工学院、农学院及第一附中仍在梧州。

文法学院的前身是省立师范专科学校，成立于1932年春，校址在桂林良丰西林公园，内设文学、史地两系，并附有乡村师范班。当时，桂系和粤系企图反对蒋介石，需要装点门面，聘请杨东莼充当师专校长。杨东莼早年信仰马克思主义，1923年在长沙参加中国共产党，大革命失败后，他同党失去联系，东渡日本，研究辩证唯物论与历史唯物论，翻译《费尔巴哈论》、摩尔根的《古代社会》等著作。回国后经李任仁介绍，认识桂系白崇禧，因而出任师专校长。他巧妙地利用当时桂系同蒋介石之间的矛盾，在白色统治下，建立了一个小小的革命据点。他聘请了大革命时的风云人物朱克靖（化名朱笃一）来任教务长，研究农村经济的薛暮桥、文学家沈起予、朝鲜革命家金奎光等为教师。杨东莼是以马列主义思想为指导，用集体主义教育思想和自由研究的学习方法，引导、启迪学生的思想走向进步，培养了一批进步青年。他们当中很多人成为共产党员，有的在抗日战争中为党担负重要的工作，有的在桂系屠刀下英勇牺牲。由于广西政治野心家王公度对师专的造谣、诬陷，1934年春，广西当局便将朱克靖"礼送"出境，同意杨东莼辞职，薛暮桥等一批进步教师相继离校。

1934年3月，广西当局任命罗尔棻（医学家）为师专校长，同年10月调离。改任王公度派系的留俄生郭任吾为校长，他引用一些有反动思想的教师到师专任教。师专的发展受到了阻碍。在这关键时刻，教育厅厅长李任仁推荐陈此生任教务长，掌好师专的方向舵。陈此生聘请了一批国内的著名学者、教授，如陈望道、邓初民、马哲民、施复亮、熊得山、杨潮（羊枣）、夏征农、胡伊默、沈西苓等到师专任教。由师专培育出来的数百名学生，对中国革命和广西教育事业做出了积极的贡献。师专的优良传统对以后文法学院、法商学院的学风产生深远的影响。

1937年1月，农学院院长盘珠祁任中央立法委员，省令以理工学院院长李运华兼任农学院院长。2月，校本部及文法学院奉省令迁入桂林李子园。这主要是桂系当局企图以军事管制的办法，控制学生的进步活动。还将文法学院附设乡村师范第三班学生编入广西民团干部学校训练。医学院改为广西军医学校。第二附中仍改为桂林高级中学。第一附中，仍称广西大学附属高级中学，并招收附中新生两班。到了7月，附中又改为广西省立梧州高级中学。文法学院添设法律学系及银行专修科。聘钟震教授为法律学系主任，龙家骧教授为银行专修科主任。并开始招生，计法律学系57名，银行专修科78名。

2月，本校黄兼校长在《广西日报》登紧急通告前师专乡师第一、二班结业生注意："欣奉省政府二十六（37）年真教妙电开，未在各机关服务之结业生应由校登报通告限自登报之日起20天内，前往受训，如不再遵限，即分别通饬，永不录用，并扣发毕业证书。"仰各依限前往，勿再自误为要。

4月19日由黄兼校长主持欢迎北平各界湘鄂桂粤观光团团员石志泉、白鹏飞到校演讲。白鹏飞讲话题为《我的平生》尽叙其平生实际生活情形，语极精辟，意在警惕青年，并指出其奋斗途径。最后说："大学生应负很大责任，并推出处世态度三项，即眼光远大，肚量深宏，言话纯厚。"听者为之动容，掌声不绝于耳。

4月20日下午2时，学校敦请北平名教授陈豹隐演讲，题为《现代政治学上的民族问题》，而论定"中国应采取之民族政策，为对内扫除专制主义，对外拒绝侵略，及发展国民经济以抵抗外来侵略，政治上要求统一。适与最初之德国民族运动，及19世纪意大利、德意志统一运动相结合。后并谓中国社会前途走上变态的社会主义时，则社会主义的民族政策，即经

尾

语

济上一民族不剥削一民族，实行合作；政治上可以自由，和别一民族联合，也可以和别一民族脱离"。

1937年上半年，学校的学术研究空气自由活跃，除邀请进步教授到校演讲外，学校的著名教授邓初民也经常到校外作演讲。如在桂林五四运动纪念大会讲从《五四与北伐的成功失败教训》说到《拥护广西焦土抗战主张》。5月22日在桂林女中讲《当前妇女问题与妇女运动》。6月又在桂林中等以上学生讲演会演讲："从实现焦土抗战说到学生暑期工作。"

另外，在《广西日报》标明通信地址为桂林广西大学，由学校几位教授主编的副刊，如由尚仲衣主编的《教育周刊》，共十八期；祝秀侠主编的《文艺（周刊）》，七期；彭仲文主编的《社会周刊》，六期。在5月20日《社会周刊》第三期中《关于青年思想问题》一文中，关于青年的政治思想问题中的论点："（一）有人说，'侵略阵线'是第三国际的策略，倘若青年人说'侵略阵线'，便是站在第三国际说话。也就是替他人来吹牛了，这也是有背景的。（二）有人说，'斗争'是共产党'阶级斗争'的变种，我们不需要'阶级斗争'，同时也不能说'斗争'。（三）有人说，青年不能有唯物论的书籍，因为这是危险的东西，对这一问题的回答，白副总司令说得好：'我们对于一般青年，不是怕他们阅览唯物论的书籍，问题是怎样教他们去看那些书籍的方法，老实说，凡是一个政治家，必须要博览群书，对于古今中外的学说，都要细心去探讨研究，马克思的理论，在世界的学术界中，已经有了它的地位，凡是一个研究政治经济的人，无论是反对马克思理论的，或者是信仰马克思理论的，都应该对它做一番研究工作，不能说凡是研究马克思理论的，就是马克思的信徒，或者还要说他们是共产党的嫌疑。'"（见4月20日《广西日报》）又如《社会周刊》第四期中的题为《妇女社会地位的变迁》中，列举各个社会历史阶段妇女所受压迫、虐待之后，最后指出"俄国七千万妇女大众，在十月革命的光芒之下，带给她们以完全的人的权利，给她们生存发展的机会，更给她们以人类应当享受的幸福。这样她们遂获得了她们所不曾预料到的完全的解放"。并指出："因为它根本推翻了社会财富集中于少数男子手中的私有财产制度，从而给妇女以'各尽其能'的机会，造成了妇女的自由发展的社会条件。"

一些教授还在各报刊发表文章，如尚仲衣教授在《教育周刊》第十五期发表《论民族斗争中的教育致国人书》，等等。

从以上情况看，当时学校在行政管理上很严，但在进步教授的带动下，全校员生的学术空气是自由的、活跃的，这是学校当时的特点。

6月，本校学生第三届毕业，计理工学院数理学系9人，化学系15人，土木工程学14人，机械工程学系19人，林学系18人。同月，省令修改本校组织大纲，校长、秘书长以下设大学秘书1人或2人，注册主任、文书主任、事务主任、会计主任、军训主任、图书馆主任、校医各1人。桂林以外各学院，院长以下设院秘书、注册员、文牍员、事务员、会计员、校医及图书馆主任各1人。至于各学院教务，则由各该院长兼任。同月，第三次校务会议议决文法学院增设政治、经济两学系，农学院林学系主任林汶民暂代农学院院长。7月，依照新组织大纲将校本部改组，分注册、事务、文书、军训四处，及会计室、图书馆，并增设统计室。同时任命范昱为大学秘书、梁拱为注册主任、梁构为事务主任、韦奋鹰为文书主任、蔡声瑞为会计主任、易滨素为图书馆主任，军训主任汪玉珊奉总部加委。8月，省任命毛振荣为统计室主任。

1937年7月，抗日战争爆发，蒋介石派员到桂促桂系出兵抗日。8月底，广西当局突然发动"王公度事件"，捕杀了一批王公度分子，同时还迫害和杀了一些共产党员及进步人士；包围文法学院，逮捕了八人，除王分子外，地下党员曾世钦、何励锋被捕。已毕业离校的地下党员陶保桓被捕并被杀害于柳州。9月，省令文法学院文学、社会两学系改为专修科，并提早毕业，计社会学专修科毕业生29人，文学专修科60人。并把这两个班的学生调入"广西战时政工人员训练班"受训。训练班里，门禁森严，气氛沉默。一个月后，集合宣布由李宗仁、李任仁介绍集体参加国民党。解散后，即发下表格。大家为了不暴露，不找麻烦，都填表交了上去。连宣誓也免了。宣布训练班匆匆结束。要两班毕业生搬到东门楼上，报名参加学生军，开赴安徽前线抗日。大多数同学去报到了，少数

同学有的因为各种个人原因不愿去，有的因为执行党的决定"潜逃"，没有去。

9月，省令收容战区专科以上学生来校借读，同时各学校招收省外新生。第一次计录取文法学院共114名，理工学院共162名，农学院共27名。第二次录取理工学院12名，农学院17名。同月，农学院由梧州迁至柳州沙塘（沙塘位于柳州北郊，距市区8.5千米，面积万亩以上。该地设立有广西农事试验场，为当时广西最完善的农业科学研究中心）。计教职员工共40多人，学生只有农、林两学系3个年级共120多人。沙塘农林技术人员训练班亦划归农学院办理。省令林代院长兼任试验场场长。试验场划定一块一百亩的土地作为农学院院址。该地的房屋拨归农学院作为宿舍、教室、实验室、图书馆。迁校伊始，一切因陋就简。林汶民教授仍代理农学院院长，并兼任林学系主任。唐有恒教授仍任农学系主任。新聘著名林学家马大浦来院任教。

同月，理工学院矿冶专修科改为矿冶工程学系，成为全国少有的学系，深受教育界的重视，造就了一批矿冶专业人才，分布到全国各地。

10月，省令准在本大学成立经济研究室，聘请经济学系教授千家驹兼主任，陈晖为研究员，张培纲为秘书。主要研究广西的粮食、交通问题（1939～1940年，该室出版两本书：《广西粮食问题》《广西交通问题》。这个研究室在本大学改为国立后停止活动）。

11月，第四次校务会议议决，文法学院增设文史地专修科，与法律学系及银行专修科一并招收春季始业新生各一班。

12月，第四集团军总部电饬文法学院组织学生战地服务团，任命蒋毅夫为团长，骆伦为团副，训练两周后，于1938年初，即出发广东钦廉一带工作。先在合浦演出话剧、歌咏，开展街头宣传，张贴大幅标语和大幅壁报后，又分散各地，如北海、钦州、防城等地进行宣传。在北海和当地救亡组织联合宣传、演出。随后，深入北海沿海渔村，对渔民和前线士兵进行访问。进行了3个月的抗日救国宣传，大大促进了同学们的革命思想。同学们接触群众，接触了实际，明确了抗日战争应该走哪条道路。这为后来文法学院同学大批奔赴延安、抗日前线和参加广西学生军打下了思想基础。西大地下党支部在此次抗战宣传活动中起了核心作用。

1938年2月，黄旭初以"自抗日军与政务纷繁未克兼顾"辞兼校长职，省府呈请中央任命白鹏飞为校长。白鹏飞是广西桂林人。曾留学日本东京帝国大学，曾任北京大学教授、国立北平大学法商学院院长，本校总务长，对本校建树颇多。著作有《法学通论》《行政法总论》《劳动法大纲》《宪法》等。2月16日，白校长到校视事。人事上有些变动。秘书长兼文法学院院长朱佛定辞职，省令以白鹏飞校长兼任文法学院院长，邓伯萃接充秘书长兼文法学院政治学系主任，农学院代院长林汶民辞职，省令由王益滔教授接任。聘李达教授为经济学系主任，王力教授为文史地专修科主任，农学系主任由汪厥明教授兼任。林学系主任由林谓访教授兼任。事务主任梁构辞职，省令以白鼎新接任，统计主任毛振荣辞职，遗职调注册主任梁拱接充，并任闵才纯为注册主任。同月，文法学院招收法律学系新生39人，银行专修科新生33人，文史地专修科新生36人。

白校长上任伊始，延聘了一批知名教授，充实教学阵容。如文法学学院的李达、王力、熊得山、王觐（千家驹、张映南、钟震等继续留任）；理工学院有刘仙洲、李辑祥、郭习之、丁嗣贤、洪绅；农学院有马保之，加上原来的唐有恒、张一农、林礼铨、陶心治、王子芳、钟兴正、马大浦、林汶民等，教学力量大大加强，教学质量不断提高。

6月，第四届学生毕业，计理工学院数理学系5人，化学系13人，土木工程学系17人，机械工程学系28人，矿冶专修科42人，农学院农学系5人，林学系4人。同月，省令增设文法学院会计专修科。7月，文法学院文史地专修科主任王力辞职，遗职由白兼院长兼任；改聘秘书长邓伯萃兼文法学院会计专修科主任，王惠中教授为政治学系主任，刘鸿渐教授为法律学系主任，张资平教授为理工学院矿冶工程学系主任，王厥明教授为农学院农学系主任，林谓访教授为林学系主任。

1938年夏，日本帝国主义向华南进攻，广州危在旦夕，梧州受到威胁。本校经济植物研究所兼所长陈焕镛辞职，白校长把该所拨归农学院领导，

并聘请张肇骞教授兼该所主任，后该所决定迁往沙塘。

9月，理工学院增设电机工程学系，以理工学院院长李运华兼系主任。农学院增设畜牧兽医系，以农学院院长王益滔兼任。同月，统一招生分发及本大学招收新生，计文法学院各系科学生100人，理工学院134人，农学院58人。同月，省令校本部及文法学院由李子园迁回良丰西林公园校址。10月，梧州理工学院因屡遭敌机轰炸，校舍破坏严重，迁至桂林大埠乡。10月，理工学院矿冶工程学系主任张资平辞职，改聘李进隆教授继任。军训主任李祖恒奉调另有任用，奉令调陈俊朋接任。11月，图书馆尤亚伟辞职，以鲁忠翔继任。

早在1936年10月，文法学院地下党组织建立，由曾世钦任支部书记，李炉炭（李殷丹）任宣传委员，路瑶任组织委员。师专毕业同学陶保桓任中共桂林县委委员，并负责领导文法学院党支部。支部建立后，党组织发展较快。当时党员有：刘鸿珍（张华）、韦树辉、莫一凡、梁邦鄂、李明沂、杨美灏、邓剑崴、岑立翔、韦才猷、宁振邦、苏浥、黄露西、廖洪、周甲铭（蒙谷）、蒋宗武等。西大文法学院支部成为当时桂林党组织中一个最有战斗力的支部。1937年2月，党组织发展了王祥彻入党。但自文学、社会两系改为专修科提前毕业后，党员绝大多数离党。9月，新生中一批党员来了西大，如李朋章、刘治琛、于辉坤、朱敦年，加上新发展了甘文诒、朱汝鉴、罗预全3名党员，以及原有的党员，如陈贞娴等，从1937年2月至1938年9月，文法学院在桂林李子园时期，共有党员11人，党支部书记是王祥彻。当时的学生自治会和班代表大部分都是党员和进步学生。在他们积极和推动下，学校的救亡运动、学术研究以及各种活动，都开展得很有生气。中间曾因学校受桂系当局的掣肘，军训人员对学生生活管理搞了许多新的限制。学生稍有不符标准就禁足（不准外出），这导致了军训教官和学生的尖锐矛盾。一次，因同学反军训人员法西斯统治受挫，处分了占学生总数的85%以上的学生，有的被开除离校，有的党员和积极分子也离校他去。这样，党的力量大大削弱，同学情绪低落，学校的抗日救亡运动暂时转入低潮。

1938 年 10 月 21 日，国民党放弃广州，25 日又弃守武汉三镇。同月，八路军驻桂林办事处成立，李克农任处长。本校学生金壁华（兰邨）、邓德润（女）、黄德元（女）、钟逢美（白原）等分批奔赴延安参加革命。钟逢美就是通过李达、千家驹两教授介绍与李克农认识，然后转赴延安的。

10 月，文法学院、理工学院全部迁回良丰，西林公园内又掀起抗日救亡热潮。学校中进步教授大力宣讲中国的前途、中共中央对时局的看法和当前的任务，坚定了同学对抗战的信心。党支部发展了曾昭鋈入党，并重新掌握了学生自治会的领导权，推动学生救亡运动的发展。同月，广西组织第三届学生军。中共广西省委为适应抗战形势需要，推动群众性救亡运动，决定动员党员和发动进步青年参加学生军。西大支部积极贯彻省工委指示，王祥彻、陈贞娴、崔振金、黄世慈、唐肇华、周婉琼等大部分党员和积极分子 20 多人参加学生军。1938 年年底，留校党员只有曾昭鋈 1 人。11 月 28 日，桂林各界李任仁等在乐群社招待来桂文人，计有鹿地亘夫妇、巴金、胡愈之、杨东莼、盛成、陶行知等 50 余人，桂林已成为文化荟萃之地。学校不时邀请学者名流文人相继来校演讲。在 12 月 17 日上午，军委会政治部第三厅厅长郭沫若到良丰作了题为《战时教育》的演讲。下午郭参加了学校员生座谈会，由学生报告此次出发各地宣传之经过，并提出关于抗战建国诸问题。郭厅长一一做了解答，直至下午 4 时始散。12 月 28 日下午 1 时，学校请日本反战大同盟作家鹿地亘、作家巴金、盛成教授等三位先生莅校演讲，听讲者有文法、理工学院全体员生 400 余人。首先由白校长致辞介绍，并代表欢迎。继请鹿地亘氏演讲，讲题为《第二期抗战应注意之点》，对于第一期抗战之检讨，中日战争新阶段的日本法西斯强盗的阴谋以及我国对付之方策等，分析极为详尽。巴金、盛成两氏，则于国际之矛盾、国际情势之变化与抗战有利之点，亦均详为发挥，讲述历 4 小时。深受全体师生热烈欢迎。

1939 年元旦，本校全体员生，响应桂林市书报业举行之义卖运动，特发起乐捐书籍，自组义卖队举行义卖。计捐得 500 多册图书，义卖 3 日，共得 135.57 元，由文法学院学生自治会送交广西日报社转送省抗敌后援

尾语

265

会，深得社会好评。

1月8日下午1时，文法学院银行专修科60人举行首届（在全校的毕业生是第五届）毕业典礼，黄旭初亲临训话。同月，聘焦承志教授为文法学院文史地专修科主任，王恒守教授为理工学院数理学系主任，裴献尊教授为电机工程学系主任。2月，奉令开办大学进修班。

第二节　改省立为国立

1939年，桂林已成为抗战大后方的文化名城。1月10日，由郭沫若任社长，夏衍主编的《救亡日报》在桂林复刊。本校除农学院仍在柳州沙塘外，文法学院、理工学院均已迁回良丰雁山。此地原为清朝文人唐子实（建）私产，名为"雁山别墅"。后为曾任两广总督的岑春煊（广西西林县人）所有，改名西林公园。大门横额仍有"西林公园"字样，大门两旁原书有"春秋多佳日，园林无俗情"一副对联。林泉秀美，绮丽多姿，地有碧云湖、相思溪、红楼曲槛之胜，物有绿梅、方竹、红豆、丹桂之宝，前为雁山，后为旷野，空间辽阔，空气清新，每当丹桂飘香，晚风习习，香气扑人，令人心旷神怡，实为不可多得的读书环境，而在战时，更为得天独厚。本校自1937年下半年起，已向全国招生，加之不断收容各战区来校的借读、转学生，已打破单纯两广籍学生的局面。全国学术界的知名人士前来本校任教的日益增多。因此，本校雄厚的师资力量，教学的质量，学生的素质以及图书、数学设备等均不逊于当时国内的名牌大学。但是，本校属于省立，隶属于广西当局，地方色彩甚浓，军训管理及对学生的思想统治极为严厉，阻碍了学校的全面发展。大多数同学深深感到，只有改为国立大学，排除广西当局的管制，才能使学校有发展前途。在全面抗战的激流冲击下，尤其是从各沦陷地区来校就读的同学，爱国思想、民主空气都比较浓烈，他们由单纯的反对思想统治进而发起了国立运动，把学校推向一个新的阶段。1939年春，理工学院同学首先发起"国立运动"，很快得到文法学院及农学院同学的支持，同时也得到社会名流雷沛鸿、邱昌渭、彭襄等的积极赞助。为了推动"国立运动"的工作，由各院系推选代表组成"广西大学国立运动促进会",由理工学院的彭公予、李季平,文法学院的谭鲲为总负责人。他们曾多次前往桂林,向广西当局陈述同学们的设想和请求。此外,还拜访老校长马君武先生,他理解同学们的愿望,非常赞成学校改组国立,还愿意为"促进会"向广西当局及社会人士呼吁。

3月,学生自治会呈请中央,改省立广西大学为国立。理由是:"倘经中央与地方共同扶植,则前途更为发展。例如'充实设备,提高学生科学研究'等。并减轻本省过重负担,以实行抗战期间中央尽量协助地方建设之旨。"1939年4~6月,代表们又数度去省政府请愿,最后由黄旭初代表广西当局对西大改国立事表示赞同,并同意转报教育部审批。

5月,本校新设电机工程学系设备计划预算法币6万元,并经教育部同意拨给。

6月,本大学学生第六届毕业,计理工学院数理学系14人,化学系18人,土木工程学系22人,机械工程学系13人,农学院农学系21人,林学系15人。同月,会计主任蔡声瑞调离,省令以罗豫禄继任。

原我校著名教授尚仲衣5月间因公遇难。由广西建设干校、生活教育社、广西大学、教育厅、中山纪念学校、《救亡日报》等单位主办的尚仲衣先生追悼会,于6月6日上午8时,在桂林乐群社举行,参加追悼者500多人。由主祭人邱昌渭厅长致悼词,报告尚先生生平奋斗经过与成就之事业,并谓"尚先生不但为近代前进之教育家,且为救亡运动之推动者与实践者,今壮志未酬,竟先身故,殊堪痛惜,惟望吾人在追念之余,应继续发扬尚先生忠心救国之精神"。

1939年8月22日,行政院会议议决,广西省立广西大学改为国立广西大学,并任命马君武为国立广西大学校长。这是马君武第三次出任本校校长,也是本大学由省立改为国立的第一任校长。社会各界人士和本校全体师生,为本校由省立改为国立的要求得以实现,无不欢欣鼓舞,为本校之发展前途,寄予殷切的期望。9月5日,奉教育部令发《广西省立广西大学改为国立广西大学办法》函件。9月23日,马校长到校视事。依照部颁组织要点,改订本校组织大纲,设置教务处、训导处、总务处及会计室,遴

选一批教授分任各职。聘李运华为教务长，张清涟为训导长（9月12日，陈立夫手谕派来），徐谷麒为总务长，林东海为文法学院院长兼政治学系主任，谢厚藩为理工学院院长，周明祥为农学院院长，罗豫禄为会计室主任，钟震为文法学院法律学系主任，杜肃为经济学系主任，龙志泽为文史地专修科主任，刘古谛为会计专修科主任，龙家骧为银行专修科主任，王恒守为理工学院数理学系主任，时昭涵为化学系主任，嗣兼秘书，肖津为土木工程学系主任（在肖主任尚未到任前，由葛天回代理），陈熹为机械工程学系主任，李进隆为矿冶工程学系主任，裴献尊为电机工程学系主任，肖辅为农学院农学系主任，周国华为林学系主任，郑庚为畜牧兽医学系主任，董绍良为先修班主任，黄宗禹副教授为先修班副主任。省立时的一批教授大多数继续受聘。文法学院新聘教授有张铁生、张志让、董维健（董之学）、漆琪生、焦菊隐、万仲文、盛成、蔡经济等；理工学院新聘教授李四光（名誉教授）、郑建宣、雷瀚、石志清、刘光文、林炳仁、赵佩莹、余克缙、杭维翰、衷志纯、潘祖武、唐崇礼、竺良甫；农学院新聘教授有吴绍揆、吴子芳、翁德齐、余泽棠、谢孟明、汪振儒、李静涵等，教学阵营极一时之盛。

本校奉教育部令改为国立广西大学，但教育部9月25日训令院系项下，只有理工学院、农、医（该院早于1937年时撤销——引者注）三学院，原有文法学院并未在内，且于"说明"中论述"该校原有文法学院在二十八年（1939年度）已将文史地专修科及政治、经济学系停办（该三科系并没有停办——引者注），所余法律及会计专修科，亦应一并停止招生，逐年结束"。这个消息传到学校后，文法学院全体同学非常震惊，立即举行紧急会议，一致要求教育部收回停办该院之成命，并即席推举代表何宪辉、黄达人等分谒黄旭初主席、雷沛鸿厅长、李任仁议长、马校长、白前校长等请示，且招待新闻界声请援助。要求两点：（一）在国立广西大学的院系组织中，恢复文法学院之名称；（二）要求本年度文法学院各系班照常招收新生。后教育部已准予所请，收回成命。

10月10日正式开学，举行马校长宣誓就职典礼。同月，理工学院亦由大埠迁回桂林良丰校本部。同月，统一招生及本校补招新生，计文法学院法律学系30人，经济学系33人，会计专修科16人；理工学院数理学系15人，化学系21人，土木工程学系33人，矿冶工程学系26人，电机工程学系20人；农学院农学系11人，林学系9人，畜牧兽医学习14人。11月，在良丰西林公园附近新校区开始兴建图书馆、物理馆、矿冶室、化工室、机械室、材料室、电机室各一座，嗣又兴建疗养室及发电所；是为本校筹建新校舍第一期。先是，在省立时期，关于增建校舍已计划进行，经将原有校舍加以修理或改造，并建筑教员宿舍、教职员膳堂等，教员宿舍工程较大，至改为国立后才完成。

1939年冬，著名记者范长江到校作了题为《西北抗战敌我双方的形势》的演讲。著名小提琴家马思聪和中国琵琶名家黄二南到校举行小提琴独奏和琵琶独奏会。马校长在会上除介绍两位名家生平外，特别提到青年人只对眼的艺术很喜欢，而忽视了耳的艺术享受，这很不好。王莹和金山领导的剧团，也曾到校演出《放下你的鞭子》等节目。

1940年1月，董绍良教授辞去先修班主任兼职，聘黄宗禹副教授继任。

1月12日，全国著名大学校长电请美国参议院予倭寇以经济制裁。电文称："最近敌寇在华败北，足证其筋疲力尽，苟美予倭寇经济制裁，将促其全部崩溃。"马校长署名参加。

1月间，学校青年剧社义演筹款劳军，白崇禧主任复电致谢："热诚古风，感佩何极。"

2月18日，本校学生第七届，即改国立后第一届毕业，计文法学院银行专修科15人。毕业典礼由马校长主持，到校来宾及全校师生约千人，白崇禧主任莅临训话。该科由是结束，停止招生。3月，理工学院数理学系主任王恒守辞职，改聘潘祖武代理。机械工程学系主任陈熹辞职，改聘余克缙代理。同月，新建矿冶室、化工室、机械室、材料室等落成。同月，广西省参议院以本省为普及特种部族之教育，虽曾设立特种部族师资训练班，然为使特种部族之学生能更臻深造起见，经决议请广西大学设立特种部族人才造就班。该项咨文经送教育厅转呈教育部饬令该校遵办。

5月，在良丰西林公园附近新校区开始兴建学生宿舍三座，并建立学生膳堂、洗面间、浴室、校工室、厨房等，是为本校新建校舍第二期。同月，新建疗养室完成。

6月10日，西大校友庆祝马君武校长六十寿辰，创办君武中学，以资纪念。

7月，聘潘祖武为理工学院数学系主任，改聘唐崇礼为化学系主任，马大浦为农学院林学系主任。

马校长一贯拥护抗战，痛恨汉奸。1939年12月是日本侵略者与汪精卫秘密进行猖狂活动的时间。广西省临时参议会于5日召开第二次大会时，马校长作了精辟的演说，他特别指出，汉奸的活动是军事上的致命伤，因此，他对这一次大会恳切地希望："坚决发动民众，消灭汉奸，我们要劝导人民不要受汉奸的诱惑。希望省参议会这次大会在这一方面尽最大的力量。"12月30日，日汪秘密签订《日支新关系调整纲要》即《日汪密约》，这是一个彻头彻尾的卖国条约。1940年3月30日，伪南京政府成立，汉奸汪精卫自任代理主席（预留此位给蒋介石），称"国府还都"，招降重庆国民党。马校长怀着极端憎恶和鄙弃之情，写过一首五言诗痛加鞭挞。这首诗通篇都是典故，比拟确切，刻画入微。诗是这样写的："潜身离汉阙，矢志嫁东胡；脉脉争新宠，申申詈故夫；赏钱天子笑，出浴侍儿扶；齐楚承恩泽，今人总不如。"这首诗通篇用典而流畅自如，借古讽今而恰如其分，不失为我国近代爱国诗歌中的一首佳作。

马君武自电辞出任校长以来，经营擘划，不遗余力，精神物质，双方兼顾。校务方在蒸蒸日上，唯以年高体弱，积劳成疾，因胃病复发，医治无效，于8月1日下午6时，在校内住宅与世长辞。全校员生，哀恸不已。8月2日《救亡日报》在报道中说："噩耗传来，各方痛悼。查马博士为我国文化界耆宿，生前对于学术文化事业贡献殊多，而为西大之创建与培育厥功尤伟。现遽归道山，不仅为西大失一领导者，实为我学术界不可弥补之损失。"

马校长逝世后，各方唁电纷驰。蒋介石的唁电："惊闻马君武先生遽捐馆舍，无任怆悼，先生耆贤，文化先驱，未睹中兴，突殒下寿，感教泽之在人，定流传于久远。"白崇禧、孔祥熙、戴传贤、张发奎、陈立夫、朱家骅、黄绍竑、王云五、翁文灏、李根源等军政要人，以及科学界任鸿隽、陈衡哲、竺可桢、萨本栋及国际反侵略会中国分会、中国学术社、上海大厦大学等均发来唁电。国民党中央决议由国民政府命令褒扬，发给治丧费伍仟元，生平事迹交国史馆，并特派黄委员旭初代表致祭。广西省政府通令本省各县于18日一致举行追悼。

在中西文化之交流，他是一座永生在民族精神的津梁。

18日，广西各界在乐群社礼堂举行公祭。周恩来同志通过八路军驻桂林办事处送来"一代宗师"的挽词。李宗仁的挽联："誉溢瀛海，学贯中西，党国著宏观，凤仰勋劳钦泰斗；望重乡邦，门盈桃李，红天闻鹤驭，遥挥涕泪洒征鞍。"白崇禧的挽联："哲学科学文学，先生集大成而教育；德立功立言立，后人怀不尽之哀荣。"

马校长逝世后，学校电报教育部，并经校务会议议决成立国立广西大学校务维持委员会，由教务长李运华、训导长张清涟、总务长徐谷麒、文法学院院长林东海、理工学院院长谢厚藩、农学院院长周明祥、会计主任罗预禄等人为委员，并公推李运华为主任委员，在未奉派校长以前，该委员会负责维持校务。随后，教育部电令以教务长李运华代理校务。

8月28日，行政院第四百七十九次会议决定任命广西省府教育厅厅长雷沛鸿接任西大校长。雷校长是广西南宁人，52岁，曾留学英美、美国欧柏林大学文学士，美国哈佛大学硕士。历任广东省工业专门学校校长，暨南大学、中央大学教授，浙江大学训导长，师范学院教授，曾四次出任广西省教育厅厅长。8月29日《广西日报》记者专访雷校长，据谈："此次本人调任西大校长，现尚未接到正式命令。不过，个人以为西大在目前全国各大学中，堪称一相当完善之大学，今后吾人应配合抗战之需要，努力培养各种人才，以充实抗战之力量。……至于改善大学之教育方针，本人以为严格的训练与管理固属需要，但如纯以规律约束，亦为不当，因大学为研究高深学问之教育场所，对学生应予以相当自由，同时应积极设法促使

学生自发地研究，使其获得研究的兴趣而自由发展。"

9月25日雷校长到校视事，聘请黄廷英兼任校长室秘书，陈居玺为一年级主任，朱化雨为先修班主任，李微为先修班副主任，罗豫禄辞会计主任兼职，以钟铁夫代理，后钟又辞职，国民政府主计处委陈永棻代理（于1941年1月27日到职），于是校会计室正式成立。10月，统一招生分发本校新生，计文法学院112人，理工学院198人，农学院45人。本校招收文法学院会计专修科新生52人。11月，续招理组学生42人。先修班亦于同时续招新生。同月，聘雷沛汉教授为主任导师。同月，新图书馆及第三学生宿舍落成。为了纪念马君武校长，新图书馆命名为君武图书馆，以示景仰之意。

1939年，学校由省立改为国立后的第一批新生入学。党组织在校内发展了一些党员，西大党组织又发展壮大起来。曾昭堤任支部书记，党员有蒋英、于辉坤、毛松寿、肖奕平、梁耀宝等。1939～1940年上半年，西大党组织根据上级指示和形势需要，宣传了党提出的"坚持抗战、反对投降；坚持团结、反对分裂；坚持进步、反对倒退"的三大政治口号，在校内召开争取民主自由权力的座谈会。同时，还到农村开展反对国民党亲日派首领大汉奸汪精卫的公开卖国罪行的宣传，还在校内开展捐献慰问抗战前线战士的活动。同时在党内学习毛主席的《论持久战》《新民主主义论》等重要文件。1940年暑假，上级决定派曾昭堤往延安。由蒋英接任支部书记。1941年春，又由梁耀宝任支部书记。

12月，学校当局函请省艺术馆来院公演夏衍编剧、欧阳予倩导演的话剧《心防》，一连3天（16～18日），盛况空前。15日下午3时，请欧阳予倩演讲，礼堂座无虚席。欧阳先生从怎样排演《心防》，说到戏剧的创作，一时引起同学们对研究戏剧的热烈气氛。

军委会桂林办公厅主任李济深，于12月24日上午9时在礼堂对千余师生训话。李主任对抗战40个月来敌我力量对比及敌人困难之点，作了详尽的分析，并勉励同学求学治事之道。同日下午，由学生自治会请江西第四区行政专员蒋经国演讲。晚7时，由政治学会发起，请本校教授董维健

（董之学）博士讲《国际形势之新估计》。

1941年1月，学校人事有些变动。总务长徐谷麒辞职，聘雷沛汉兼任，训导长聘丁绪贤教授代理职务，农学院院长周明祥辞职，聘童润之教授兼代，后改聘为农学院院长。同月，土木学系应届毕业生30多人，由钟伯元、温毓琦两位老师率领，到浙江衢州第十空军总站机场参加修建机场的实习工作，至4月份完成任务回校。

2月，本校学生第八届毕业，计文法学院法律学系36人，文史地专修科9人。3月7日，本校青年剧社在桂林公演话剧《雾重庆》招待各界。

3月28日，雷校长由桂抵柳，与该院院长童润之陪同教育部视察员张北海到农学院视察，认为农学院年需经费20余万元，占全校经费1/3，而学生人数仅及全校1/6。学生研习费用，月仅500元，全年不足6000元，故大部分经费均用于薪工及不必要的靡费中。交通倒省用，汽油即其一例。以后应尽力撙节多用于研习上，少用于消耗上。过去行政办理容有不尽如人意之处，自本学期起，校长办公室成立后，行政上已能整然不紊。至于学院教务、事务工作，过去亦因人事不周，容有纠纷，今后对于事务尤应该注意严格管理，务必不浪费一文，不虚掷一钱。过去一年因桂南尚有敌人，柳州地近前线，且国家农业专家甚少，一时罗致人才尚不容易，所缺教授，当努力物色。

4月，文法学院院长兼政治学系主任林东海辞职，由雷校长兼任院长，并聘黄廷英教授兼政治学系主任；同月，法律学系主任钟震辞职，改聘张映南教授兼任。理工学院机械厂主任，聘由机械工程学系代主任余克缙兼任。

桂省府以工商事业日渐发达，需用商事组织与管理之专门人才孔亟，然本省此项人才素来缺乏，故曾于3月10日咨请教育部在广西大学内迅予筹设商学院，以造就商业高级干部。教育部经月余之考虑，4月17日以高字管第一四九二九号复文，准予将原文法学院商科扩充，并将文法学院改为法商学院，法科部分设法律、政治、经济三系，至于商科部分设会计专修科及银行专修科。后经校务会议决定，6月时，将会计、银行两专修科合

尾语

并为会计银行学系。

4月，本校名誉教授梁漱溟应邀到校讲学，每周4小时，讲题为《中国文化要义》《东方文化及其哲学——中西文化之异同》，一共讲两个月时间。慕名前来听讲的人很多。其要点是：①中国社会"不存在阶级和剥削"，这是不同于西方社会的显著特点。②和西方社会不同，中国人对外部世界的认识和改造多集中在人与人之间的关系上，特别是集中在道德伦理关系之上，发展了伦理科学，创造出灿烂的东方古代文化。西洋人则把智力投向自然界的研究之上，其结果创造了近代的科学技术和物质文明，发展了资本主义。他认为，正是这个缘故，中国社会两千年来总是循环往复，停留在封建社会阶段，要不是西风东渐，打开中国大门，中国是永远不会产生资本主义的。讲座结束后，梁漱溟应听众之请，谈了他不久前赴延安访问毛泽东的情况。他说，他赴延安之前曾奉召晋谒"蒋公"，讨论"国是"，然后"衔命"访延安，和毛润之商谈"抗战建国"大计的。他说，他和毛泽东谈了几个昼夜，双方对中国社会现状、抗战形势及今后建设新中国的大政方针各有不同的看法和主张；对中国社会历史的看法也存在根本分歧。他说，毛说他只看到中国社会历史的特殊性，而看不到人类历史的一般性；而他则说毛恰好只看到中国社会历史的一般性而看不到其特殊性。结果是谁也说服不了谁，交了个平手。

学校当时邀请各方面的专家学者到校演讲，尽管他们的立场、观点、见解各有不同，但都给学生一些新的东西，扩大知识面，也给学生以各种思想锻炼，提高他们分析批判的能力。学生当时听演讲的兴趣相当浓厚，从中也得到一定的教育与启发。

1940年10~12月，新建第一、第二、第三学生宿舍、物理馆等先后完成，发电所工程亦已完工。12月14日开始发电。1941年1月，理工学院机械厂安装机械亦全部完成，至3月化学馆落成之日，本校第一、第二期建筑校舍计划已十之八九实现。柳州农学院1940年兴建教员宿舍五座，于1941年夏亦已完工。

6月，本校学生第九届毕业，计法商学院政治学系19人，经济学系19

人，会计专修科 14 人；理工学院数理学系 2 人，化学系 17 人，土木工程学系 16 人，机械工程学系 16 人，矿冶工程学系 14 人；农学院农学系 34 人，林学系 11 人。7 月 5 日，雷校长发出请柬，邀请各界人士参加本届毕业暨新校舍落成典礼。6 日下午 2 时在礼堂举行，因时值暑假，各机关代表、来宾及学生等 300 余人参加。雷沛鸿校长主席致词，勉励各生多多致力学问，力求理想之实践，并应时刻不忘国仇，共赴国难。随即颁发毕业文凭。继由教育部代表高阳"训话"，勉励各生自此时此刻起，建立一伟大志向，撇弃自私之念，行事处处不忘国家，故赠以对联一副："做人做事，为国为民。"最后，由李四光作学术演讲，以物理解释人之心性，及如何运用心理学，以便事业易于成功。并谓伟大事业之成就，应由心之修养做起，行事须认清目标，不能投机取巧。下午，君武图书馆举行开幕礼。

7 月 9 日，本校矿冶考察团一行 20 余人，出发赴湖南各矿场及冶炼厂考察。21 日，师范科设文史地、教育、博物等组，文史地专修科奉命并道文史地组。学生一律给予公费待遇，所有桂籍学生由广西省政府负担，其余则由学校负责。8 月 5 日，桂省府为救济本省高中毕业失业学生，并提高其升学程度起见，前曾委托西大代办先修班，颇著成效。现决仍继续委托办理。每班每半年或每年所需经费，由本校于开学前两个月商准由桂省府一次拨送。

第三节　"拒高学潮"始末

自 1941 年"皖南事变"后，政治形势日趋恶化。《救亡日报》于 1 月中旬被迫停刊，桂林生活书店、《新华日报》门市部等屡遭搜查、停业。教育部部长陈立夫在这段时间，曾到校视察，发现图书馆有马列主义书籍，深为不满。此时的西大党组织已全部转入荫蔽的斗争。王祥彻是西大党组织负责人，梁耀宝任支部书记，肖奕平任副书记，党员有：黎赫、罗伦、黄建成、毛松寿、黄德梡、谢赞育、李文澜、唐肇华、周婉琼、李沛澄、于坤辉、蒋英、黄惠灵。采取单线联系，广交朋友。1941 年度先后发展了冯祖铭、王子南、麦雅斯、李马可、王宗棉入党。此时，西大党组织为贯彻荫蔽方针，其主要活动有：①通过交朋友的方式，团结群众；②把进步的或中间的同学选进班会、学生自治会或各种学会；③秘密组织出版以学术讨论为主的壁报，成为当时的一种重要的斗争形式，由于内容活泼丰富，实际上占领了壁报的阵地。

8月15日，行政院训令，本院第五二六次会议决议：国立广西大学校长雷沛鸿另有任用，应予免职，遗缺以高阳继任。

高阳，江苏无锡人，51岁，东吴大学文学士，美国康奈尔大学文科硕士。曾任暨南大学商科主任及教授、上海中国公学大学部教授暨总务主任、教务主任，江苏教育学院院长等职。

早在7月初，雷校长以本校法商、理工两院院长辞职后，均由其本人兼任，任重事繁，曾征得江苏教育学院院长高阳同意担任法商学院院长，并专任教授职务。雷校长仍兼任理工学院院长职务。但高阳实际上并没有到职。高阳继任本校校长命令经正式发表后，8月6日，高阳曾对《大公报》记者发表施政方针："余既秉承本省领袖及中央的意旨，继雷校长任职西大，今后工作自应遵照当局之规定办理。惟余自始至终不变者，乃以事业为生活之大前提，不谋个人之福利，只求竭其绵薄，有所贡献于社会人群，终身为教育而努力。至于接收日期，俟雷校长自南岳返桂，彼此商讨后，始能决定。"同时发表学校人选：聘陈剑翛教授任法商学院院长兼师范专修科主任，黄廷英教授任政治学系主任兼总务长，董渭川教授兼校长室秘书。教务长李运华、农学院院长童润之，均仍就职。

8月16日上午，高阳由桂省府特派员孙仁林、学校教务长李运华陪同，乘车到校视事，讵为学生所阻，折返桂林。中央社记者为此特谒省府主席黄旭初，叩以此事发生详情，及今后处置办法。黄氏当答曰："此事本人刻已接到报告，其经过如次：高校长由孙委员等陪同前往接事，车抵良丰镇附近，距该校不远处，汽车油管忽发生障碍，停车路中，斯时系大学生即蜂拥而至，将车包围，并以乱石堵塞路面，使车不能行动；一面请高校长出具字据，承认不长西大。高校长当场加以拒绝，学生即声势汹汹，叫嚣百出，无可理喻。学生又欲将书就不长西大字据，迫使签字，亦经高校长

拒绝。是时，孙委员即向学生晓谕，谓本人奉省府命，陪同高校长来校接事，诸生不宜有越轨行动。经孙委员、李教务长 2 人多方劝谕，学生始行解围，遂开车折回桂林。现高校长已电呈教育部报告，本人亦已另电中央，预计最短期间，中枢必有详善处置办法也。惟过去西大，原属省立，又在本省境内，今该校学生发生此种越轨行动，本人自不能漠视，除静候教育部电复外，在未接获教育部电示前，本人决以坚毅态度，维持秩序到底。"

9 月初，经黄旭初连日分别对本校国民党区党部、三民主义青年团分团、学生自治会等代表"训话"，而加晓谕。还邀请高阳、雷前校长、李运华、黄延英等 7 日中午在乐群社会餐。下午 2 时由武装宪兵一连驱车护送高阳到良丰视事。是晚，学生曾包围校长公馆，要求高阳出来见面，但高不敢出来。9 月 9 日，本校在报上通告，原定 9 月 15 日开始注册，22 日上课，现展期至 10 月 1 日开始注册，6 日上课，新生注册日期俟揭晓后另行通知。9 月 20 日，本校新生放榜，计各学院各系新生 447 人。属法商学院的在桂林六合路 56 号该院分部上课，属理工学院的在良丰，属法商学院的在柳州沙塘。上课日期，前定 10 月 6 日，改为自 10 月 6～8 日注册，9 日上课。

教育部督学张北海于 9 月 21 日由渝来桂，视察学校。30 离校回桂林。记者特访于旅邸，叩询此次西大学潮处置情形，据称："此次西大学潮，现已解决，滋事之学生，已于 27 日下午 4 时由校方布告处理办法：由校令其退学之学生共 11 人；令其休学者共 4 人；留校察看，以观后效者共 4 人；予以警告者共 2 人。其由该校饬令退学、休学者，均已于 29 日完全离校。"新任训导长王慕尊，已于 10 月 27 日由渝抵桂，据说今后广西大学学生生活将要更严谨。

对拒绝高阳校长事件，自高阳到校视事后，黄旭初是"决以坚毅态度，维持秩序到底"的。首先是政治学系学生冯祖铭（地下党员）被特务追踪，被抓进市公安局，上了脚镣，关进监牢。第二天除了脚镣，换上五花大绑，由手枪队押送给桂省府特务头子梁学基处，梁叫人松绑后，送他到一间小房子休息，原来里边已关了两个同学：郑智民和李启周，接着又

送来同学陈敏和褚光明。大约是8时许，先是两位同学手执鲜花来向他们慰问，接着一小批、一小批的男女同学来慰问："你们辛苦了！"下午，梁学基亲自带两个助手，乘坐三部大卡车送往郊外岩洞里的监狱。后来，梁学基带几个特务来审讯，作了一般的询问后，特别对学世界语的郑智民审问了两个多小时，追问是谁利用的？最后问不出所以然，只好说："你们到底受谁利用，好好考虑吧！"一直到11月下旬，梁学基又来了，说："现在学潮已经结束，冯祖铭等4个人可以找个保人，准备出去。"又说："郑智民暂不能出去，准备转移到甲山去。"第二天，冯祖铭、褚光明、陈敏、李启周等4人被释放了。当他们问梁学基："这次出去，是直往良丰还是桂林？"梁说："不！不是良丰，你们已经被开除了。你们出去，只到桂林。"另外，被开除出校的学生杨光旭，他根本没有参与"拒高"运动，却被开除出校。其他被休学一年的学生有任学生自治会常务理事的经济学系的熊兴仁，化学系的林为熙，机械学系的刘育骥等。有的同学因稍迟注册（并未超过规定时间）被视为参与"拒高学潮"，被迫休学一年；还有的新生，也以同样情况，最终准予保留学籍一年。这样因"拒高学潮"被处理的究竟有多少人，也就难以统计了。另外，已毕业在文化供应社工作的学生自治会负责人之一的钱念文，先由黄旭初亲自约见查问反对高阳接长事，并限制不准去学校。最后，过了几天，还是由万仲文教授通知，逼令离开桂林。

"拒高学潮"开始时，西大党员曾有过某种设想和冲动，但很快被省委书记钱兴矫正了。他指出，在当时的政治条件下，党的力量薄弱，谁当校长都改变不了西大反动政治的局面，"学潮"难以胜利；而且这种"拒高学潮"的斗争方式是不可取的。要谨防特务借学潮打击进步力量，未介入的同志不要介入，已介入的不要退缩，以免失去群众。事实证明这个指示是正确的。

第四节　后期风风雨雨

自1941年上学期起，各系主任由一批教授兼任。法商学院法律学系主任徐焕，经济学系主任杜肃，会计银行学系主任刘古谛；理工学院数理学系主任雷瀚，雷辞职后，由郑建宣兼任；化学及化工学系主任唐崇礼，土木工程学系主任肖津，机械工程学系主任余克缙，电机工程学系主任裘献尊，矿冶工程学系主任李进隆；农学院改聘肖辅为农学系主任，汪振儒为林学系主任，郑庚为畜牧兽医学系主任。本校先修班则聘沈叔良讲师为主任。12月，董渭川辞秘书兼职，聘涂久衢教授兼校长室秘书。

12月4～8日，本校经济学系四年级学生，组织经济参观考察团，以陈剑翛院长为团长，该系代主任漆琪生为副团长，到桂林参观金融、财政各机关。15～18日，政治学系四年级参观团到桂林参观各机关：国民党省党部、建设委员会、干训团，省府民、财、教各厅以及参议会、桂市府、临桂县政府等。

14日，学校公布民国三十年度（1941年度）下学期公费、免费办法如下：①旧生操行在乙等以上，学生成绩在75分以上者，可享受公费；②新生缴有贫寒证明书，入学成绩超过标准10分者，可列入公费或免费；③操行乙等以上，学业成绩在70分以上者，可以免费；④凡参加军政工作，持有服务证明书，成绩优良者，可申请公费或免费。计本学期领公费生49名，免费生162名。本校又接行政院通告：民国三十年度专科以上学校除原有中正奖学金400名以外，增设林森主席奖学金400名。办法同中正奖学金。西大应派名额，尚待专科以上学校清贫优秀奖学金管理委员会另定。28日，本校矿冶参观团赴湖南参观已事毕返校。

1942年1月，本校学生第十届毕业，计法商学院法律学系19人。同月22日起，化学系学生14人，由系主任唐崇礼率领到桂林参观各工厂及有关机关。校务会议决议，经学校允许外出参观的学生，津贴费用1/3，每生在学期间只能外出参观一次。

2月9日，在桂林六合路的分校今日迁回良丰。

自1941年冬至1942年春间，本校建筑又完成三项工程：计理工学院机械学系机械厂木工房一间，矿冶工程学系矿冶宝矿基墩一座，农学院畜牧兽医实验室一所。

　　1941 年秋，农学院同学创办"西农剧社"，以黄明为社长，唐天培为导演，于除夕之夜演出《流寇队长》一剧。这是沙塘有史以来演出的多幕剧，得到师生和群众的鼓励和赞扬。1942 年春，又排演《深渊》三幕剧，参加演出的有唐天培、荣丽娟、何康、郑大兴、丘春松等。三四月间，桂林省艺术馆、新中国剧社等正在桂林演出一系列名剧：《阿 Q 正传》《天国春秋》《原野》《大雷雨》《再见吧，香港》《心防》《秋声赋》《大地回春》《面子问题》《凤还巢》等，高潮迭起。4 月 13 日、14 日两晚，"西农剧社"在桂林金城剧院演出《深渊》，为"西大农学院"号滑翔机义演筹款。他们在桂林期间，得到广西艺术馆馆长欧阳予倩的接见及该馆人员的具体指导与帮助，演出效果比之前更臻完善。是年秋，"西农剧社"改由钱章武任社长，继续排演《面子问题》《原野》和《长夜行》等剧目。同时，"大家唱"歌咏队在沙塘成立。

　　7 月 2 日，本校举行第九届毕业典礼，计各院系毕业生 222 人，由高阳主持典礼，黄旭初到会代表教育部颁发毕业证书。

　　8 月，奉令在法律学系增设司法组。

　　1941 年夏，梁耀宝、黎赫、罗伦、唐肇华等 4 名党员毕业离校。9 月，新入学的新生中，有 10 名党员，他们组成新生支部，卢蒙坚任支部书记，党员有：庄里林（庄炎林）、欧名世（欧扬）、李紫云、杨尔培、班造生、张伟贤、欧阳波、彭炳兴、潘砻。新生党员当时在桂林六合路就读，因此由省工委直接领导。1942 年 2 月，一年级新生全部迁回西林公园，新生支部党员由西大党组织统一领导。当时，二年级以上的党员组成的支部称为旧支部，肖奕平为旧支部书记。新旧支部党员共 20～30 人。为贯彻荫蔽方针，不建立统一的支部，保持原有的组织关系。但两支部书记之间可有横的联系。

　　1942 年 5 月，省委传达上级《关于目前政治形势和准备突然事件》的指示。省委书记钱兴为此对西大地下党特派员玉祥彻作出指示：①除毕业党员离校外，未毕业的肖奕平、王祥彻也要放假撤退；②正式建立平行支部，彼此不发生直接关系；③提高警惕，注意有无特务跟踪或其他异常情况。因此，肖奕平撤退后，由李文澜任旧支部书记与卢蒙坚联系。学期刚结束，桂林发生"七九事件"，由于叛徒梁耀宝出卖，一些同志被捕，但西大党组织由于坚决贯彻了隐蔽精干的指示，事件发生后大部分党员又迅速撤退，新支部完全没有受到破坏，旧支部有 4 人被捕。其余安全转移。从此，西大党组织不得不撤出学校，以致从这时起到 1947 年重新建立党组织止，没有党组织的领导活动。

1942 年 9 月，由西大撤到广东的党员张伟贤、欧阳波、李紫云、彭炳兴等 4 人在坪石山大学成立党小组，组长张伟贤、副组长欧阳波。1943 年初，广西省委指示西大在中山大学的党员成立特别支部（下简称中大特支），书记张伟贤，副书记欧阳波。1943 年暑假，欧名世（欧扬）经广西省委批准，转到中山大学，以后，特支又发展了蔡达才、冯月庭（冯祖铭）、庞峦入党。1944 年 6 月，欧名世因母亲去世回桂。9 月，欧阳波去东江纵队，张伟贤到河婆中学任教，中大特支也就不存在了。

中共中大特支直属中共广西省委领导。广西省委曾明确指出：①特别支部归广西省委领导，与卢蒙坚联系；②严守纪律，与原中大的党组织不发生任何联系；③积蓄力量，团结群众，积极参加活动，但要隐蔽进行；④等待时机，必要时回广西工作。还规定党员之间单线联系。交通员欧名世，利用假期回桂与卢蒙坚联系，汇报中大特支情况，交纳党费，并接受上级交给的任务。中大特支党员认真贯彻执行党的"隐蔽精干，长期埋伏，积蓄力量，等待时机"的方针，积极谨慎地开展党的活动，他们的活动主要有两个方面：一是积极参加学生民主运动；二是接送中大学生参加东江纵队。1944 年 7 月，他们发动中大青年学生参加东江纵队，先后组织了100 多人转辗到达东江，以河源欧阳波家为接送点，并由欧阳波负责联系接运工作。尽管此行动引起国民党当地政府的注意，并通缉欧阳波和中大学生，但特支党员在当地群众的支援和掩护下，克服了经费不足等困难，为东江纵队输送了一批战斗力量。

本校前奉令选送机械、土木、电机留英实习学员，经教务会议通过，获选成绩特优者 5 人，其中机械的是封国梅、谢澄，土木的是李成灵、唐

勉，电机的是谭约翰，于 10 月 1 日报送教育部复选（1943 年，谢澄到重庆参加教育部与英方联合考试，同年 5 月离重庆赴英国，系英国 FPI 安排作为工程师训练在工厂实习。1946 年 9 月回国。谢澄现为天津纺织工学院教授）。

10 月 8 日，桂省府拨款一万元筹建马君武纪念植物园，院址设良丰雁山。

10 月 13 日，本校奉令招收电机、机械两学系新生 80 名，先修班 60 名。

11 月 2 日，请国内名经济学家、中国农民银行金融研究室主任黄宪儒到校演讲，题为《当前经济难关》。他陈述物价暴涨之影响，足以左右抗战建设之前途，并指出物价暴涨的原因，在于通货膨胀、囤积居奇、生产不足，而抗战以来财政政策的错误，乃系造成通货膨胀的原因。并指出今后经济难关的解决，不能单藉经济的力量，而政治机构的调整，亦为至要。

11 月 4 日教育部令，今后战区退出的学生，全部由广西大学收容。这使本校学生激增，已达到 1800 人。人多屋少，只好临时借用牛棚当宿舍。

12 月 6 日上午 7 时，数理学会在良丰物理馆成立，王慕尊、陈剑脩及数理学系教授、学生等四十余人参加，会后举行物理实验，招待会外人士参观。

高阳自 1941 年 9 月 7 日到校任职后，明令封闭学生自治会，禁止各种团体活动，引起同学更大的不满。在每周星期一的"纪念周"上，没有一个人跟他念"总理遗嘱"（这是当时的仪式，由主持人念一句，下边跟着念一句）。他筹备开学六周以后，遂以牙疾旧病复发，急需疗养为由，呈请辞职，未获准。1942 年 10 月，高阳因病请假两个月休养，校务暂由教务长李运华代理。旋高氏以假满已经半月，健康仍未恢复，曾向教育部电辞，业经教育部 12 月 29 日电令，准予辞职，并派李运华代理。饬即从速接收校务。李运华奉电后，于 1943 年 1 月 4 日下午到校视事。聘陈剑脩为教务长，庄泽宣为法商学院院长，叶逢耕为校长室秘书，训导王慕尊，总务长黄延英，农学院院长及各科系主任均任旧职。

2月22日，本校教授联名响应浙江大学教授要求提高待遇的通电，准备以全体教授名义，呈请教育部，从速执行。计签名赞成者已有盛成、漆琪生、周伯棣等46人。

3月13日，我校遭受敌机肆虐最大的一次暴行，学校交通车惨遭敌机扫射，车中搭客死伤15人。校车于是日上午10时许，由桂林开回良丰，车至南郊××桥时，适有敌机8架袭桂，7架侵入市空及西南郊二塘机场附近，盘旋侦查甚久，并用机炮不断扫射该车。事后，本校驻桂办事处主任韦恒业闻讯，即赴肇事地点办理善后。据谈该车遇事经过，系因该车司机杨金镕、助手马正光一时不慎，遇警报后，未将车停驶，以致开至二塘机场时，为敌机发现目标，低飞用机枪扫射。当时车内乘客一时发生骚动，并有多人跳车或于车窗跃出逃避，及至车停时，敌机更用机枪向该车及躲于路旁的乘客扫射，历时10余分钟之久，乘客共死伤15人。死于车上者计有张豪熙（土木学系三年级学生）、梁孝刚（职员）、韦主光（校警）、陈三（本校工人）及乘客2人（姓名不详）等6人。伤者：陈铄铮、蒋宗烘（电机学系二年级学生）、王昭巽（机械学系三年级学生）、廖锡聪（大埠乡乡长）、龙定璋（道慈女中学生）、郭鑫记（本校包工匠）、田润丰、蔡永琪、梁建宗（均为乘客）。伤者已由重伤医院专车前往肇事地点救护，并送该院医治。死者除乘客2名未查明姓名不能通知其家属外，其余已由西大当局备棺收敛。司机杨金镕、助手马正光已被扣押讯办。事件发生后，全校师生无不义愤填膺，痛恨敌机暴行。同时，各有关单位积极参加抢救受伤同学。如机械学系王昭巽同学，此次因公由桂返校，不幸身中九抢，伤势严重，机械学系组织同学轮流前往医院看护。伤势稍愈后，又帮助补课，使他能跟班按期在1944年毕业（王昭巽现为江西省经委总工程师）。

江西省第四区行政专员蒋经国，于3月20日参观本校，并作演讲，题为《战后中国建设问题》。矿冶工程学系参观团一行十余人，由卢衡若率领，于25日到桂林参观各工厂，26日起赴全县等处参观，为时一周。经济学系先是二、三年级组织参观团，于29日到桂林参观各金融机关及工厂。继之有会计银行学系会计组1944级到桂参观各大工厂办理成本会计情形，

尾语

283

随后经济学系四年级参观直接税局及各银行、粤西政务局等机关。

训导处为纪念"五四"，特发起五四纪念日学生活动：①学生论文比赛；②学生国语比赛；③壁报比赛；④系际排球比赛；⑤内务清洁比赛。另外，本校为普及教育起见，特设民众夜校，于5月27日开始办理，分甲乙两组，每班40人。

本校教授、副教授等，以目前生活程度高涨，前曾组织教授座谈会，先后共开会五次，以谋最低生活的改善办法。近复以学生何某索取毕业试题，侮辱师长，激起公愤，认为物价痛苦，不难接受；精神打击，不堪忍受。遂公决将教授座谈会改为教授会议，已于6月9日假座学校合作社，开成立大会，出席参加者有龙志泽、陈寅恪、万仲文等50余人。当场决定章程三章：①会议以协助协调校务，研究学术，联络感情，改善生活为宗旨；②会议每月至少举行一次，凡本校教授副教授均得出席，必要时将设立特种委员会，以研究专门问题；③会议设干事30人，执行会议事务，由理工学院互选10人，法商学院师范专修科及各系公共科目互选10人，农学院互选10人，并由干事会互选常务理事5人，干事会议开会时，将邀请出席校务会议的教授代表出席。并决议请学校当局慰问彭先荫教授，遗迹嗣后尊师重道之旨，凡遇此类事件，应严格照章办理，以维校风。

教授彭光钦与助教覃显明，于五六月间在良丰附近发现无生果科藤本植物一种，其所产树汁含天然橡胶成分甚富，已经各种化学试验证明无异。最近并将研究经过及橡胶样品呈报经济部以便筹划设厂造。此种野生植物，产量很丰富，除广西有大量出产外，闻福建、广东亦有所产。橡胶为重要工业资源之一，在国防工业上尤为重要。

6月22日下午2时，本校举行第十届毕业典礼。7月奉教育部令师范专修科归并广西省立师范学院，改为国立。8月初，前校长高阳逝世。

8月，聘笪远纶为理工学院院长，农学院院长童润之辞职，聘汪振儒接任；聘徐焕为法律学系主任，黄廷英为总务长及政治学系主任，周伯棣为经济学系主任，孙越为会计银行学系主任，郑建宣为数理学系主任，秦道坚为化学系主任，肖津为土木工程学系主任，竺良甫为机械工程学系主任，蒋葆增为电机工程学系主任，李进隆为矿冶工程学系主任，肖达文为化学工程学系主任，熊襄龙为农学系主任，林凤仪为森林学系主任，郑庚为畜牧兽医学系主任，胡阜贤为机械厂主任。先修班则聘刘秉钧讲师为主任。

9月17日，奉行政院令李运华为本校校长。同月，王慕尊训导长辞职，12月聘刘旋天教授为训导长。

李运华，广西贵县人，44岁。美国威斯康星大学化学学士，美国哥伦比亚大学化学工程师及哲学博士。历任上海复旦大学、清华大学等校教授，本校理工学院院长、教务长等职。自去年12月代理校长以来，已九个月，平日悉心擘划校务，日见起色。今年以来，除原有教授外，更延聘了园内知名教授一批，如法商学院的石兆棠、黄植尧、林伦彦、陶大镛、候甸、徐坚、孙越、王澹如；理工学院的笪远纶、施汝为、蒋葆增、汤璪真、卢鹤绂、彭光钦等来校授课，对校内兴革尤为努力。李校长在校服务甚久，此次正式真除，员生均极欢慰，深庆得人。

10月3日，本校国产橡胶展览会在桂林广西滑翔分会展出。4日，彭光钦、李运华、覃显明署名关于国产橡胶的论文在桂林《大公报》发表。7日晚在校内举行学术讲座，请彭光钦教授主讲"国产橡胶的前途"。

10月10日为校庆纪念日，当晚举行野火晚会，次晚由青年剧社演出话剧《炼》、京剧及粤剧等，以资庆祝。

10月中旬，中国物理学会决定在昆明、重庆、桂林三区分别举行，桂林区包括桂、粤、闽、浙、赣、湘6省。昆明总会函请丁燮林、颜任光、施汝为、郑建宣、丁绪宝等为本届筹备委员。本届桂林区年会，已由筹备会决定在10月13日、14日两日，在本校数理馆举行，各部负责人员：主席为郑建宣，文书、会计、会程组、论文组、招待组等分别为吴敬寰、雷瀚、丁燮林、颜任光、萨本栋、施汝为、丁绪宝、陈宗器、潘祖武、卢鹤绂、顾静徽、赵元、朱恩隆、蔡锦涛、蒋葆增、潘德钦、冯中泰、林树棠等。这些当时的著名物理学家，除少数外，其余都是本校的教授，可见本校教授阵容之一斑。

10月下旬，本校招收聘赣区新生共录取417人。由于新生到校人数增

多，原有房屋已不敷应用，在大礼堂后面赶建新房一座，以应急需。

行政院经济部部长、地质学家翁文灏，于 10 月 27 日上午参观本校，并应邀在大礼堂作了题为《近代的思想》的演讲。当列举欧洲科学思想的发展过程后，说到中国方面，东周列国时代各种学说及思想，都无阻碍地得到充分发展；秦朝而后，变为统治思想，各种思想遂停止而不能发展。到了清朝，康熙皇帝实为中国帝王中最有科学思想者，曾充分接受欧洲天文地理的科学知识，而培育于中国。可惜，康熙时代所得到的科学知识，全被乾隆皇帝弄失掉。于是，中国之思想与科学遂落后于欧洲各国。翁部长最后结论：谓近代思想之演进，文明之进步，是由于某些人抱着求真理的精神，不怕艰苦，不怕一切非难与危害，专心一致于倡导科学思想，而后得到大众人士的信仰与拥护，于是将科学文明发扬光大。他最后指出，欲谓打倒帝国主义，首先要中国相当富强，要中国富强，首先要有充分的新的科学思想。

11 月中旬，各学会相继举行学术报告。经济学会于 15 日请张先辰教授讲《中国工业化问题》；17 日请漆琪生教授讲《战后中国经济建设问题》；土木学会请董钟林教授讲《如是我闻的中国工程师学会》；陶大镛副教授也曾受学生自治会的邀请讲《中国社会性质问题》。

学校公利互助社于 12 月初筹备成立。由教育部配给贷款 40 万元，一部分资助贫苦学生之用。该社的主要任务，为办理借用贷款及生产事业，以协助教职员子女之求学并资助贫苦学生解决生活之困难。

12 月 26 日，三民主义青年团广西大学分团正式成立。

冬季以来，学校不断掀起演剧筹款的热潮。11 月 19 日、20 日青年剧社请新中国剧社到校公演 11 场的名剧《复活》，观众极为挤拥，表演紧张热烈，深得观众好评。12 月 11 日、12 日两晚，法律学会请艺术馆公演李健吾编剧的《这不过是春天》。18 日、19 日两晚，矿冶学会请省艺术馆来校公演陈白尘的名作《结婚进行曲》，江浙同乡会演京剧。电机学会邀请澳门艺联话剧团公演法国名剧《茶花女》，一连 3 天，场场爆满。青年剧社组织演出曹禺的名剧《日出》，由黄琼玖教授导演，由鲍方、缪希霞同学分演男女主角，演出很为成功。本学期演剧热潮持续两个多月，直至学期将结束时，才冷下来。《结婚进行曲》演出后，在校内掀起讨论妇女问题的热潮，剧评及妇女问题，占了元旦各版壁报的重要内容。综合各方意见，认为《结婚进行曲》是一幕提出了问题，而没有启示解决问题的悲剧，最后留给观众的仍是现实的痛苦。再有认为妇女问题不是单独解决得了的，应随整个社会问题的解决而解决。

1944 年 1 月 5 日，著名学者、幽默大师林语堂来校参观，盛赞西林公园风景佳丽。同学们曾希望他演讲，但他却悄悄到阳朔去了。著名音乐家马思聪再度到校举行小提琴独奏音乐会，由其夫人王幕理钢琴伴奏。节目都是古典名曲，如莫扎特的《小夜曲》《魔鬼之笑》及其本人作品《思乡曲》《绥远组曲》等，音乐会轰动一时。

这一段时间，农学院教授曾发生集体告假事件。起因是由于院长就任以来，与教授之间接触较少，以致关于课程编制、院务改进诸事，彼此未能互通心曲，不免隔膜。1 月 6 日晚间，多数教授联合往访汪院长，拟对改进院务有所陈述，汪院长未能接受，言辞之间，不免有过火处，各教授为尊师重道起见，认为教授安贫乐道，为国家教育人才，生活已极清苦，不能因公无故受辱，乃于 7 日联合请假。计 22 名教授（连院长在内），请假者达 17 人，并推派代表到良丰校本部访李运华校长，报告一切。当经李校长加以安慰，经调解后，在尊师重道及改进院务的原则下，已获圆满解决，随即复课。

曾发明计算尺制造的本校机械学系四年级学生祝绍祖，日前以营养不良，病逝桂林。24 日，机械学会、江浙同乡会，在良丰学生服务处召开追悼会，以示悼念。

关于国产橡胶，经济部已决定拨款 20 万元与本校，为继续研究补助费用。李校长决定，此款先做调查工作之用，一俟条件成熟，即设橡胶研究所，扩大研究工作。彭光钦教授等 4 人，于 24 日取道柳州前往左右江各县调查橡胶植物。

本校教授要求增加薪水事，增加款额已于春节前汇到。由校方转发各

教授度岁，改善教授生活，提高补助费已于去年 10 月份起实行，薪水原加六成，现已改为二倍半，补助费基数由 240 元改为 480 元。但近间物价飞涨，如三月间良丰米价已涨至每担 1400 元，学生伙食由每天 14 元增至 18 元，公费贷金每月吃不到 20 天。可以想见，这些补助微不足道。

1 月 27 日，机械工程学四年级学生利用寒假，组织工厂参观团，出发到桂林各工厂参观。

2 月，法律学系主任徐焕辞兼职，聘陆季藩教授继任，经济学系主任周伯棣辞兼职，聘漆琪生教授接任。

8 日，广西 1943 年度考选保送英美留学生名单公布，计录取 24 名，其中属本校毕业生及助教的计有玉荣均、叶守泽、莫友怡、黄冠民、蔡灿星、吴如岐、全志洁、蔡小元。

经济学系应届毕业班组织经济参观团，以庄泽宣、漆琪生为正副团长，于 4 月 25 日起，一连 3 天，参观桂林市中央与地方行政机构，参观省府、建设厅、财政厅、地政局、田管处、直接税局、企业公司、专卖局、盐务局以及各银行。27 日下午，机械学系热工馆举行落成典礼。

近半年来，矿冶学系师生先在良丰发现赤铁矿，现由该系二三同学取得开采权，拟即租与某公司开发。该系采取以所得收入作扩充设备、请教授及选送留学生之用。后来，该系白玉衡教授及同学数人，又在刘塘发现赤铁矿，已将铁矿带回化验。

彭光钦教授发明国产橡胶，于 5 月 10 日得到国防科学促进会奖金万元。他的另一篇论文《尿素之大量吸收》又获该会奖金万元。上述二论文均选为去年国防科学促进会"十大获奖论文"。彭光钦由桂南调查回校后，于 5 月 19 晚演讲《桂南工业原料》。厦门大学校长萨本栋于 20 日下午 2 时在校演讲《等效电路》，听者甚众。5 月 23 日晚，学校举行通译官欢送会，第一次参加通译官培训的有孙树培、吕敏戌、孙仁琦等 20 余人，于 5 月 24 日飞昆明受训。

应届毕业生 320 余人，在 6 月 12～17 日举行毕业考试。23 日举行毕业典礼。

多年以来，本校各学院均设有食堂，食堂由学生派代表组成代表团进行管账、采买、监厨等管理工作，至1944年5月间，伙食团发现有贪污贷金、学生公粮等行为，各系学生会派代表开会要求李运华校长到会质询，学生代表揭露了学校虚报贷金名额，冒领贷金公粮从中贪污。学生要求李校长一同到桂省府解决问题，由省粮食局局长严海峰出面处理。学生代表当面揭露学校虚报名额，冒领贷金公粮从中贪污的事实，要求退粮、退款，惩办贪污。严海峰说了些表面应付的话，答应责成学校退款退粮，事后实际上不了了之。到了6月份，衡阳告急，桂林岌岌可危。学校师生处于不安定状态中，特别是战区学生要求发给路费回乡事，学校不答应，学校坚持严格考试，对理工学院毕业同学要在图书馆统一考试等原因，引起纠纷，考试中断，以致引起捣毁教务长陈剑修宿舍，包围校长公馆，李运华逃离学校以后即形成无政府状态，学生自动疏散。6月26日，李运华校长到桂林向有关方面商讨对策后返校，教职员及班会代表均开会欢迎，学生即可向融县作步行疏散，因风潮而中辍的期考，俟至融县后再行继续补救。李校长因疏散经费、运输工具、学生公费等问题急救解决，即回桂林向各方洽办。学校决定组织战地服务团，由李运华、陈剑修任正副团长。学生参加人数异常踊跃。至于即招收新生、开学日期地点，观战局而定。教育部已拨到巨款交学校安排应用。由于上述风潮结束后，以"鼓动风潮"为名，给予马思正（电机系）、封智涛（机械系）、张承思（化工）、邝浩阶（化学系）、王春荣、欧阳恒正（均电机系）等8名学生以开除学籍的处分。

8年来，安定、平静、优美的西林公园的学习环境，造成了不少人才，令人永远怀念。随着日寇的占领、践踏，从此形成一片废圩。学校在桂林时期的黄金时代，一去不复返了。学校以后将经历着颠沛流离、非常严峻的日子而后又走向新生。

桂林8年，六任校长，波澜起伏沧海桑田，但是有好些特点是值得予以总结的。

一、在行政管理方面，结构精简，人员不多，各处职员均能厥尽职责，使整个教学行政工作能运转自如。而教务长一职的人选对教学、科研、教

学实验、参观实习等都至关重要。院长、系主任以下不设秘书，凡事必须躬亲规划处理。

二、实行学分制。学分制是根据学生学习量来安排的一种教学计划，以学分作为计算单位。各院系又分别有所不同。如法律学系，所有课程设备，均遵照司法院监督法科规程及教育部章规办理。因该系在系统上同时受司法院与教育部的管辖，与其他各系不同。每逢毕业考试，由司法部派员莅校监试，至为慎重。所列必修科目，其数倍于同院其他各系，研究与实习均有特别规定，而部颁课程所规定之毕业总学分，亦较同院各系为独多。在 4 年之内，法商学院之法部政治、经济两学系、理工学院之理部学习学生已修足 132 学分，法商学院之法部法律学习与理工学院工部各学系学生已修足 142 学分者（师范专修科于 3 年之内修足 102 学分者）得参加毕业考试。课程分为三类：①公共必修课，是各系学生必读的；②各系（组）必修课是该系（组）所属的学生必读的；③选修科是各系（组）根据教师的专长开设，学生一般先选修本系开设的课程，亦可跨系选修。由于教师开出的选修课较多，学生可以任意选择，甚至为二三个学生亦开一门。这样有利于因材施教，培养专长。

在学分的分配方面，各系大体上公共必修课占 32%，各系组必修课占 45%～48%，选修课占 20%～23%。原则上一年级学生每学期读 19 学分，完全是公共必修课；二年级学生每期亦修读 19 学分，除小部分公共必修课（如外语）外，主要是各系（组）必修课，选修课亦较少。三年级、四年级学生，每学期修读 16 学分，绝大多数是各系（组）必修课。课程的安排有一定的先后顺序，前一课程未修读及格，就不得修读后课程。学期开始，每个学生在系主任指导下认真选课，必须经系主任审核批准，再经注册组查对，才能注册上课。

学分制是按学期计算学分的，所以任何课程每学期都进行期终考试，评定学期成绩。不及格的课程的学分数达到该学期所修学分总数 1/2 者，则饬令退学；达到 1/3 者，不得补考，不给学分，必修课程不及格必须重读。但不及格的课程学分不超过该学期所修学分总数的 1/3 者，均可补考一次。

补考不及格，亦必按肄业处理。

续《结束语》桂林的漓水烽烟和时代背景

由于上述可见，当时广西大学是在这个时代背景上发展起来的。当时《广西日报》的编辑是比较进步的，《救亡日报》由郭沫若任社长，夏衍任总编辑，胡愈之任《国民公论》总编辑，张铁生等任编辑。当时，国际新闻社交由胡愈之同志负责，广收天下人才为"左"翼文化大造舆论，从而使中国"左"翼文化大获成功，使中国共产党早日获得胜利！

续《结束语》

续前文。我应当感谢冯其利同志、陈依六同志帮我抄写以至获得成功撰写《一代宗师马君武》。其中，郑维同志也出了一些力量，王逸民同志也助我一臂之力，在台湾方面所出的《马君武传略》等书，也协助我得到借鉴的作用，我对他们全表示感谢之意。但我这本书更多地从马克思主义观点看问题，鉴于我的马克思主义的学习水平不高，恐怕也相应制约我在创作上的成就，但我仍是尽自己的全力而已矣！如果此书在国外再版的话，我将再三花费我的力量以报答马君武校长对我年青时的热忱教导。

于 1988 年 12 月 2 日

尾语

后记之一

我写的《一代宗师马君武》是照我的如实看法写的。"吾爱吾师，吾更爱真理"。放言马君武校长是"西山会议派"，我有怀疑，我不避讳有人反对我的一位贤师，敢于组织一些文章为他辩解者即在此，就是听从亚里士多德的上述名言。

我不隐讳，我记这部书同时曾引用台湾已出的两部《马君武传》及有关文字。我是中国人，我认为台湾是我们最可爱的领土之一。我引用一些我认为台湾所谓的马君武的传记有很大程度上是正确的。我很幸运，马君武校长的两个儿子马保之、马卫之老师直接寄赠的两部书。现在武汉大学任德文教授的马卫之老师，曾称道我在广西大学学的德文的发音和口语都不错。因学习过的东西放置的太久了，就成为无用之物，我现在对德文已经生疏。只是由于我从小就多少学得一些英语，所以我还记得英语，这就要感谢我的母校——福州英华书院（Anglo-Chinese College），这个学校最近已获准恢复。

这部《一代宗师马君武》其所以能够出版，一方面出于我的一些广西大学校友的热诚相助和他们负责的广西师范大学的支持。

这首先应当感谢原任广西师范大学副校长的唐肇华同志，以及陆榕树（全国致公党主席）等好友。

我是个很蹩脚的诗匠，虽然我很爱写诗，不一定能写好多少首像样子的好诗。现在还是在每篇文章之首写了诗，我不怕贻笑大方。我写我的诗，笑骂由别人来笑骂。

很感谢盛成教授为本书写的《真庐山面目　老震旦精神》一文，很感谢林京耀和郭风为本书写的序言。

还要感谢我的好朋友陈德诚同志为我抄写全书的功劳，没有他们的相助我的文章是写不成的。特别是我患脑血栓之后，直接反映在手上的，就是我竟写不成字了。我真心实意向他们表示说不尽的感谢。

本书如有错误或不当之处，希望同志们、老师们给我指出，非常感谢。

公 盾

于 1988 年 12 月 2 日

后记之二

　　我在《一代宗师马君武》这本书里，开辟了一栏，叫作"马君武校长的好学生"①。这只是说明马君武校长的学生多得很，而且好的也不算太少。限于我在广西大学接触的人不算太多，但我认为其中比较突出的如秦似同志，其在文学、在杂文，在为人师表都称得上是马君武的好学生；如叶振汉，一出校门之后就热心于教育事业，就善于为广大学生服务。他每一次来北京，我看到有一批学生总追随左右，有的学生把他称作恩师，有的学生还到我家中来拍照，可以看到他与学生之间的关系之深；又如陆榕树同志，我从心底感谢他，他不愧是个真正的共产党员，比一般口头入党而内心并不真正爱党的同志真实百倍；如同我童年时代相当有交情的郑歧生，我多么感谢他在敌人即将下令逮捕我的时候，他替我收拾行李、被包，协助我顺利安抵故乡。他在敌人的严密监视下，因得知敌人要抓郑智民同志，他冒着生命危险去通知他。他在全国解放之后，因言语不慎，被迫下乡改造。约有三十年时间里面，他一直放牛牧羊，做各种农活，毫无怨言，甚至承担各种苦差事，从未抱怨现实对他的不公正待遇，也不讲曾帮助我和其他同志等数不清的好事，这就是我同这些人相处得来并称他作马君武校长的好学生的缘故。因为马君武校长正是这样的人，正如为他所写的范仲淹的名句："先天下之忧而忧，后天下之乐而乐。"我的第一个教育我成长的人是中山大学何思贤教授和刘良模同志，我感激他们，他们是我早年开始接受马克思主义的恩师，这也好比我在大学念书时遇见张铁生老师和马君武校长一样。在我看来，他们毕竟不是马克思，但首先引起我去看《宇宙之谜》，去看当时对我来说还是崭新的引人入胜的达尔文学说，我怎么能不感谢他

---

　　① 鉴于该书稿是作者的遗稿，"马君武校长的好学生"栏目内容仅有胡适与叶振汉的，与后记中的说明不符，不足以成章，因此，在根据有关修改意见对全书改编时，将该部分内容融入《马君武纪事》一章（该改编得到作者女儿、本书整理者郑维的同意）。考虑到该后记的内容能说明该书的创作初衷，并从侧面丰富对马君武的认识，故特意保留。

们呢？

马君武校长对我在写作上的努力的肯定，已经使我感惠于五衷。何况他既把当时他是怎样情况下教导我如果有可能的情况下，不妨读一读《马克思恩格斯全集》第八卷的附录部分呢？！我在正文中说起我对敬爱的董维健教授"被除名"的真相就够了，这就足以洗雪马校长被诬为"西山会议派"的不白之冤了。

是为后记之二。

公　盾
于 1989 年 1 月

尾
语

整理后记

　　敬爱的父亲郑公盾离开我们已经28年了，这些年来，我总想着还能为他老人家做点什么，但是因为工作忙，始终抽不出时间。直到2009年父亲曾经住的房间的屋顶要重新翻建一下。在清理家中杂物的时候，我无意中发现了父亲存放书稿的箱子和堆放着的麻袋。由于房间长期无人住，房顶又漏雨，所以当我打开父亲放稿件的箱子和麻袋时，从里面冒出来一股股令人作呕的霉味儿，还弹出无数只跳蚤，使我顿时感到浑身奇痒无比，当时我真的是感到望稿却步。

　　书箱和麻袋里的稿子被放在一个个信封里，每个信封上面都有父亲亲笔写的稿件的名称，看着这一摞摞稿子，仿佛父亲经常下班后，一吃过饭就汗流浃背地、疲惫地、拖着有病的身体坐到灯下开始看书或修改稿子的身影浮现在我的眼前。1975年我到秦城监狱去探望父亲时，他对我说："中国革命这么伟大，我们受这点折磨又算什么？！"这些话也一直成为催我自新，催我奋进的巨大精神动力，时时萦绕在我的耳畔……我突然产生了一定要把父亲的稿子编辑成书的想法。我觉得父亲知识渊博，文章篇篇都写得很精彩，深入浅出，我这样做既有益于社会，也可以完成父亲想出书的夙愿，这样做虽然累些，但也比把这些书稿按废品卖几元要有价值得多。我按照父亲在信封上写的稿件名称，先后整理出《中国科学文艺史话》《一代宗师马君武》《科学、文学、哲学》等五本书。

　　从最开始我整理父亲的遗稿《一代宗师马君武》至今，已经将近四年时间了，这中间我忍耐着原书稿中散发出的令人窒息的霉味，以及跳蚤飞舞、蚊虫叮咬的艰辛，极其艰难地一页页地录着书稿，40万字的校对工作都是我一个人做的。在校对稿子时，我常常被稿件中字迹不清的、生僻的植物和动物的名称给难住，为了弄清楚一个动物和植物的名称我只好从父亲的日记中查找他大概写这篇文章的时间和出处，然后再到中国国家图书馆、北京大学图书馆、科普研究所图书馆，以及其他图书馆去查找资料，有时我还求助于中国科学院古脊椎动物与古人类研究所、北京师范大学生物系以及自然博物馆的教授、专家、学者们的帮助，有时甚至找到动物园去问某个动物的进化过程。在求助无果时，就到中国国家图书馆找到赫克尔的《自然创造史》影印本，一边用右手握住手柄翻页，一边用左手记录下找到的内容，一不留神，手柄没握住，就又回到第一页，几天下来头昏眼花，但是看到自己查到的资料确实有用时，就兴奋不已。那时因编书心切常常是连午饭都顾不上去吃，有几次我去北京大学图书馆查资料，正赶上下着瓢泼大雨，我只能脱下鞋，穿过齐大腿深的凉水，一步一步艰难地从地铁站走到北大图书馆。每次去图书馆，我都是从早上六点出门去图书馆查阅资料一直到闭馆时间，图书馆管理员会催促我无数次，我才离开。但每每听到管理员知道我是为去世多年的父亲整理遗稿而夸赞我真是个孝顺的女儿时，每当我在图书馆查到一篇父亲书目上的原稿时，我心里都有说不出的喜悦。有时，工作量太大常常使我焦虑，夜不能眠。那时因我每天对着电脑校对书稿 12 小时，使视力从原来的 1.5 下降到现在只有 0.5，除此之外，我的电脑和打印机也各用坏了两部。

我从编辑父亲的书中学到了很多东西，他学识渊博，读书广泛，治学严谨，观点新颖，他的每一篇文章都是那么深入浅出，让人读起来津津有味，他的每一篇文章都伴有大量的读书笔记和心得、大量的索引和注释。他的学识曾受到英国剑桥大学李约瑟教授的称赞。我深深地被他的广博的知识所折服。被他从平反到去世这十几年间一边忍受着各种疾病的折磨与疾病做斗争，一边在担任科学普及出版社总编辑的百忙之余抽时间写了这么多高质量、高水平的科普评论文章而感动和骄傲。

今天我们终于盼到了这本书《一代宗师马君武》的出版。我想父亲在九泉之下也会感到欣慰的。

在此，我由衷地感谢广西大学校委会以及科学普及出版社苏青社长、责任编辑王晓义主任为此书的出版付出了艰辛的劳动和努力；感谢全体家人对出这本书的支持与帮助；感谢董森、张润青、冯其利、赵忠仆、王晓

丽、任永茂，以及匡嘉奇、高舒军、于春明、李洋、莫小蓉等同志为此书的出版所做出的无私奉献。

2013 年由科学普及出版社出版了中国科普研究所庆祝建所三十周年所庆而出版的《科艺史话——郑公盾文集》，2014 年 9 月父亲撰写的《中国科学文艺史话》已由知识产权出版社出版。2017 年，父亲撰写的《科学·哲学·文学——郑公盾文集》由知识产权出版社出版。

郑　维

2018 年 8 月

出版后记

《一代宗师马君武》终于出版了。作为曾经的中国科学技术出版社暨科学普及出版社社长，我终于松了一口气，卸下了压在心头长达 5 年之久的重负，总算兑现了当年的诺言。对这本书的付梓，我想至少有 4 个人应该被人们记住。

首先当然是马君武先生。说到民国时期的教育家，史上有"北蔡南马"之美誉。马君武以其改造中国的封建教育体制、力推现代高等教育的理念而奠定了他在中国近代教育史上的地位，使得他与主张"思想自由，兼容并包"的蔡元培同享盛名。但是，现实中，对于今天的人们来说，尽管同为著名教育家，都是国民党元老级人物，蔡元培做过中华民国首任教育总长，马君武做过北洋政府教育总长，人们却很熟悉蔡元培，而很少知道马君武。个中的原因固然复杂，可以有人专门研究论述；但我想，恐怕与这两人分别主政的北京大学和广西大学的名气高低过于悬殊不无关系。作为北京大学的第二任校长，蔡元培大力倡导"循思想自由原则，取兼容并包之义"，把北大办成了全国的学术和思想中心，使北大成为新文化运动中心、五四运动策源地，自然名垂千古。而马君武在南蛮之地白手创建广西大学，并两度出任校长，首开广西高等教育之先河，开创了广西大学抗战时期的黄金时代，不仅为广西的高等教育发展做出了杰出贡献，而且对整个华南乃至西南的教育发展都产生了深远影响，同样居功甚伟。从这点来看，出版《一代宗师马君武》，让今天更多的人尤其是年轻人了解马君武，无疑具有重要的意义。

其次是这本书的作者郑公盾。郑公盾先生是我的前辈，曾任科学普及出版社总编辑，我 2010 年 4 月 16 日到任科学普及出版社社长兼党委书记的那一天，正好是郑公盾先生去世 19 周年的忌日，冥冥之中似乎就和今天这本书的出版结下了缘分。和大多数后来进社的同事一样，我当时也对这

位曾经为我国的科普事业尤其是科学普及出版社"文化大革命"后的恢复重建做出过重大贡献的著名科普理论家、作家、出版家一无所知，至今想来，仍觉汗颜。

郑公盾，原名郑能瑞，1919 年出生于福建长乐县（今福州市长乐区），大学先后就读于厦门大学化学系、广西大学政治系、协和大学历史系，研究生就读于浙江大学人类学研究所，可谓跨多学科的复合型人才。公盾青少年时代就投身民族民主革命运动，上中学时就加入了中国抗日救国会，17 岁加入中国共产党。抗战时期，他曾参与《救亡日报》工作，担任该报的副刊《青年政治》主编，呼吁"抗日、团结、进步"，将副刊办得风生水起、虎虎有生气。

抗日战争胜利后，公盾先生主要在杭州从事文史研究，并利用报刊宣传革命思想。浙江解放后，他参加省军管会文教部工作，先后任杭州第一高级中学和文德女子中学党支部书记兼副校长、浙江省文教厅研究室主任。1951 年，他奉中组部命调至北京，先后任《学习》杂志社代社长和《红旗》杂志社党委成员、文艺组组长，在《人民日报》《光明日报》《学习》《红旗》《哲学研究》《历史研究》等报刊上发表大量有关文史哲、政经、科技方面的文章，为党的宣传工作做出了重大贡献。

"文革"期间，郑公盾先生因与"四人帮"斗争而被关入秦城监狱长达 8 年之久，受尽磨难。1978 年，平反后的郑公盾被调到中国科协，负责恢复和重建科学普及出版社，并被任命为总编辑，主管全社编辑业务工作。公盾先生在担任总编辑期间，科学普及出版社出版了大量优秀科普、科技图书，其中与美国《时代·生活》丛书出版社合作、改编出版的《少年科学知识文库》10 卷本丛书广受欢迎，教育部曾专门发文向中小学推荐，取得了重大的社会效益和经济效益；出版的《BASIC 语言》《机械工人技术培训教材》（初级本和中级本）和《英语科普文选》影响巨大，一度被出版界传为佳话。与此同时，他还着手恢复了《知识就是力量》知名科普期刊的出版，相继创办了《现代化》《中国科技史料》和《科学大观园》杂志，并组织创办《发现》译刊，不愧为有远见、有胆略、有才干的出版家。

郑公盾先生学识渊博，治学严谨，文笔勤奋，著述甚多，出版有《＜水浒传＞论文集》《鲁迅与自然科学论丛》《萤火集》《茅以升——中国桥梁专家》《科技史话》《简明中外医史手册》《科普述林》等专著；晚年病重卧床，仍坚持编纂《中国科学文艺史话》巨著，《一代宗师马君武》乃是他众多著作中的一部。

《一代宗师马君武》主要包括《追忆》《自述》《九个第一》《马君武纪事》《教育思想》《马君武的译作著作》《评马君武的诗作及译诗》和《我与马君武校长》八大部分，另附有《对马君武译作著作的评论》等内容。诚如作者所言，"吾爱吾师，吾更爱真理"，《一代宗师马君武》无疑是一部颇具特色、真实记录一代宗师马君武先生的评论文集。据悉，除了宝岛台湾曾出版过两部《马君武传》外，《一代宗师马君武》很可能是大陆第一部有关马君武先生传记的图书。为此，我们应该记住郑公盾先生，尤其是他对马君武先生研究的独特贡献。

另一位当然是郑维女士。郑维是郑公盾的女儿，我以为没有郑维的坚韧和执着，没有女儿对父亲的挚爱，《一代宗师马君武》绝不可能面世。父亲郑公盾离世后，作为女儿，郑维总想为父亲做点什么，但是因为工作忙，却始终抽不出时间来还愿。直到2009年，父亲曾经住过的房子眼看屋顶就要塌了，郑维急忙和家人合计把房子重新翻建；在清理房中杂物时，她偶尔发现了父亲存放书稿的一个大箱子和堆放着的几个大麻袋。箱子和麻袋里的书稿被装在一个个大信封里，每个大信封上面都标有郑公盾先生亲笔题写的稿件名称。从那时候起，郑维女士就把全部精力都用在了整理父亲的这些手稿上，并将它们一一先后结集出版。2013年，科学普及出版社出版了郑公盾先生的文集《科艺史话——郑公盾文集》；2014年，知识产权出版社出版了郑公盾先生的文艺理论巨著《中国科学文艺史话》，并着手出版郑公盾先生的学术散文集《科学·哲学·文学》。

《一代宗师马君武》一书的初稿就是郑维女士在2013年的夏季交给我的。据郑维介绍，为了了却父亲的心愿，她放弃了退休后外出旅游等休闲，而是在家一心帮助整理父亲的遗稿，常常需要小心翼翼地粘贴那些已经破

损了的稿纸，认认真真辨认手稿中那些因年代久远而模糊的字迹，其中的艰辛难以言表。为了整理、出版父亲的书稿，郑维节衣缩食、点灯熬油，耗尽心血，积劳成疾，旁人常常不能理解。时任科学普及出版社社长的我，一方面惊叹于这部书稿的史料价值和出版意义，另一方面深为郑维女士感天动地的孝心和忠心赤胆的诚意所感动，当即决定要编辑出版好这部著作。没想到，由于种种原因，一直等到4年后的今天，这部著作才得以出版。

还有一位需要记住的是本书的责任编辑王晓义先生。晓义是我在担任科学普及出版社社长时颇为器重并一手提拔起来的青年中层干部，现在又被委以高等教育与职业教育编辑部主任重任。他首都师范大学研究生毕业，当过中学物理老师，做过年级教导主任，对教育工作感情深厚且有独到的理解。让他做《一代宗师马君武》的责任编辑，应该是再合适不过了。众所周知，除极个别公益性出版社外，全国所有的出版社都早已转企改制，责任编辑所负责出版图书的效益，通常是要和自己的收入挂钩的，亏本了有时还得自己去填补。显然，《一代宗师马君武》不是那种能挣钱的图书，从这个意义上说，王晓义负责编辑出版这部著作，除了付出自己的智力和辛苦外，很可能还要为发行数太少而产生的经济亏空担责。我想，这就是编辑的道义，这就是出版人的社会责任。

当然，还有很多人为这部著作的出版做出了贡献。2013年9月，我给时任广西大学党委书记、现任广西壮族自治区人大教科文卫委员会副主任委员的梁颖教授写了一亲笔封信，阐明该书的史料价值和对广西大学的重要意义，委托出版社时任副总编辑杨虚杰和责任编辑王晓义持信专程拜访梁书记，希望得到广西大学对该书出版工作的支持，梁书记当场爽快答应，并当即安排相关人员接洽。这其中的牵线人就是著名的科技史专家、我们出版社的金牌作者、广西民族大学原副校长万辅彬教授。

该书的编辑出版工作启动之后，责任编辑王晓义虽然参考有关马君武先生史料解决了书稿中存在的不少内容缺漏与讹误，但仍有诸多史料真伪等问题无法解决，遂向广西大学求助。2015年5月，经广西大学校友会办公室副主任肖红介绍，专门委托马君武研究专家、《南国早报》总编辑蒋钦挥高级记者审读书稿。蒋先生克服种种困难，认真审读，仔细勘误，写下了近3000字的审读意见，解决了不少疑难问题。鉴于这部著作以"马君武评传"为书名，蒋先生建议删除其中与马君武先生关系不大的文字内容，以使主题更为突出。这一建议与出版社的三审意见不谋而合。但是，郑维女士站在保持原著完整性的立场，不同意删除，几经商议也未能达成一致，导致该书一度陷入停顿状态。后来，郑维女士从大局出发，接受了蒋钦挥先生和出版社的意见，编辑出版工作得以重新启动。

当然，还得感谢科学普及出版社现任社长秦德继先生的卓识、担当和仗义，他一再向王晓义和我表示，这样的好书一定得出，前任社长定下的事情一定要做，自始至终坚定不移地支持王晓义做好这部图书。

《一代宗师马君武》是郑公盾先生于1988年编著的。从郑先生写的"后记"可看出，其编著的目的一方面是为了纪念马君武先生，另外一个重要的原因就是要为马君武校长被诬为"西山会议派"而平反昭雪。所谓"西山会议派"，就是早年国民党内的一个反对孙中山联俄、联共、扶助农工三大政策的政治派别。该政治派别成立于1925年11月23日，以国民党中央委员会中的右派委员林森、居正、邹鲁、叶楚伦等为代表，因在北京西山碧云寺召开所谓"国民党一届四中全会"，通过了反苏、反共、反对国共合作等议案而得名。马君武因被段祺瑞政府任命为教育总长，脱离民国政坛，而被划入"西山会议派"。为马君武先生"平反"最有力的证据莫过于让史实说话，以多方面的资料和叙述还原历史之真相，再现马君武先生的高洁品格，以供后人公正评说。

《一代宗师马君武》一书的特色由此而非常明显。那就是汇集了许许多多的人从不同的角度对马君武先生不同时期的生平及其作为进行详尽的回顾，这一点可以从公盾先生与马君武的次子马卫之老师之间频繁往来的书信内容中得到印证。这些史料彼此佐证、交相呼应，给读者提供了更为客观、更为真实的马君武先生。这种编撰方法，不仅让郑公盾先生取舍材料时难以割舍或难免重复，也给郑维女士整理、校阅带来了困难，同时也使

全书的篇章结构感觉未尽完善，逻辑关系感觉未尽清晰，史料内容感觉未尽简洁，确实留有许多遗憾。然而，这样的遗憾又何尝不是一种幸事呢？它使得史料的完整性、原始性和真实性得以保存，真实且全面地还原了一位民国时期知识分子的成长和心路历程，真实且客观地记录了一位新中国出版专家业余时间的教育研究成果，对相关研究者和广大读者都是弥足珍贵的史料。

《一代宗师马君武》的编辑出版可谓历经波折，我本人其间也几经工作变动，不过却始终关心图书的出版进程，始终铭记对郑维女士许下的诺言。编辑此书的过程中，我常常被马君武先生的爱国、赤诚、担当所感动，对郑公盾先生的博学、严谨、勤勉深感敬佩，由此深受教益。2019 年是郑公盾先生诞辰 100 周年，2020 年是马君武先生逝世 80 周年。此时出版这部评论文集，不仅是对马君武先生最好的怀念和纪念，更是对郑公盾先生这位前辈出版大家最好的致敬和告慰，同时也是对郑维女士最好的致歉和还债。

掩卷《一代宗师马君武》，有感于马君武先生的教育伟绩、后世影响、传奇人生、渊博学识、刚烈性格，赋诗一首，以表情怀，是以为后记。

> 一书珍贵史料多，
> 代跋沉思欲言何？
> 宗仰厚山施仁教，
> 师法道凝持文柯。
> 马骋八桂媲北蔡，
> 君富五车蕴胸罗。
> 武勇性烈却政坛，
> 传奇学界后评说。

注：道凝为马君武先生的原名，厚山为其字。

苏　青

2018 年 9 月 10 日教师节夜
写于北京印象青诗白话书屋

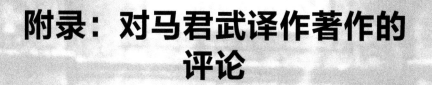

附录：对马君武译作著作的评论

自然科学的唯物主义是根深蒂固的

——学习马君武翻译的赫克尔的《宇宙之谜》

郑公盾

马君武于民国九年（1920 年）从德文直接译成为中文出书的《赫克尔一元哲学》这部书，当时这部名震中外的科学名著又叫作《宇宙之谜》。它曾为无产阶级导师列宁所热烈称赞。

大家知道，赫克尔·恩斯特·亨利希〔（Haeckel Ernet Heinrich，1838～1919 年），在列宁著作中一般把该书译著译为海克尔〕是著名的自然科学家。他认为物质是第一性的，意识、思维、感觉是第二性的，因为明显的感觉只和物质的高级形式（有机物质）有联系。当时，辛亥革命发生为时不久，"五四"新文化革命运动在该书中文版发行的一年之后。《新青年》杂志创刊于 1915 年。马君武的这部译书实际上是专门为《新青年》杂志的出版而翻译的。他是根据原书作者 1908 年德文改写本译的。当时，他一方面正在广州无烟火药工厂担任工程师的工作，业余加紧译成这部书的中文版。原作者于 1899 年 4 月 2 日本书第一版的《序言》中指出，他是专门为了解决宇宙之谜而写这部书的。1876 年，他写了《有机物普通形态学》；1868 年，写了《自然创造史》；1874 年写的《人类学》；1898 年在剑桥大学召开的《人类起源之现在知识》，1878 年著《进化学通俗讲演集》以及后来写的《科学家之信仰供认》（1908 年 14 版）和《宇宙之谜》。赫克尔为 1908 年《宇宙之谜》的修订本写了篇新的《自序》，指出该书在 8 年之间，在德国出了 22 万册，到 1908 年为止出版了 15 国文字的译本，英译本也销行了 22 万册。这个销数在当时是十分流行的科学普及读物的较多数字。

《宇宙之谜》的马君武译本，其内容主要分为四篇。第一篇《论人类》，第二篇《论灵魂》，第三篇《论世界》，第四篇《论上帝》。全书分二十章：

从宇宙之谜通论人类之身体构造、人类之生命、人类之胎生史、人类之起源史、关于灵魂之本性、灵魂的起源史、科学与基督教、宇宙之谜的解释、结论等部分。

作者认为从19世纪初期到19世纪末期，自然科学知识有着重大的飞跃的进步，特别是望远镜、显微镜的发明，在天文学、医学方面起了极其巨大的作用；关于细胞病理学的发明，使人们知道疾病的真正原因。有七十几种与人类不可分离的元素可供人类实用，它们如同碳素一样，其化合物不可胜数。物质不灭定律是全世界的根本规律。作者认为达尔文于1859年提出的进化论这个科学理论，是一个非常杰出的19世纪的伟大发明，实际上它对于整个自然界有普遍意义。例如，首先提出生物进化学说的法国人拉马克（1744～1879年），德国人歌德（1749～1832年）和提出以自然选择为基础的进化论学说、提出以性选择及人类起源的理论的英国人查理·达尔文（1809～1882年）等三人，是19世纪生物界的三大明星。

赫克尔认为19世纪的自然科学知识虽有极大的进步，但在社会文明生活方面看就差得很远的。例如，在司法事务之中，法官的主张一般总是来仰承居高位者的鼻息，特别是读法律的学生，根本不理解人类的本性，更不懂得人类进化论的历史，不懂得甚为重要的生物学、人类学，以致错误百出。有不少虽称文明国家竟与文化作仇敌的教会相勾结，政党的首领竟卑鄙地匡扶教会首脑和秉承罗马教皇的旨意，以致迷信与盲从，信政治、法律受教会支配。就以学校来说根本还不能够同19世纪的进步的自然科学相结合，学校根本不懂得什么叫作人类学、生物学和进化论，而不过是讲一点历史、语言方面的东西。他们甚至根本反对自然科学知识，甚至所作所为都同自然知识相违背，把人类生活还停留在中世纪阶段。作者强烈地反对了所谓人类中心说、神人同形说、人类崇拜说。他认为世界上的一切宗教思想，不论是基督教与回教，都是人类中心说的信奉者；神人同形说也是同宗教神话有关，把上帝看作是世界的创造者，认为上帝与人类是相近似的形状；人类崇拜说，也是把人同神的灵魂作用相比较而言，认为人类的机体是受到神的崇敬的，由此而得出所谓灵魂不死的信仰和结论，而且把不死的灵魂暂居宿于必死的肉体中间。赫克尔认为，对于宇宙，要做个宇宙真相的观察，这就需要我们以唯物主义一元论的观点来进行观察。那样一切二元论思想将会不攻自破。赫克尔认为新的宇宙观应如以下阐述的重要观点，那就是：

1）宇宙为永远的无尽期、无止境的；

2）体质和本能合为物质，充塞空间，能运动不息；

3）在此运动无尽期内，新旧交换，生死代谢，这样将不断地产生进化；

4）世界体无数，在宇宙里面虽然体有退化、灭亡，其他一部分则进化发展；

5）太阳为无数世界体之一，地球为旋绕太阳诸行星之一；

6）地球冷却正久，具有水液，这是有机生物成立的最先条件；

7）有了水之后，经生物的进化作用就会有无数生物徐徐进化改变，其所经年数至少在1亿年以上；

8）经过生物进化，地球上开始有了各种动物，最后得有脊椎动物出现，这在生物界中间发展为最完善者；

9）脊椎动物开始形成之后，经过若干千年至三叠纪，由最下等的爬行类和两栖类变成为哺乳类动物；

10）哺乳类动物至完全至高者为主兽类，由下等胎盘动物演变成，大约是在第三系纪的初期，到人类出现大约为300万年；

11）主兽类发达到完全的为人类，人类的出现约为第三系纪的末期，自数种人猿演变而成；

12）世界史即人类的文明发达史，不过数千年，与地球生物史比较来说，还是短暂得很；地球的生物发达史与行星成立史相比较，也是小不可言。而每一个在既往的有机界内，不过是极微小的一个生活元素。

以上是赫克尔所阐述的宇宙真相观察的十二条公例。他认为这是观察宇宙之谜中间带根本性的问题。

其次，赫克尔关于人类身体的构造，首先是对人类进行解剖学的研

究。赫克尔认为从古希腊的亚里士多德和后来的罗马医生盖伦，都对人体解剖学做过些研究；到了哥白尼的地动学说问世之后，罗马教皇关于地球为中心的观念失去了科学根据；比利时人体解剖学的奠基者维萨留斯（1514～1564年）根据自己的根本研究对解剖学做出杰出的贡献；19世纪法国动物学家居维叶（1769～1832年），发现人体与兽体的不同比例；瑞典生物学家林耐（1707～1778年）是生物分类的创立者，提出物种不变的假说，把人类归哺乳动物类；后来英国著名生物学家赫胥黎、达尔文进化论的积极拥护者，也积极提倡比较解剖学说，接着19世纪还发现了细胞学说，法国生理学家、解剖学家比夏（1771～1802年）用显微镜观察人体的最小部分，说明它与机体之间的关系，人体的细胞，以万亿计；法国生物学家拉马克（1744～1829年）又提出生物进化学说，把脊椎动物分为四大类：即哺乳类、鸟类、两栖类、鱼鳞等高等动物。

赫克尔对人类的生命知识成为独立实在科学也做了研究。他认为生与死相对，自古以来成为一个重要问题，人类的独立行动，如行动、心跳、呼吸、语言等，死了就不可能有这些行动。血液循环自英国医生哈维（1578～1657年）开始，瑞士生理学家哈特（1708～1777年）精通解剖学，并提出应激性学说，著有《生理学通论》。

德国生理学家弥勒（1801～1858年）发现特殊神经功能原理，对比较生理学很有研究，他对人类生理学及各种高等、下等动物做过比较研究，把灭种动物和元生存的动物构造作互相比较，以人类健康机体与受病机体作相互比较，并将研究结果公之于众。其学生德国生物学家、创立细胞病理学理论者微耳（1821～1902年），认为细胞会推广于健康机体和有病机体，著有《细胞病理学》一书。

在哺乳动物中间，认为猿类身体构造与人类很相近，尤其是心脏及液腺构造，男、女生活均有类同之处。猿类中的北猿按期子宫有经血排出，与女人相似，其乳腺发育及育儿情况与女人无异。猿类发声也是人类语言的先导，印度产生的人猿有的能懂得音乐。

《自然创造史》（1868年）是着重介绍达尔文、歌德和拉马克有关进化论的通俗讲话，曾译成 20 种外国文字，从古生物学、胎生学和形态学方面作论证。

1874 年，赫克尔又著有《人类发生学》，其中包括第一部《胎生史》，第二部《物种起源史》。1903 年，该书第五版增订本阐述了人类进化史。作者用脊椎动物化石的历史次序，完全与形态进化之次序相应，中新世猿类出现，人猿继之，接着便有能语言的人类出现。

1891 年，荷兰军医第博在南洋发现爪哇猿人。赫克尔曾在 1898 年 8 月 26 日在英国剑桥举行的第九次动物会议上讲到《人类起源的现今知识》，更真确地阐明了人类出于猿类。

赫克尔在《宇宙之谜》中第二篇阐明的是论灵魂问题。作者把心理学看作是科学的灵魂学，灵魂生活的最主要机体是脑部。二元论心理学认为灵魂及肉体为二异物，可以独立存在；一元心理学则认为物质基础是十分重要的，但灵魂具有不同等级，自简单之单细胞原始生物以至人类，从感觉阶段到运动阶段，到想象阶段（从细胞想象到机体的想象），到记忆阶段、良知阶段，然后学会言语，到意识阶段。赫克尔在灵魂胎生史上又阐明灵魂胎生以后自初生到有意识能言语时之灵魂；少年男女至性欲发生期的灵魂；青年男女至结婚时期的灵魂；中年男女成家至衰退期之灵魂；老年男女退化期之灵魂。从灵魂起源史来看，要经历细胞灵魂、细胞团体灵魂、机体灵魂、神经灵魂等几个阶段。灵魂的意识是一种自然现象，作者批判了灵魂不死说。

第三篇《论世界》阐明了物质定律、物质不灭定律等。达尔文的《物种原始》出版后 40 年已将近世生物学呈根本革新的现象。在赫克尔看来，达尔文实际上是有机界的哥白尼。达尔文于 1871 年著《人类原始及雌雄淘汰》。此说出现以后，根据比较解剖学、胎生学和古生物学，可以看出人类是怎样走向进步的过程。在神和世界的讨论中，一种是认为有神论，其中又分为多神论，即三神论，即基督教的三位一体说，天父是天地的创造者，基督为上帝之子、神灵；二神论即上帝与魔鬼，相斗争不息，善与恶不断斗争；一神论，如崇拜天阳神，摩西教也是一神论，回教也是一神教；泛

神论是斯宾诺莎的主张，歌德的《浮士德》中也出于同样的主张。此外，还有无神论，认为世界上神实为不存在者。中世纪教皇用火与剑逐之。

第四篇《论上帝》。这篇专门谈论原始宗教的关系，说明科学、哲学信仰一元主义者，皆为宗教已经过去之事，说明宗教与科学固可融合为一。宇宙之谜的解释，天文学之进步，如古代中国人、印度人、埃及人，远胜于西方4000年后多数有教育的基督教徒。赫克尔认为，中国在基督前2697年已能依天文学推翻天文知识。其次是地质学的进步，乃远在天文之后。古今多少世界学家每欲以天体起源之同理说明地体起源，唯其说多以神话为外障，故其起源说每以幻想为基础。宗教史、文明史中有许多创造古说，其最著者为《旧约·创世纪》之摩西创造史。是书作于摩西死后约800年，唯其瀟源主古，出于西述、巴比伦、印度诸旧说，及后基督教信条采用之，尊为神语。摩西的创造说直至18世纪之下半期；物理学化学之进步，在19世纪有无数重要发明，为举世所共见。最著者为19世纪蒸气及电力之应用，有机化学及无机化学的巨大进步，近世文明之一切领域如医药、艺术、工业、农业、矿业、林业及水陆交通。19世纪为化学所促进（尤其以19世纪下半期为主）近代化学奠基人拉瓦锡（1743～1794年）提出燃烧的氧化学说，建立的物质不灭定律，1789年发现化学反应的质量守恒定律，1808年，英国化学家道尔顿（1766～1844年）创立的原子论。生物学之进步，如解剖学、生理学、植物学、动物学、胎生学、种族学等无数发明，最显著的是达尔文1859年以物竞天择来解释有机物，揭示了宇宙之谜，正确阐明无数生物皆因为逐渐变异。人类学之进步在于该科学为许多旧说和迷信所束缚，亦较其他一切为最久。1828年，德国胚胎学家贝尔（1732～1876年）发明胎生史；其他分支如细胞说，1838年为胚胎学所确立；1809年，拉马克指出人类出自猿类，50年后达尔文科学地论证了它；1863年，赫胥黎著《人类在自然界内之位置》；1874年著《人类学》，就人类史上数百万年来自动物进化的祖先为历史集合。

本书的结论认为，由于19世纪知识的进步，宇宙之谜相对地逐渐减少。时代有变异，旧者自崩推。亦有新生命，开花向荒堆。

真实的一元主义的新太阳即升起于此荒原之上，以照耀奇美的全自然界．新一元宗教之中心为真、善、美的纯洁崇拜，以代替失去的上帝自由及灵魂不死，因绰有余地。

赫克尔的《宇宙之谜》出版后，就成为现存教会的敌人。列宁在《唯物主义经验批判主义》一书中指出，赫克尔的《宇宙之谜》这本书，在一切文明国家中掀起了一场大风波，这点异常突出地说明了现代社会中的哲学是有党性的；另一方面也说明了唯物主义同唯心主义及不可知论的斗争是有真正的社会意义的。这本书立即被译成了各种文字，发行了几十余万册，并出版了定价特别低廉的版本。这就很清楚地说明：这本书已经"深入民间"，赫克尔一下子赢得了广大读者。这本通俗的小册子成了当时阶级斗争的武器。世界各国的哲学教授和神学教授们千方百计地诽谤和诋毁赫克尔。著名的英国物理学家洛治为了保卫上帝，立刻起来反对赫克尔。俄国物理学家赫沃尔桑先生特地赶到德国去，以便在那里出版一本卑鄙的黑帮的小册子来反对赫克尔，并使那些最尊贵的市侩先生们确信，绝不是所有的自然科学家现在都拥护"素朴实在论"的观点。攻击赫克尔的神学家真是不可胜数。"御用的哲学教授们用尽一切恶毒的字眼来辱骂赫克尔。看一看这些干枯在僵化的经院哲学上的木乃伊，怎样被赫克尔的几记耳光打得两眼冒火，双颊发红（也许生平第一次，这例是一件大快人心的事情）"。[①]当1908年春天，有人图谋杀赫克尔；他收到许多封信用"狗""渎神者""猴子"等称呼来骂他；有人把大块石头扔进他的工作室。列宁指出赫克尔在这本书里"显示了自然科学的唯物主义是根深蒂固的，它同一切御用的教授哲学和神学是不可调和的。尽管赫克尔本人不顾忌和市侩们决裂，但是他用这样坚定而素朴的信念所阐明的见解，跟形形色色流行的哲学唯心主义是绝对不可调和的"。[②]"赫克尔这本书的每一页对于整个教授哲学和神学的'神圣'教义来说，都是一记耳光。这位自然科学家无疑地表达了19世纪末和20世纪初绝大多数自然科学家的虽没有定型然而是最坚定的意见、心情和倾向。他轻而易举地一下子就揭示了教授哲学所力图向群众和自己隐瞒的东西，即那块日益宽广和坚固的磐石，这块磐石把哲学唯心主

313

义、实证论、实在论、经验批判主义以及其他丢人学说的无数支派末流的一片苦心碰得粉碎。这块磐石就是自然科学的唯物主义。"③

赫克尔的一元论的认识论认为，"认识是生理现象：它的解剖器官是大脑"；"人的大脑中发生认识活动的唯一部分，是大脑皮质的一定部分，即思想皮质层"，"思想皮质层是极其完善的发电机，它的组成部分是千百万个物理细胞。正像身体的其他器官一样，大脑的这一部分的（精神的）机能是组成大脑的那些细胞的机能的总结果。"④列宁认为赫克尔"从唯物主义者的观点来嘲笑哲学家们，但他不知道自己站在唯物主义者的立场上！"④列宁引用梅林对赫克尔的评论的话道："赫克尔是唯物主义者和一元论者，但他不是历史唯物主义者，而是自然科学的唯物主义者。"谁要了解赫克尔对自然科学唯物主义的胜利前进的叙述，谁就应该认真地学习赫克尔的《宇宙之谜》。这些见解都是十分精辟的。

附注：
① 列宁. 列宁选集（第2卷）[M]. 北京：人民出版社，1972：357.
② 列宁. 列宁选集（第2卷）[M]. 北京：人民出版社，1972：357～388.
③ 列宁. 列宁选集（第2卷）[M]. 北京：人民出版社，1972：358.
④ 列宁. 列宁选集（第2卷）[M]. 北京：人民出版社，1972：359.

马君武著名科普著作《达尔文》

郑公盾

　　马君武于中华民国八年（1919 年）译成达尔文的《物种原始》，10 年以后，又开始翻译了达尔文的《人类原始及类择》一书。当时，马君武正在广州无烟火药厂担任化学总工程师，接着又担任广西大学校长职务。他从学生时代开始，几乎把所有的业余时间放在译书上面。在相当长的一段时间里，专门研究生物专家不敢问津的达尔文及其著作。马君武认为科学作家只有不胆子大些，才能有成就。他为当时商务印书馆出版的"万有文库"写了一部著名科普著作《达尔文》。这部书运用的材料一部分见载于达尔文的《自传》，另一部分则取自达尔文的儿子佛朗西斯写的《父亲每日生活》及《达尔文传及其信札》。达尔文自从剑桥大学毕业之后，一生非常勤奋，他以寻常人的健康，竟得到如此重大成就。马君武认为"达尔文实乃科学界最良好的模范人物"。这是马君武于中华民国十九年（1930 年）二月二十七日在这本书的序言中说的一句话。

　　大家知道，英国著名生物学家查尔斯·达尔文于 1809 年 2 月 12 日生于英国蒙特村。达尔文的父亲是一位医生，待人和气，记忆力、判断力超人，曾获得医学博士学位，受到达尔文的崇拜。达尔文的母亲在达尔文未满 8 岁时就去世了。1817 年春，达尔文进入小学念书，对博物学发生兴趣，特别爱好搜集标本，而且还注意到植物在生活和遗传中的变异性，他后来著的《物种原始》一书就是阐明了关于诸植物的遗传过程中的变异。当然，达尔文虽喜爱搜集，但在那时还没有能够，也不可能依靠科学的方法加以分类。

　　1825 年 10 月，达尔文的父亲将他和他的哥哥一块送到爱丁堡大学学习医学。在这所大学里，他生活了两年。但后来达尔文没能行医，这是因为达尔文始终不愿意学医，迫于父命，只好如此行事。在这期间，他结识了

很多后来在治学上颇有成就的有识之士。他们之中有地质学家，有动物学家，或是专门研究海生动物的人，同这些人交往，无疑对达尔文有很大益处。其中，对达尔文全部事业影响最大的，当推亨司鲁教授，此人对各种科学无不精通，尤嗜好于长期持续进行微小的观察，从而引申出正确的结论。两年后，达尔文的父亲见其无意于学医，就让他改学牧师。达尔文考虑了很长时间，决定在学习牧师之后，在英国一大学获得特定科目的实际学位。他在1831年终于剑桥大学毕业，并获得学士学位。

1831年12月27日，达尔文经亨司鲁教授介绍，跟随"比格尔"号远航，开始周游世界。这次旅行是达尔文一生最重要的事情，并且对他终身事业起了决定性的作用。旅行使达尔文对原有事物的观察力更加发达。他在旅途中每到一地，不仅进行地质考察和研究，还采集一切属于"级"的一类动物，对诸海洋生物都加以简单地叙述和说明，并对它们进行粗略的解剖。但是，由于他不善于画图，解剖知识少，因此他只能写了许多草稿，后来证明这些搜集到的材料没有什么用处。达尔文对其在旅途中所做的数种科学工作很满意，如发现了加拉帕戈斯群岛与南美洲诸动植物的奇特关系，这在当时科学界是个很重要的发现。

1836年10月2日，达尔文返回英国，结束了环游世界的旅行。此后两年多的时间里，是达尔文学术活动最活跃的时期。远从1836年10月2日直到1839年1月29日，达尔文完成了关于旅行日记的写作，并在地质学会宣读了他写的专门性的论文，并开始准备他对地质观察的草稿。他在这期间整理了"比格尔"旅行期间所见到的动物。1837年3月7日，达尔文从康不里徐迁居到伦敦，这年7月，他翻开稿本，把关于"物种原始"的种种事实资料加以详尽地记录，并持久地研究。此后约莫20年一直这样坚持下去，且加以认真详尽地研究。后来，又有两年多时间，达尔文除科学工作外还博览群书，从形而上学的著作直到华滋华士等人的诗歌无不涉及。

达尔文同他的表妹爱玛·韦奇伍德结婚，婚后的生活很美满。他的妻子温柔敦厚，富于同情心，对他的工作很有帮助。婚后3年多的时间里，达尔文的工作非常勤奋，但由于体力上的原因，他在科学工作上的成就还很微弱，主要的工作都花费在《珊瑚岛》一书上。除此之外，还有关于《南美洲的外来石》《地震》《由地下蠕虫作用构成之泥土》等论文。同时，他还整理出版了其所著的《比格尔旅行中所见到动物学》，继续埋头于搜集关于物种原始的事实和资料。

由于身体比较不好的原因，达尔文一家于 1842 年 9 月 14 日从伦敦移居到奥宾顿城达温村，这个地方很安静、偏僻、幽雅。当时，达尔文同外界联系较少。其终身的快乐及唯一用心就是致力于科学著作，为此能够做到经常忘却身体的不适。在达温村隐居期间，他写成了大量的科学著作。如 1844 年初，比格尔旅行中诸火山的观察出版；1845 年将旅行日记改为新版，此书为达尔文最初的科学文艺著作；到了 1850 年 9 月后，达尔文把全部力量致力于整理关于物种变异的大量记录材料，并进行了关于此事的观察及实验。达尔文从许多事实中渐渐感到，只有一种假定可以解释此等事实，即诸物种逐渐变更。当时，他忽略了一个重要问题，那就是有机体同出自一个公共的祖先，当变更时倾向于特性分歧，一切物种归为诸属，又归为诸族，又归为诸亚级，等等，其特性分歧人们大可知道。这个问题，直到达尔文定居达温村很久之后，在一次外出的马车上，才开始欣然觉察到：原来一切由于占优势生产的各种形式的变更的后裔，在自然生物界中，有与变异地方相适应的倾向。

1856 年之初，达尔文就开始起草此种观点，但比后来的《物种原始》简略得多。由于华莱士的《物种自原型离还无穷之变异倾向》的内容与达尔文的理论观点颇为相似，故于 1858 年他与华莱士的文章同时刊登在《林纳杂志》上。由于华莱士和洛克的劝导，达尔文于 1858 年 9 月开始写作《物种变异》一书，于 1859 年 11 月出版，并定名为《物种原始》。此书获得极大的成功。他的理论渐渐被人们所广泛接受，又被证明其正确性。这部书是达尔文一生中最主要的著作，也是他长期潜心观察和研究的结晶。后来，他又著有若干其他著作，影响较大的，主要还是《物种原始》。

达尔文身患心脏病，他晚年身体状况尤为不好。由于劳累，达尔文于

1882年4月19日午夜4时逝世，享年73岁。巨星陨落，对生物科学界损失十分巨大，但他的巨著《物种原始》一直到今天，仍被人们所赞颂。达尔文有四女二男。达尔文死后由英国众议院议员拉布克等20人建议葬于维斯敏斯特教堂附近，在为他举行安葬典礼仪式中有拉布克、赫胥黎、虎克著等十人，他的坟墓离著名物理学家、光学家牛顿之墓仅有数尺之远。他的全部科学论著共有二十几种，马君武先生一一录原文于书后。《达尔文》写成于民国十九年（1930年），作序文于上海。

对法国革命有巨大影响的《民约论》

——读马君武译卢梭《民约论》

郑公盾

卢梭（1712～1778年）（按：马君武译为卢骚），法国启蒙思想家、哲学家、教育学家，出生于瑞士日内瓦一个钟表匠的家庭。他的思想影响了法国资产阶级革命。在哲学上，承认感觉是认识的根源；认为对自然界来说，精神是积极的，物质是消极的，强调感性高于理智，信仰高于理性。在卢梭看来，人在自然之中，凭借"内在之光"，可以发现所谓天赋的道德观念，并觉察到自然神论者所谓的上帝的存在。

卢梭的《民约论》又叫《社会契约论》，是一种资产阶级政治学说。这是卢梭的主要代表著作之一。全书分为四卷，论述社会公约、主权、政府和政治等问题，这部书曾被称为欧洲资产阶级革命的"福音书"。全书贯穿着天赋人权的主张，人生而平等而自由，国家是契约的产物，从而论证了国家主权属于人民，严厉抨击封建等级特权与专制制度，反映了西欧封建制度面临崩溃，法国资产阶级革命前夕的民权思想。书中认为国家是"自由"的人民"自由协议"的产物，人们同意把自己的权利转让给国家，国家必须保护一切缔约者的自由、平等、生命和财产，体现全体人民的"公意"。如果这种契约遭到破坏，人民有权取消它，被暴力夺去的自由应用暴力夺回。他的理论为反对封建专制的资产阶级提供了一定的根据，对法国资产阶级革命产生了很大影响。

民国五年（1916年）除夕，工学博士马君武译此书于上海，并为它写了"序"，指出卢梭《民约论》最早在1898年由日本中江笃介汉译为《民约通义》，1902年，杨廷栋据日译本翻译的《民约论》译成四卷，其中误译甚多，马君武根据法文原著并参照 H. J. Tozer 的英译本翻译的《足本卢骚民约论》考证译成此书。马君武认为这部书"为法兰西革命之最大动力，

历二百年不废，永为世界大名著之一"。所以他在译达尔文《物种由来》等名著之后，就着手译成此书。

卢梭的《民约论》认为：人本是生来自由的，失去自由的原因为强力及施用强力所造成的。人权不本于自然，而本于协约。在卢梭看来，人类在原始社会里，家族为政治社会的最初模型，人们是平等的。不平等的根源在于强力造成了权利，出现了私有财产制度。他认为战争是主要获得奴隶的来源，并且认为这是不合法理的。

他认为人类既不能创造新势力，只能联合，才能自卫，才能保护自己。所以，立民约是为了解决根本的问题。民约可简据一句，即每个人对于全体放弃自己的一切权利。人人平等，每个人不能为一己而利害。这样才能显示出更强的力量。其团体的总名为人民，每个人却是全体中的一分子，名为公民。

卢梭主张，人民只有在"民约"之下，才能自由，才能贫富均衡，从而使每个人都获得彻底的解放，成为国家的一分子。

卢梭的政治思想，集中表现在"主权在民"说。他认为主权不可放弃，主张主权属于全体人民。人民不能再受欺骗。主权是神圣的，完全不可以受侵犯，不可以越过公共协约的界限。

卢梭主张以法律治理国家，要建立共和国。以公众利害为主题，以公共福利为条件。立法者，必须了解人民，才能承受此法律。代表全民的立法机构是最高的权力机关，人民有权益监督行政。如果政府违背了人民的意志，侵犯了"不可割让的人民主权"，人民就有起义的权利。

卢梭在立法权上反对君主立宪法制和三权分立说。即君主是国家的互尊人物，除行使行政权并掌握最高司法权以外，立法权也完全属于君主，叫君主立宪制。"三权分立"说是指实行立法、行政、司法"三权分立"。立法权应由议会行使。

卢梭把法律分为3种。第一种为全体对于全体的行为，是主权体对国家的关系。第二种为分子与分子或分子与全体的关系。第三种个人对法律的关系。各种的法律中，宪法为定立政体的要法。

他认为政府具有媒介权，以沟通全体对于全体或主权体对国家的关系。国家与政府的根本区别在于：国家自能存在，而政府则经主权体而后存在。政府必须常能牺牲以为人民，而不可牺牲人民以为政府。至于政府的分类，又可分为君主政体、民主政体和贵族政体。民主政体和贵族政体程度不同，阶级各异。因民主政体可包有人民全体或全数之半。贵族政体可谓人民全数之半或少数人。

民主政体，以资产阶级私有制财产神圣不可侵犯为基础，提出"主权在天""天赋人权""法律面前人人平等"以及对封建专制、特权和君主专制制度的否定。

贵族政体，是奴隶制国家和封建制国家由世袭贵族代表人物掌握政权的政治制度。它的国家机构由国王、长老会议、人民大会和监察组成。掌握军政权的全部是贵族。

君主政体，以君主为国家政权的组织形式。君主掌握全部国家权力，实行专制统治。他的意志就是国家法律，人民必须服从。

卢梭认为每一政体并不在每一国都相宜。因为政府的本性不同，消费多少等都有差异。各地各国又各有不相同。

卢梭认为一个良好的政府的标志是为人民服从法律，使公众得到安宁，使人民得到和平。他主张人民应当维持主权，选出自己的代表，代表全体人民的利益，限制政府，预防政府的暴虐之法。

他认为人民的公意不可破坏。人民为了维护公众的利益，实行表决、选举，实行监察制，宗教自由，等等。

卢梭的《民约论》本意为讲述政治权利的原理，而为国家定立的基础。卢梭的思想对欧洲和法国的资产阶级的革命产生过很大的影响。

卢梭认为人民在原始社会的自然状态下，人人都享受"自然"自由和平等，道德的败坏归咎于科学和艺术的发展，私有制的产生是不平等的根源。但他又不主张必须保护小私有者，以便防止财产过分集中，并认为人们要经过协议，订立契约，成立公民民主的社会，这样个人的"自然"自由虽然受到限制，但却能获得"政治"自由，个人的生命财产也就有了保障。同时，卢梭强调人民有权推翻破坏"社会契约"、蹂躏"人权"、违反"自然"的专制政体，建立以"最聪明的少数人"，实际上即资产阶级为领导的政体，充分体现"共同意志"的"理性王国"；在教育观点上，卢梭提出"回到自然"的口号，主张要顺应儿童的本性，让孩子们的身心得到自由发展。

卢梭生前曾经为法国狄德罗主编的"百科全书"撰写有关音乐方面的一些条目，并写了五六部歌剧。他的名著《论人类不平等的起源和基础》《民约论》等，被无产阶级革命导师恩格斯喻为是一部"富有辩证法思想"的书籍。

读《失业人及贫民救济政策》

郑公盾

　　《失业人及贫民救济政策》一书，是马君武 1929 年 10 月为商务印书馆"万有文库"出版的一部小册子。全书除总论外，全部分为四个部分，第一篇《失业人救济政策》，分失业及其原因，避免失业诸政策，救济失业人诸政策；第二篇《工作介绍制度》，包括工作介绍所，公立工作介绍所；第三篇《工人保险制度》又名《社会保险制度》，包括工人保险原理、工人保险之实行，私家雇员之养老费保险；第四篇《贫民救济政策》，包括贫穷之原因及贫民数之多少，贫民救济史，救贫行政等主要内容。

　　全世界对待失业问题各国各有殊异。欧洲自英国 13 世纪发布《大宪章》后，采取了对待失业人的政策，既有积极的政策防止失业人及贫民的发生，又有消极的政策以致失业人及贫民的发生。本书以欧洲救济失业人及贫民的历史为主，介绍失业人及救济贫民的政策。

一、失业人救济政策

　　马君武认为现今人类社会，阶级可分为三类：即大资产者、中小资产者、无资产者。而所谓失业人是指无资产者。他们靠出卖劳动力来维持生活，一旦丧失劳动力或失去工作，生活就会陷入困境，成为失业人。据马君武考察工人失业的原因比较复杂。据法国劳工局调查表明，一部分出自个人本身，另一部分则出于生产及营业条件。当时，中国没有失业人数的统计，并且政府和社会也没有相应的政策对待失业问题，实际上随各国商品的输入，中国的失业问题相当严重。失业人数众多，政府又没有积极的政策救济失业和贫民，使社会日处混乱状态。

　　在欧洲，有人将失业种类加以区别。法律条文和社会规定每人都有工

作的权力，但在实际生活中，并非如此。许多国家在宪法中或其他一些法律条文中也有规定，如果工人没有工作的机会，政府应设法给失业人给养。例如，法国的许多城市则实行救急工事的方法救济失业人。它的目的是为失业人准备工作，以免公共救贫的范围太大。另外，还有其他一些方法救济失业人，像组织公共工事、组织工作介绍所、整理一些企业的生产关系。

失业造成的结果，使失业人没有收入，生活没有保证。由于失业人数增多，许多国家政府都制定了政策，把救济失业人及贫民视为公共义务。英国1905年所立的失业救济法，就是用法律条文为失业人获及工作的权力。有些国家则是用公款救济失业人，也有一些国家由地方财库所组织的失业救济。

现在一些国家陆续实行失业保险，它始于英国。奥国、意大利、法国、丹麦、瑞士等国也陆续实行了失业保险。

各国所定的救济失业人的政策和法律条文都是在第一次世界大战后制定的。这是因为失业人口众多，市场萧条，失业人生活难以维持，国家不得不实行失业救济。

二、工作介绍制度

欧洲许多国家在救济失业人的过程中，工作介绍制度日趋完善。介绍形式虽比较复杂，简单地可概括为无组织与有组织的工作介绍所。被介绍的人必须具有工作能力和身体健康。

中国所实行的工作介绍都是无组织的，仅以介绍私家女仆为限。欧洲先前许多大城市中有工人及地位介绍所，最先也是以介绍女仆为主，还有其他机关以介绍工作为附属事业，像各处所设的自然给养所、释放罪人互助会、救贫事务所等均是。公立工作介绍所组织有二种形式：①由公权团体所设的工作介绍所。②私立工作介绍所由国家准许与独占权，或为公权团体所设的工作介绍所的附属机关。二者之间又有由公权团体所辅助的私立工作介绍所。英国是最早出现由各公团所设工作介绍所。法国、德国、普鲁士等国也先后出现由国家举办的工作介绍所。另外，英国、意大利的工作介绍所兼营失业保险业务。

在欧洲一些国家里，国立及市立工作介绍所的管理，不牵涉党派，可以没有阶级利益之争。公立各机关联系便利，容易成立一种国家组织，又容易得到国家的扶助，如邮政免费及运价减轻等。最重要的是公立工作介绍所与其他社会任务相联合，如住宅介绍所，避免失业所采取的一些措施等。欧洲许多国家的工人失业保险也都与公立工作介绍所有密切关系。

由上述可见，工作介绍制度是救济失业人政策中比较具体的方法。

三、工人保险制度

工人保险制度又叫社会保险制度。对于具有工作能力但失去工作机会的人来说，有救济失业人的政策及工作介绍所。工人保险的对象是以救济已经丧失了工作能力，不能工作的人而言的。工人保险所包括疾病、灾伤、残废、衰老、死亡等情况。在德国，尤其是在保险法未公布之前，工人保险常常是由工人自己来解决的。不仅如此，为了扶助或减轻病人的痛苦，有的地方设立了医院、善会、募集资金，等等。工人保险在实行中比较复杂。1911年，德国将许多现行的社会保险单行法统一成一种法规，保险法在德国宣布告成。英国、奥国等也先后公布了保险法。

工人保险在实行中有疾病保险、灾伤保险、残废衰老及遗族保险。同时私家雇员保险在德奥两国也日益增多。私家雇员保险分类细，内容多，在德奥两国均是如此。

四、贫民救济政策

所谓贫民，是指没有财产权，丧失了劳动能力，自己不能养活自己的人而言的。造成贫穷的原因有二种：其一，贫穷与个人无关，它与社会及自然变化有关，如战争、自然灾害等；其二，贫穷与个人有关，如疾病、

衰老、子女过多，等等。

过去，中国没有人认真研究贫穷的原因，更没有贫穷人数的统计。从德国被救济人数统计可知，个人营业能力薄弱为致贫的重要原因。柏林1905年受公众救济人数约有4万人，其中被救济的人中因疾病的比重最大。

一般地说，大城市中贫民人数多，原因主要是因为乡村及一些偏僻的地方，生活贫穷谋生难，所以往大城市中移动，以寻找工作来维持生活。

在贫民救济史中，中国救贫史除发生水灾赈济灾民外，没有别的历史记载。欧洲的救贫史中，开始时带有宗教色彩，以人民的宗教伦理观念及基督教会组织为基础，公开或不公开地救济贫民，一直延续到16世纪。18世纪末欧洲的救贫组织进入了一个新的进步时期。宗教改革后，地方救贫代替了教会救贫，尤其是英国较早有救贫的统一中央管理机关。法国的救济事业也比较发达。随后欧洲一些国家也有了救贫事业。救贫经费来源一般为募捐。随着贫民人数的增多，国家负担一部分，其余由地方负责。同时欧洲一些国家的许多地方，相继成立了救贫团体以救济贫民。

由以上可见，马君武所著的《失业人及贫民救济政策》一书，实质上是介绍了资本主义社会工人失业的原因、救济政策，以及资本主义社会失业与救济的情况。资本主义社会其所以产生失业，应从整个无产阶级所处的状况来看待，这是由资本主义制度所决定的。资本主义社会的基本矛盾是生产的社会性同私人占有制之间矛盾造成的。资本家的生产是盲目的、无政府的，必然造成工人失业，使无产阶级处于受剥削、受雇用的地位。随着资本主义扩大生产，引进先进的技术和提高劳动生产率，出现了所谓"机器排挤人"的现象。要消灭失业，必然要首先导致要最后消除资本主义制度。虽然现在一些资本主义国家有失业救济金，但他们仍然摆脱不了受剥削、受雇佣的地位，还受到高税收、高物价的盘剥。失业救济金对失业工人来说，还是杯水车薪，无济于事的。所以失业与救济在资本主义社会中实际上是恶性循环。尤其是在今天工人失业更为严重，只有消灭资本主义制度，无产阶级才能得到彻底的解放。

我们国家过去很少有人去研究失业问题，使我们国家人口增长的速度与国民经济发展水平不相适应，造成了社会上不充分就业的现象，给社会带来了许多一时难以解决的困难，这也是值得我们重视的问题。因此，我们除了要对我们的事业充满信心外，在实际工作中发现问题，解决问题，使人民都过上丰衣足食、安居乐业的生活。

《中国历代生计政策批评》简介

郑公盾

马君武在 20 世纪 20 年代即打算写一本批评中国历代推行的国民生计政策，只是史料稀少，加上为教育事业南北奔走，"旋作旋辍"，直到 1929 年冬在上海大夏大学讲课，才就此整理，经过半年努力而终于写成《中国历代生计政策批评》一文，后付梓出版。大致内容为：

一、井田制度。有关井田制度，最重要的论据为《孟子》《王制》《周官》《公羊》《汉书·食货志》等书。主要论点是：井田制传为殷周时代的土地制度，因土地划为井字形得名，始见于《孟子·滕文公上》方田而井，井九百亩，其中为公田。八家皆私百亩，同养公田。公事毕后，然后敢治私事。《周礼》《礼记》《汉书》及汉代经学家的注中都有详细记载。基本内容均与《孟子》相同，即古代土地为国家公有，由国家将每方里土地按井字形划作九区，分配农民耕作，中一区为公田，余八区为私田，分授八夫（即八家），收获缴给统治者。男子成丁受田，老死还田，至于具体分配、耕作及缴纳，自汉至清，无统一说法，意见分歧。对这种土地制度主要有 3 种说法：①村社的土地制度；②榨取劳动工作和赏赐奴隶管理的报酬；③领主经济下封建份地制度。

二、西汉时代国民经济状态。中国人口在夏禹时约一千三百五十五万三千九百二十三人，周成王时一千三百七十一万四千九百二十人，周庄王十三年有一千一百八十四万七千人。当时因战争斩首颇多，约五六十年当中可减者一百十六万。

秦孝公时行商鞅变法，重农事，尚战功。始皇平六国，壮丁杀伤过半，北筑长城，役卒四十余万，营作阿房骊山七十余万，当时全国人口当在一千万以上。

汉文帝时，贾谊为重农说，晁错复陈贵粟之说，桑弘羊理财。

三、王莽之均产废奴运动。王莽主张"土地国有""均产""废奴"三大政策，还主张六筦：即酒、盐、铁器、铸钱、名山大泽、赊货，并晓谕全国。王莽又定有五均的食货志：①定物价；②收滞货；③压低物价；④赊资；⑤贷本。王莽的施政方针，乃专注于国民生计，在1900年以前已主张国家社会主义，土地国有，均产废奴，他是一个大政治家。

四、东汉时代崇儒，使用循吏，劝农桑有效，先是王莽在位十三年，因官吏骚扰，对外用兵，天灾叠起，樊崇等起于莒，其后称赤眉军，王匡等起于荆州，号绿林军，此外还有下江兵。

东汉盛时，朝廷崇尚儒术，进用贤良，鼓励农业，故循吏辈出，风俗醇美。一百五十年间，人民安居乐业，至桓灵之世宦官专权，大兴党狱，正人君子诛杀略尽，以致东汉末年，天下又大乱。

五、王安石新法。讲到宋神宗时的国势，王安石在熙宁二年七月行均输法，九月行青苗法，十二月行保甲法。在熙宁三年十二月行免役法。在熙宁五年三月行市易法，五月行保马法，八月行方田及均税法。在熙宁七年七月行斗实法。马君武盛赞均输、青苗、免役、市易、方田、均税对富国的作用，保甲、保马对于强兵的作用。

此书后面附有《历代河渠事业概论》《清代铁路事业》等章节。

（本书为商务印书馆出版发行）